eye

守望者

——

到灯塔去

幻夜奇行
大卫·林奇谈电影

［美］理查德·A. 巴尼 编
Edited by Richard A. Barney 邵逸 译

DAVID LYNCH
Interviews

南京大学出版社

DAVID LYNCH: INTERVIEWS
EDITED BY RICHARD A. BARNEY
Copyright © 2009 by University Press of Mississippi
Simplified Chinese Edition Copyright © 2022 by NJUP
All rights reserved.
江苏省版权局著作权合同登记　图字:10-2018-590号

图书在版编目(CIP)数据

　　幻夜奇行:大卫·林奇谈电影 /(美)理查德·A.
巴尼编;邵逸译.—南京:南京大学出版社,2022.9
　　书名原文:David Lynch:Interviews
　　ISBN 978-7-305-25709-4

　　Ⅰ.①幻… Ⅱ.①理…②邵… Ⅲ.①大卫·林奇-访问记 Ⅳ.①K837.125.78

中国版本图书馆 CIP 数据核字(2022)第 090534 号

出版发行	南京大学出版社
社　　址	南京市汉口路22号　　邮　编 210093
出 版 人	金鑫荣
书　　名	**幻夜奇行:大卫·林奇谈电影**
编　　者	[美]理查德·A. 巴尼
译　　者	邵　逸
责任编辑	顾舜若
照　　排	南京紫藤制版印务中心
印　　刷	南京爱德印刷有限公司
开　　本	787mm×1092mm　1/32　印张 17.875　字数 256 千
版　　次	2022年9月第1版　2022年9月第1次印刷
ISBN 978-7-305-25709-4
定　　价	72.00元

网　　址:http://www.njupco.com
官方微博:http://weibo.com/njupco
官方微信:njupress
销售咨询:(025)83594756

* 版权所有,侵权必究
* 凡购买南大版图书,如有印装质量问题,请与所购
　图书销售部门联系调换

目 录

- 001　引言
- 018　年表
- 001　《橡皮头》:出生即死亡?
- 013　佳作《橡皮头》:印第安纳
- 033　导演大卫·林奇——从邪典电影到《象人》
- 038　只要是黑色,什么颜色都行
- 053　《沙丘》之后
- 062　林奇式存在
- 077　《蓝丝绒》之下的爱欲情仇
- 094　用电影对抗衰败与失控

195	狂野世界中的温柔爱意
234	艺术家大卫·林奇的创作与人生哲学
252	《双峰：与火同行》：1992 年戛纳国际电影节新闻发布会
276	赤裸林奇
286	随性创作，保持神秘
315	世界的真容
332	妖夜慌踪
354	偶像略传：大卫·林奇
383	地狱之路
396	漫步电影梦境
425	林奇：一百八十度大转型
443	迷失的美好
464	《穆赫兰道》、梦境和摆脱好莱坞的束缚
493	大卫·林奇和劳拉·邓恩：《内陆帝国》
504	《内陆帝国》、超觉静坐和"游泳的"灵感

引　言

理查德·A. 巴尼

大卫·林奇有一个朴素但颇为准确的著名比喻,采访他就像尝试抓住一条非常健谈的响尾蛇一样,而且是一条特别友好的响尾蛇。他常被冠以"讳莫如深"之名,但他的个性和事业都证明了这种说法并不准确,大卫喜欢与人对话:他由衷地享受讲故事、开玩笑、即兴高谈阔论及类似的活动。然而,揭露自己的私生活、详细解说作品的内涵,甚至明确解释作品对他个人——创作者本身——意味着什么,于他而言就是另外一码事了。因此,林奇或许并不讳莫如深,但确实神秘莫测,是令人头疼的采访对象,作为一名精明的交流者,他的缄默往往比畅谈更有信息量——这无疑正是他的标志性风格。

采访林奇常给人一种晕头转向、原地打转的迷茫感,这背后有很多原因,其中常被提到的一点便是林奇的语言表达能力欠佳。林奇本人,以及他的前妻或合作伙伴们都提到过,20世纪70年代与80年代初,他处于一种所谓的"不会说话的阶段",那段时间,他似乎难以用语言交流,导致很多相对简单直接的交流直接崩溃。比如,伊莎贝拉·罗西里尼(Isabella Rosselline)在接受采访时曾多次描述林奇不说通顺的句子,他会毫无预兆地开始用手臂比画,或者用嘴发出嗖嗖的声音。林奇自己也曾多次提到过那个阶段,在本书收录的一次采访(2008年)中,他曾对我说,早年就《橡皮头》(*Eraserhead*)接受采访时,他有"很长时间……不知道怎么谈论一件事情。所以……说得很少。而且此后很长时间一直如此"。

显而易见,正如本书收录的这些访谈所展现的一样,在八九十年代,林奇下了不少功夫学习如何探讨自己的作品。如果我们暂时忽略采访者对他独特的表达所做的修饰,就能发现他的蜕变。比如,早期在接受《苏荷新闻周刊》(*Soho Weekly News*)或《东村之眼》(*East Village*

Eye)的采访时,他话风粗糙,时常停顿。但后来,比如1990年接受《纽约时报杂志》(*New York Times Magazine*)的采访,以及1999年接受《沙龙杂志》(*Salon Magazine*)的采访时,林奇就已经能够泰然自若、游刃有余地与人交流了。不过,林奇作为导演与语言的关系仍是一言难尽的,他的语言——往往裹挟着巨大的热情——节奏令人难以捉摸,时而迷人,时而莫名其妙。林奇的话语中时常夹杂着各种接地气的市井表达——从"妙极了(peachy keen)"到"很酷(very cool)"再到"太棒了(fantastic)"——他常用这样的语言形容自己作品最难被人理解的一面:一种被他称为"抽象"的气质,一种能够让人生发联想的氛围,在他看来,这种抽象不应该被简化为某种思想公式或明确的描述。

这就揭示了林奇不愿明确谈论自己作品这一现象的第二个诱因,从事业刚起步时开始,他所坚持的电影审美一直建立在难以名状、难以捉摸之物的价值的基础上。他相信电影能够激发观众的想象,努力拍摄既生动具体又神秘引人遐想的作品,因此,自1977年首次接受斯蒂芬·萨班(Stephan Saban)和萨拉·朗埃克(Sarah Longacre)的采访以来,他屡次提到"谜题"这个词,这也就不足为怪了。然而,他所指的不是随着剧情的发展最终会得到解决或自动消解的普通谜题。相反,林奇渴望制作出永远神秘的电影,他所呈现的画面和故事会让观众对影片内涵既渴望又抗拒,陷入无尽的矛盾循环。这种追求的结果之一就是在接受采访时,为了避免破坏这种气质,林奇拒绝为他的作品创造的谜题提供任何在他看来肤浅的"答案"。比如 2001 年,我的一个关于《穆赫兰道》(*Mulholland Drive*)的问题让他陷入了长久的沉默,我问他这个问题是不是很难回答,他直接回答道:"不是,我不想透露太多。"另外一次接受克里斯·霍登菲尔德采访时(本书未收录),他更加开诚布公地说道:"搞电影其实是很危险的。如果电影人不得不讨论自己的作品,用语言去说服观众,电影的表达潜力就被扼杀了。"[1]谈论自己的作品时,林奇严格遵循着顾左右而言他的原则。因此,迂回曲折的交流方式并不是讳莫如深或者狡猾难缠

---

[1] Chris Hodenfield, "Daring *Dune*," *Rolling Stone*, December 6, 1984, p.28. ——原注

造成的，林奇此举是为了将赋予影片内涵的任务留给观众。

林奇一方面努力提升自己的语言能力，另一方面坚持自己的美学追求，因此他的访谈总是引人入胜，有时还风格独特、自成一统。在内容方面，林奇最喜欢聊制作电影的过程，而不是某个元素的寓意，不过也有著名的反例存在，比如1977年以来，他一直坚定地拒绝谈论自己是如何制造出《橡皮头》中的"婴儿"的。另外，林奇和采访者都意识到，有关他是如何创造出某些人物或情节元素的讨论很可能被视为解读其作品的权威"指南"——因此林奇一直小心翼翼地避免落入这个圈套。

林奇逐渐形成了一套有特殊含义的词汇，正因为这是他多年辛苦创造出来的，所以他在谈论自己的作品时，频繁地使用这些词——不过林奇的解释总是有所保留的。他常用"优美""激动人心""神奇"之类的词语形容自己作品的某些方面，他表示"和谐""对比""平衡"是构建作品的基础，而作品营造的"氛围"和"感觉"能够形成一个"世界"，令你"坠入爱河"，给你"想象的空间"。有些画面背后的灵感，以及他想用这些画面表达的感觉，常常源自"弥漫在空气中的一种感觉",是来源不明的"礼物"。这些词并不是林奇挂在嘴边的空话,因为在有些情景或对话中,它们的内涵会出现细微的差别,而且更重要的是,林奇从不给这些词下定义,但在反复使用的过程中,它们逐渐被赋予了某种气质。林奇声称,一个词的"质感"与它的实际意思一样重要,因此,这些采访的读者也要像林奇一样耐心,凭直觉而不是分析去积累对他语言的理解。

不可避免的是,采访者和读者都会一直感觉到林奇只愿透露他思想的一小部分。从本书收录的访谈中也能看出,在电影制作过程中,林奇时常刻意不去思考影片可能表达了什么。正如他接受米歇尔·西芒(Michel Ciment)和于贝尔·尼奥格雷(Hubert Niogret)采访时所说,与其将一部影片简化为一个过度简单的概念,"不要计划得那么具体反而是件好事"。林奇将电影制作过程形容为在可能性的海洋中钓鱼,"灵感之鱼"按照自己的节奏次第到来,他最经常提起的这个比喻生动地反映了他的创作方法。林奇表示,这样创作意味着他要到后期制作的最后阶段才会对自己的作品建立整体的认识。而且在林奇看来，他的任务是忠实于自己的灵感，这与遵循某种"主题"形成了鲜明的对比，他认为"主题"给影片套上了禁锢其自然发展的枷锁（见 2001 年接受我的采访时林奇对《穆赫兰道》的评述）。在采访中，林奇描述作品灵感从何而来时，一般会避免详细描述究竟是什么样的灵感——这还是因为他害怕影响观众的看法——他尤其不愿透露一部作品的第一个灵感，因为它可能会被人们想象成影片的基础或者源头，成为解读影片的线索。对于电影创作者林奇和他的观众读者（viewer-readers）来说，"灵感"都是神秘的。正如他对斯图尔特·多兰（Stuart Dollin）所说："我很依赖直觉或感觉，没有太多的理性思考。"

采访林奇就像尝试抓住一条四处乱窜的蛇一样，这背后的第三个原因是，从《六人患病》（*Six Men Getting Sick*）到《内陆帝国》（*Inland Empire*），制作这些作品时，在艺术方面多才多艺的林奇承担了很多不同的工作。他最著名的身份自然是导演，但制作影片时，他还常常——有时在字幕中正式署名，有时不署名——担任制作人、摄影指导、摄影师、音效师、编剧、剪辑、配乐设计师、工程师、动画师和布景设计师。这还只是他多重身份中的一部分。

林奇不仅是目前在世的导演中最依赖直觉的,还是最多才多艺的,他对亲力亲为的坚持远非很多同时代的导演可比。而且,林奇在电影之外的创作和兴趣对他的作品也有很大的影响。比如,他对绘画的强烈兴趣影响了人们有时所称的他的"画家式"镜头构图。他在家具设计和建筑方面的创作对布景设计很有帮助,比如《妖夜慌踪》(*Lost Highway*)里弗雷德和蕾妮·麦迪逊[Fred and Renée Madison,分别由比尔·普尔曼(Bill Pullman)和帕特里夏·阿奎特(Patricia Arquette)饰演]的家。另外,他出了名地热爱音乐,最近还迷上了唱歌,从《蓝丝绒》(*Blue Velvet*)到《内陆帝国》,这份爱好也渗透进他不少作品的配乐中。因此,林奇能够相当专业地谈论很多与电影制作有或远或近关系的话题。为了展现这种多样性,本书收录的采访中包括林奇对摄影与电影胶片的看法[见斯图尔特·多兰和斯蒂芬·皮泽洛(Stephen Pizzello)对他的采访],他对绘画、自然的类哲学思考及他对美国家庭的再现[见克里斯廷·麦克纳(Kristine McKenna)对他的采访],他关于音效和配乐的重要性的评论[见克里斯·杜里达斯(Chris Douridas)、米歇尔·西芒、于贝尔·尼奥格雷和迈克尔·亨利（Michael Henry）对他的采访]，以及他关于家居设计和建筑如何影响他对作品的空间想象的讨论[见卡特林·施波尔（Kathrin Spohr）对他的采访]。

总的来说，随着时间的推移，林奇拍摄和探讨电影的独特方式得到了越来越多的认可，他在职业生涯中，曾有过被大众追捧的时刻，比如电视剧《双峰》一度掀起的热潮；也有过作品口碑和票房双双遭遇滑铁卢的凄凉低潮，比如"前传"电影《双峰：与火同行》（*Twin Peaks: Fire Walk with Me*）引发的不留情面的差评。总体上，林奇为增加观众参与感而做出的显著努力，以及80年代中期到90年代初美国观众对他作品的逐渐熟悉带来了改变：观众越来越了解林奇电影的风格，"林奇式的（Lynchian）"这个词逐渐为影评人和大众所接受，在电影的世界中与"卡夫卡式的（Kafkaesque）"——更早以前为形容伍迪·艾伦（Woody Allen）而产生——一词齐名。

在这样的大趋势下，本书收录的访谈还体现了外界对于林奇的个性和作品的反应是千差万别的。有些访谈，如《面孔》（*The Face*）杂志刊登的那篇，反映了作者因

《蓝丝绒》中的颠覆性而激动的心情。其他一些，如大卫·丘特（David Chute）、蒂姆·休伊特（Tim Hewitt）和理查德·伍德沃德（Richard Woodward）①的采访，突出了林奇作品诡异怪诞的一面。一大堆押韵的或双关的古怪外号和说法似乎源于这一点，如"林奇式存在（Out to Lynch）""奇诡巫师（Wizard of Weird）""怪诞之王（Czar of the Bizarre）""赤裸林奇（Naked Lynch）"等。本书收录的几篇访谈反映了人们——尤其是在美国——归纳林奇个人和作品的特征时的共同倾向。有时，正如林奇自己承认的一样，这些外号表达的是一种真挚的喜爱，比如梅尔·布鲁克斯（Mel Brooks）与他合作《象人》（*The Elephant Man*）时，曾给他取过一个著名的外号——"来自火星的詹姆斯·斯图尔特"②。但真心的喜爱也可能是一

---

① 由于版权限制，理查德·伍德沃德的访谈未译出。（如无特殊说明，本书脚注均为译注。）
② 詹姆斯·斯图尔特（James Stewart，1908—1997），美国演员、军官，电影史上最受尊敬和欢迎的影星之一，代表作包括《生活多美好》《史密斯先生到华盛顿》和《迷魂记》等。银幕之下，他正直亲切、脚踏实地的人格，以及作为飞行员参加"二战"与越南战争的事迹让他受到了普遍的敬重和喜爱。

引言

把双刃剑。在2007年的独立精神奖(Independent Spirit Awards)颁奖典礼上,丹尼斯·霍珀(Dennis Hopper)用一种弗兰克·布思①式的爱意宣布林奇和劳拉·邓恩(Laura Dern)获得了特别荣誉奖(Special Distinction Award)。当时霍珀是这样说的:"对林奇作品的核心谜题的最精准概括是:'这他妈到底什么意思?'"我选择收录的好几篇访谈中都有霍珀此言流露出的这种好笑又好气的情绪。尤其是《双峰:与火同行》在戛纳电影节上的新闻发布会和多米尼克·韦尔斯(Dominic Wells)为《休闲时光》(*Time Out*)杂志撰写的访谈,两篇文章都流露出对林奇模棱两可的解释的深深无奈,甚至略带嘲讽地质疑林奇是不是真的知道自己在说什么。值得注意的是,记者们对于林奇作品的样貌及他探讨电影的一贯方式都是有一定了解的。

当然,采访者有时也会就某些具体问题要求林奇进一步作答。比如,在戛纳电影节的新闻发布会上,好几位

---

① 弗兰克·布思(Frank Booth)是丹尼斯·霍珀在林奇导演的影片《蓝丝绒》中饰演的角色。

记者要求林奇认真考虑，他在《蓝丝绒》及《我心狂野》（Wild at Heart）等影片中对暴力和性施虐受虐狂倾向的再现会带来什么样的影响。克里斯廷·麦克纳要求林奇解释他对世界的矛盾看法，即，世界一方面满是令人恐惧的东西，另一方面又宽宏博爱，适合人类生存。大卫·布雷斯金（David Breskin）直接要求林奇探讨他对女性的再现——他作品中的女性人物表面上都很被动，愿意为了某些大义经受折磨——在接受其他人采访的时候，林奇从未如此详细地聊过这个话题。在就《内陆帝国》对他进行采访时，我用不同的方式要求他解释为何他的作品和超觉静坐①明显的共同点——深入日常人类思想达不到的层面——会带来截然不同的结果：在他的电影中，人物往往会发现一个恐怖的隐秘世界，并与其中的邪恶做斗争，而冥想则是对辽阔的、启迪人心的意识世界的平和探索。本书的读者可以自行判断林奇对这些追问的回答是否合格。

---

① 超觉静坐（transcendental meditation）是通过沉思及多次向自己重复某个特殊的词语使自己平静下来的一种方法。

引言

现在看来，超觉静坐的话题突出了贯穿林奇1977年至今接受的各类采访的另一个元素：他对改变、扩充、提升人类意识的兴趣。林奇曾多次在采访中表示，他是1973年开始超觉静坐的，此后几乎每天都会进行此项活动，他认为超觉静坐给他个人及他的艺术创作都带来很大的改变。1977年接受斯蒂芬·萨班和萨拉·朗埃克的采访时，林奇并没有明确提到超觉静坐，然而有意思的是，为了解读《橡皮头》中具有象征意义的身份转变，他们提到了另一个东方信仰体系——藏传佛教。不过，总体来说，至少直到90年代早期，林奇对于详细探讨超觉静坐都持谨慎态度。比如，大卫·布雷斯金1990年问他相关的问题时，林奇的回答是："我很少谈论冥想。很多人持怀疑态度。但我很喜欢。"但是，在同一次采访中，林奇表达了他对人类经历不同阶段、认识和意识的水平从低到高的进化过程的兴趣。同样，1992年接受克里斯廷·麦克纳采访时，林奇表示人生意义的终极证明是"大彻大悟"。

当然，这并不代表林奇对超觉静坐的推崇与他作品中的主人公常有的经历之间有一一对应的关系，在影片中，这些人物对自我的惯常认知总是被黑暗、危险的感觉或思想所动摇——《橡皮头》中的亨利、《妖夜慌踪》中的弗雷德·麦迪逊、《内陆帝国》中的妮基·格雷斯(Nikki Grace)均是如此。然而,正如2008年林奇向我解释的一样,在他看来,真正的领悟和依然身陷物质社会"市场"中的人物所经历的内心动荡是有很大差距的。不过,林奇在2005年基本成了超觉静坐的代言人,创立了大卫·林奇基于意识的教育与和平基金会(David Lynch Foundation for Consciousness-Based Education and Peace),最近还花了几个月的时间在全美各地进行巡讲,如今的他在这方面更加健谈,不仅愿意介绍他和冥想的关系,还探讨了冥想的世界和他电影中的世界之间的联系。接受我的采访时,他对《内陆帝国》的评论显示这种联系是相对模糊的,但林奇对自我身份剧烈变化的坚定探索将两个世界联系在了一起,这样的探索可能引起深刻的宁静或痛苦和烦恼。

最后,我想在本书中体现80年代中期以来林奇的作品在全球范围内得到的热烈关注。本书收录的四篇访谈——克里斯廷·麦克纳、卡特林·施波尔、米歇尔·西

引 言

芒和于贝尔·尼奥格雷、迈克尔·亨利对林奇的采访——摘自西班牙、瑞士和法国的三家欧洲报纸杂志。我特地展现了法国对林奇作品的评价,因为法国人不仅是林奇作品的重要观众,还是他多部电影的投资人。1990年,《我心狂野》在戛纳电影节获得金棕榈奖(Palme d'Or),此后在2002年,林奇担任了戛纳电影节评委会主席,并被授予法国荣誉军团勋章(Legion of Honor)"骑士(Chevalier)"荣誉称号。林奇本人曾真挚地感慨道:"多亏了法国人。"他发此感慨不是没有理由的,频道+电视台(Canal Plus)和频道制片厂(Studio Canal)在《妖夜慌踪》《穆赫兰道》《内陆帝国》等影片的制作过程中起到了举足轻重的作用。事实上,众所周知,林奇一直很难为他的项目找到美国投资(电视剧《穆赫兰道》还没有正式开始拍摄,ABC就突然宣布放弃,这是一个极具戏剧性的例子),因此如果没有法国的支持,很难想象林奇过去十年的作品会不会有今天的影响力。

本书收录的麦克纳和施波尔的访谈都是英语原稿,但几篇法语访谈的原始录音均已遗失,因此我只能将它们从法语翻译成英语(林奇接受外国报刊采访时都说英语)。西芒、尼奥格雷和亨利的访谈被来回翻译了两次，我尽我所能还原林奇的话语，但由于是从法语翻译回英语的，这些访谈中的林奇似乎比本书收录的其他访谈中更严肃一些。虽有此缺陷，但重要的是，美国读者可以通过这些访谈一窥法国观众希望了解林奇对自己作品的看法的哪些方面。

我遵循"电影人访谈录"系列的标准流程，没有对本书收录的访谈进行大的编辑修改。这可能会导致林奇的有些话语重复出现，但严谨的读者也能从中获得完整、真实的信息。更重要的是，这些重复突出了林奇多年来关注的话题，以及他探讨自己作品时坚持反复使用的特定词语。

我想借此机会感谢对本书做出贡献的人，他们是杰伊·阿森(Jay Aaseng)、阿龙·塞尔尼(Aaron Cerny)、米歇尔·西芒、多米尼克·库尔恰尔(Dominic Kulcsar)、明迪·拉梅克(Mindy Ramaker)、安娜·斯卡尔贝克(Anna Skarbek)、玛丽·斯威尼(Mary Sweeney)和迈克尔·亨利·威尔逊(Michael Henry Wilson)。特别感谢参与头脑风暴会议的迈克·李(Mike Lee)、好客的泰德·奥古斯丁(Ted Augustyn)和罗伯特·凯斯勒(Robert Keasler),以及具有超强组织能力的贾克琳·伊波利托(Jaclyn Ippolito)。感谢塞莎·斯里尼瓦桑(Seetha Srinivasan)和沃尔特·比金斯(Walter Biggins)在这本书的编撰过程中所展现的无限耐心。感谢约翰·爱尔兰(John Ireland)帮助我检查法语翻译;不过,译稿如有错误,或让林奇看起来像一个不会用美国俗语的法国人,则完全是我的责任。

年 表

1946年　1月20日生于蒙大拿州密苏拉,全名大卫·基思·林奇(David Keith Lynch),父母为唐纳德和桑尼·林奇。

1963—1964年　就读于华盛顿特区的科克伦艺术与设计学院。

1964—1965年　就读于波士顿的塔夫斯大学艺术博物馆学院。

1966年　进入位于费城的宾夕法尼亚美术学院。

1967年　《六人患病》,林奇的第一部"电影",获宾夕法尼亚美术学院第二届年度威廉·S. 比德尔·

卡德瓦拉德博士纪念奖(Dr. William S. Biddle Cadwalader Memorial Prize)。

1968 年　完成《字母表》(*The Alphabet*)，美国电影学院资助的四分钟动画短片。

1970 年　完成《祖母》(*The Grandmother*)，真人和动画结合的短片。林奇就读于洛杉矶的美国电影学院高级电影研究中心。

1972 年　开始拍摄第一部长片《橡皮头》。

1977 年　《橡皮头》在每年于洛杉矶举办的 Filmex 电影节上首映；后来，该片在午夜电影圈备受追捧。

1980 年　《象人》获奥斯卡最佳导演、最佳改编剧本提名，获英国电影学院奖最佳导演、最佳剧本提名；获(法国)凯撒奖最佳外语片奖。

1982 年　推出周更漫画《世界上最愤怒的狗》。

1984 年　根据弗兰克·赫伯特(Frank Herbert)的流行小说改编的《沙丘》(*Dune*)上映，然而该片口碑和票房都惨遭失败。

1986 年　《蓝丝绒》上映，被美国国家影评人协会(National Society of Film Critics)选为 1986 年度最

佳影片，获奥斯卡最佳影片和最佳导演提名。

1988年　《牛仔和法国人》(*The Cowboy and the Frenchman*)将美国西部和高雅文化戏谑地结合在一起，该片为法国电视系列片《他人眼中的法国》(*France As Seen by Others*)的一部分。

1989年　和安哲罗·巴达拉曼提(Angelo Badalamenti)以他们在布鲁克林音乐学院的新浪潮艺术节(New Wave Festival)上举办的音乐会为基础，共同制作《一号工业交响曲》。

1990年　在ABC电视台播出的《双峰》第一季引起了评论界和观众的广泛关注；获五项艾美奖提名。《我心狂野》在戛纳电影节全球首映，并获金棕榈奖。

1991年　尽管观众强烈要求续订，但《双峰》在第二季被ABC取消。林奇获美国电影学院首枚富兰克林·沙夫纳校友奖章(Franklin J. Schaffner Alumni Medal)。

1992年　电视剧前传电影《双峰：与火同行》上映，影片遭到了多数观众和影评人的批评。

1994年　出版收录画作、摄影和电影剧照的《图像》(*Images*)一书。

1995年　为纪念电影诞生百年,林奇等电影人用奥古斯特(Auguste)和路易斯·卢米埃尔(Louis Lumière)的摄影机拍摄五十二秒短片,最终所有短片均被《卢米埃尔与四十大导》(*Lumière and Company*)收录。

1996年　《妖夜慌踪》上映,用林奇的话说,这部影片是关于"一个遇到麻烦的人"的"心理赋格曲"。

1999年　《史崔特先生的故事》(*The Straight Story*)上映,影片改编自真实的故事:阿尔文·史崔特(Alvin Straight)开着一辆约翰·迪尔牌割草机,行驶几百英里去看望他生病的兄弟。

2000年　开始和ABC合作制作一部名为《穆赫兰道》的电视剧,但电视台高管看过粗剪版的试播集之后,取消了这部剧集的制作计划。

2001年　在现有试播集的基础上改编而成的《穆赫兰道》长片上映;林奇在戛纳电影节获最佳导演奖,影片获(法国)凯撒奖最佳外语片奖。

2002年　推出 davidlynch.com，该网站为订阅制，为影迷提供系列动画、实验视频和新闻。担任戛纳电影节竞赛单元的评委会主席。被授予法国荣誉军团勋章"骑士"荣誉称号。

2005年　创立大卫·林奇基于意识的教育与和平基金会。

2006年　《内陆帝国》上映，影片时长近三小时，以数字视频的形式拍摄，劳拉·邓恩在其中饰演"一位遇上麻烦的女人"。林奇获威尼斯电影节终身成就金狮奖。出版《大卫·林奇谈创意》(Catching the Big Fish)，该书包括回忆录、影片目录(filmography)和对超觉静坐的反思。

2007年　林奇和劳拉·邓恩因两人的合作共同获得独立精神奖的特别荣誉奖。出版《空气在燃烧》(The Air Is on Fire)，一部集合林奇四十年来的绘画、素描、摄影、雕塑和电影作品的画册，以2007年3月至5月在巴黎卡地亚当代艺术基金会(Fondation Cartier pour l'art contemporain)举办的展览为基础编写。

2008年　有关方面在戛纳电影节上宣布林奇将担任亚历桑德罗·佐杜洛夫斯基(Alejandro Jodorowsky)下一部作品《胜者为王》(*King Shot*)和沃纳·赫尔佐格(Werner Herzog)的影片《儿子,儿子》(*My Son, My Son*)的监制。林奇正在进行一部记录其关于超觉静坐的公开演讲和其他活动的未命名影片的后期制作工作。推出由十张DVD构成的《柠檬绿套装》(*The Lime Green Set*),其中包括《大卫·林奇短片集》(*The Short Films of David Lynch*)、修复版的《橡皮头》、收录《象人》额外内容的碟片、加入三十多个删减镜头的《我心狂野》、《一号工业交响曲》、网剧《哑巴乐园》(*Dumbland*)和《兔子》(*Rabbits*),以及20世纪60年代用16毫米胶片拍摄的短片。

《橡皮头》：出生即死亡？

斯蒂芬·萨班和萨拉·朗埃克/1977年

《橡皮头》目前正在电影村（Cinema Village）①的周末午夜场放映，作为这部影片的编剧兼制作人兼导演的妻子，玛丽·林奇（Mary Lynch）近水楼台先得月。"观看全片之前，我看过二十分钟的片段，"她表示，"非常优美。我对影片的内容一无所知，但还是被画面之美震撼了。后来我观看了全片，部分片段确实会引起不适。简直不能直视，我几度坐立不安，根本无法关注银幕上情节的发

---

① 电影村是一家位于纽约格林威治村的电影院，共有三块银幕，主要放映外国电影和独立电影。

展。现在，把整部影片看了八遍甚至十遍之后，我终于对那些画面免疫，并渐渐走近了影片的核心。我会告诉大卫我对影片的解读，他有时会嘲笑我。"

生于蒙大拿州的大卫·林奇现年三十岁，是一位画家和导演。他在自己的首部长片作品中创造了不同于以往任何商业电影、令人无法描述和解读的观影体验与氛围。就连与他关系亲密的妻子都只能根据自己的感受尝试理解这部影片。林奇本人讳莫如深。

"就应该如此，"林奇表示，"整部影片表现的都是潜意识中的暗流……就是，在脑中蠕动的那些念头，以及它们对每个人的影响。我对影片有自己的理解，但并不想谈论我的看法。其他人会有不同的理解，这很棒。"

影片的情节很简单，不过是串联画面的细线。主人公亨利·斯潘塞（Henry Spencer）在印刷厂工作，他可能让一个女孩怀孕了，后来便与她结了婚。孩子出生之后，妻子离开他回到了娘家。他邂逅了同一幢公寓楼里住在他对门的一位美女，并与她做爱。他出于怜悯"杀死了"自己的孩子，和一位幻想的女伴在房间里的取暖器中"走向夕阳"。"亨利是个迷茫的人物，"林奇表示，"他总是焦虑不安。他努力坚持,却依然不断遭遇问题。"

林奇认为《橡皮头》是"黑暗的、令人不安的事物构成的梦境"。值得关注的是,和其他表现梦中故事[《死亡之夜》(Dead of Night)、《烟火》(Fireworks)]或有梦境片段的影片[《野草莓》(Wild Strawberries)]不同,这部影片离奇诡异,充满不确定性,用噩梦般的气氛重现了梦中的状态。影片并非通过拍摄一个人入睡再醒来的过程表现梦境(尽管片中确有人物做梦的情节)。影片本身就是一个梦,一个噩梦。

影片十分个人化,因为拍摄没有截止日期,方方面面完成度都很高。其拍摄制作总共花费了两年时间。从成片来看,投注其中的时间和个人精力没有白费。影片的构图、黑白色调、蒙太奇和缓慢的节奏都是艺术家用心创作的明证。影片的对话十分集中,其余部分则充斥着高强度的工业噪音、蒸汽声和处理过的自然声音。"我和艾伦·斯普利特(Alan Splet)在一个很小的车库录音棚里工作。"林奇说道,"有一个很大的调音台和两三台录音机,为了达到自然的声音效果,我们用了好几个不同的音效库。全部用调音台进行调整。都是自然的声音,没有用穆格合成器①。我们用图示均衡器②对声音进行修改、混响,用小熊座滤波器③提高某些频率,过滤掉一些东西,倒放、拼贴。我们用一台机器在节奏不变的前提下改变音调。我们能够做出理想的声音。制作用了几个月,剪辑花了六个月到一年的时间。"

一般在以对话为主的电影原声中,音乐会被用来烘托气氛或充实平淡的镜头,《橡皮头》的声音和音效却并非如此。有时,同一个场景的每一个镜头的音效或噪音都不同。在这部作品中,声音被用来营造气氛,作用不逊于人物,是令人难忘的元素之一。

影片中的人物身处了无生气、极度阴郁的环境当中,个个单调乏味、死气沉沉。用林奇的话说,饰演亨利·斯潘塞的约翰·南斯(John Nance)"是一个普通人和一名

---

① 穆格合成器指罗伯特·穆格(Robert Moog)设计或穆格音乐(Moog Music)制造的模拟合成器(analog synthesizer)。模拟合成器指用模拟电路和模拟信号制造声音的合成器。
② 图示均衡器(graphic equalizer)是一种电子设备或电脑程序,让用户可以分别调整特定声音频率的强度和音质。
③ 滤波器(filter set)是可对不同频率范围的声音进行处理的工具。小熊座(Little Dipper)为一个滤波器品牌。

非常优秀的演员"。亨利这个人物他演了很久,真正进入了角色,甚至在家都穿亨利的拖鞋。

玛丽·埃克斯(Mary X)一角由夏洛特·斯图尔特(Charlotte Stewart)饰演,她曾在电视剧《草原小屋》(*Little House on the Prairie*)中饰演学校老师。穿着开衫和不像样的连衣裙的她是完美的"神秘人物"。她和亨利的对手戏都很痛苦。玛丽的母亲——埃克斯夫人由珍妮·贝茨(Jeanne Bates)饰演,贝茨出演过很多哥伦比亚影业的B级电影[①],现在主要演肥皂剧。

饰演对门美女的朱迪思·安娜·罗伯茨(Judith Anna Roberts)是电视剧《伯南扎的牛仔》(*Bonanza*)主演佩内尔·罗伯茨(Pernell Roberts)的前妻。《橡皮头》是她演艺生涯的首个重大突破,她在亨利房间里的那场戏成了人们议论的焦点。尽管台词很少,但她的一举一动无不性感撩人。

影片的黑白色调会让人想起早期波兰电影和一些日本与俄罗斯电影。灰色上叠加灰色,人物从灰色的背景

---

① B级电影指非艺术电影的低成本商业电影。

中出现，然后变得透明（尤其是住在对门的美女）。全片没有明显的打光痕迹；光感很美。《橡皮头》从头到尾都是晚间在洛杉矶拍摄的，影片因此散发着夜晚的气质。

林奇坚称影片没有受到外国电影的影响，他表示从未看过那些电影。"有人说《橡皮头》有一种德国气质，"他说道，"但它实际来自费城。"林奇曾就读于位于布罗德街的宾夕法尼亚美术学院，他在那里学习绘画，并制作了他的第一部电影——一部在饰有雕塑的银幕上放映的、时长一分钟的动画短片。"我住在十三街和伍德街交界处，对面就是殡仪馆。那里是工业区。早晨五点一个人都没有。居民很少。我很喜欢。只要你懂得欣赏，那里是很美的。"

《橡皮头》的制作资金是美国电影学院提供的一笔基金，但林奇拒绝透露影片的总制作费用。玛丽·林奇表示，她在对影片一无所知的情况下为其筹措过资金。"对我来说，"林奇表示，"这部电影花了很多钱。建造仓库只花了三十五或五十美元，但我们在其他事情上花了很多钱。自己建造某样东西，然后花时间一点点打磨，就可以实现理想的效果。寻找拍摄地最令人头疼。在洛杉矶就是找不到理想的地点。比如埃克斯先生和埃克斯夫人房子的正面,旧金山的一个地方有我想要的感觉。但是在洛杉矶怎么也找不到,最终我们只能自己建造。影片中的房子其实只有一面墙。楼梯是泡沫塑料的,没有门廊。亨利走上楼梯站在门口时,其实是站在一块木板上。整个布景摇摇欲坠。"

有关影片制作的具体操作,林奇不愿透露太多。亨利和玛丽·斯潘塞的孩子是早产儿。那个婴儿是影片中最恶心诡异又令人着迷的形象之一。

采访者:那个东西是你做的吗?

大卫·林奇(以下简称林奇):那个……我不……我……斯蒂芬,我不想,嗯……谈论这件事。

采访者:你能告诉我那是一个……模型吗?做得很好。和我一起看的人认为它可能是牛的胚胎。

林奇:很多人都这么认为。

采访者:我认为是人造的,但想不明白你是怎么让它动起来的。是用电池吗?

林奇:我真的不想……

采访者:如果我不写进文章里呢?我真的想知道。
林奇:斯蒂芬,拜托……

采访者:字幕里有一个医生的名字。与此相关吗?
林奇:一开始,我尝试了不同的方法……

采访者:然后呢?
(沉默。)

采访者:然后呢?
林奇:如果说出来,我会感到很难过的。

采访者:难过是因为公开了技术秘密,还是因为会被逮捕?
林奇:我们没有制作那个婴儿的宣传照片,因为……最好还是看电影的时候再看到它,最好不要知道太多。

采访者:你提到所有的声音都是自然的。你用了真的婴儿的哭声吗?

林奇:没有。

采访者:那是什么声音? 还是说这也不方便透露?

林奇:对不起,斯蒂芬。该死,我并不想……关于这个婴儿,我,嗯……

大卫·林奇超现实主义绘画方面的背景在《橡皮头》中显露了出来。超现实主义不崇尚逻辑思考,痴迷于梦、偶然性、性欲和直觉,这一切在影片的情绪与叙事中都有所体现。亨利·斯潘塞对自己的生活缺乏掌控。他的房间里全是从救世军①商店买来的东西,一堆堆线时隐时现,抽屉上放着一碗一碗的水。胚胎不断地在他的床上"被产下",电器不断发生故障,在影片灾难性的结尾达到高潮。一个虚幻的人物,取暖器女郎(The Lady in the Radiator),带着空洞的笑容,在铺着黑白地砖的舞台上跳

---

① 救世军(Salvation Army)是一个以基督教作为信仰的国际性宗教及慈善公益组织,在世界各地开设了很多慈善旧货商店。

舞,一边踩碎脚下的胚胎一边唱道:"天堂一切都好/天堂一切都好/天堂一切都好/你有你的好东西/我有我的。"

林奇像画画一样拍摄这部电影。"它经历了好几次改变,"林奇表示,"已经拍摄好的内容总是需要修改,这很奇怪。新内容融合得很自然,我调整了影片的重心。我不会被束缚,不认为电影一定要拍成预想中的样子。有一些场景被删除了,不过都是亨利说错台词的场景。它们的消失并不突兀。最初的剧本中根本没有取暖器女郎这个人物。她出现之前,这部影片非常黑暗。"

女性对这部影片的反应往往较为强烈,她们都很害怕,这或许是因为她们惧怕生下畸形的婴儿。有些人十分厌恶这部电影,看完回家之后做了噩梦,也有些人只是一笑了之。片中有搞笑的片段,但只是一种调剂而已。

"有一个人,"林奇表示,"一名放映员,拒绝看这部电影,他也不能忍受我此前的作品《祖母》。我的电影会在他的内心诱发某种他无法承受的变化。不是电影本身,而是电影所诱发的反应。每个人都有潜意识,而我们总是将其封闭起来。但封闭不代表不存在。一旦受到外界的刺激,潜意识就会活跃起来。我不知道这是不是好事。"

《橡皮头》:出生即死亡?

　　林奇的影像具有强烈的情感冲击力,能勾起观众的回忆。尽管每个人的经历都不一样,我们的直观感受却十分相似。林奇的作品似乎印证了荣格①"集体无意识"的理论。或者,诚如玛丽·林奇所说:"每个人心中都有一个小小的橡皮头。"

　　死亡和重生是《橡皮头》的主题。荣格描述过一种介于死亡和重生之间的未知状态(在《西藏度亡经》②中这种状态被称为"中阴")。该状态分为三个阶段:死亡时刻的精神活动;死亡后立刻进入梦境并伴有相关因果报应的幻象;出生本能和出生前的事件。在《橡皮头》的最后,亨利进入取暖器与梦幻女郎相会,明亮的光线逐渐充满银幕,人物则渐渐隐去。《西藏度亡经》写道:"智慧……之光直照你心,耀眼至极令人难以直视。"

　　总之,林奇不愿多说。"这部影片的意义取决于观众个人。在我看来,在最后揭晓谜底的悬疑电影是令人失

---

① 卡尔·荣格(Carl Gustav Jung,1875—1961),瑞士心理学家,分析心理学的创始者。
② 《西藏度亡经》(*Tibetan Book of the Dead*)为8世纪印度高僧莲花生大师所作,依照佛教义理介绍了人离世后处于中阴(Bardo)阶段的演变情形。

望的。悬疑电影提供广阔的解读空间,观众可以自由得出结论。有无数种可能性。那种感觉,在我看来,真的很棒……《橡皮头》包含了很多值得探索的可能性……要遵守游戏规则,不破坏这些可能性,我说不清,但我认为这非常重要。尽管有故事情节,但电影就像一首诗,或者……更抽象的东西。一种体验。

"有人说自编自导的人会不断重复同一个故事,但我不这么想。我不知道我的灵感从何而来。想法从我大脑的不同层次蹦出来,亨利就是这么来的。因此算不上一种个人哲学。一切对我来说都是合理的。在我看来《橡皮头》是完全符合逻辑的,有某种原则和情感贯穿其中。只要在影片的开头找到状态,后面就不会偏离方向。它对于我来说是合理的,呈现了我追求的效果。"

林奇再次强调:"有些人注意到了,但他们对影片有自己的解读。影片本身的开放性为他们提供了解读的空间。"

"Eraserhead: Is There Life after Birth?" by Stephen Saban and Sarah Longacre from the *Soho Weekly News* (20 October 1977).

佳作《橡皮头》：印第安纳

加里·印第安纳/1980年

《橡皮头》讲述了倒霉蛋亨利的故事，他的世界充满了丑陋与恐惧。在他的梦中，一个丑陋畸形的巨人在一颗遥远的黑色小行星上操纵、控制着他可怕的生活。女友怀孕后，亨利前往地狱般的城郊工业区拜访她的父母。狗冲着他狂吠。女友的父亲愤怒地抱怨周围的环境每况愈下，随后让亨利吃盘子上尖叫流血的小鸟。女友的母亲将亨利逼到墙边。"我女儿怀孕了。"她恶狠狠地说。

与亨利的孩子相比，《异形》中的年轻外星人看起来就像狄安娜·德宾①一样美丽可爱。他食欲无比旺盛，整个身体似乎就是为了不停地吃而存在的。更糟糕的是，亨利刚被妻子抛弃，婴儿就患上了流感。

唯有与取暖器女郎（一位迷人可爱、身材矮小丰满的金发女歌手，脸颊上长着两个巨大的肉瘤）在梦中相会能让亨利逃离现实。他在取暖器中小小的舞台上优雅地舞蹈时，白色泥状的胚胎像天降粪便一样从天花板上掉落。她一边踩着胚胎舞蹈，一边用颤抖的假声歌唱道："天堂一切都好/你有你的好东西/我有我的。"

《橡皮头》可以用不同的方式解读，但其真正的重要性在于对传统美学的彻底颠覆。维特根斯坦曾说过："想象这只蝴蝶的原貌，丑陋而非美丽。"《橡皮头》想要表达的与这一警句恰好相反。就解读而言，《橡皮头》是过去十年以核心家庭②为主题的最迷人也最吓人的电影。它没有肥皂剧中常见的模糊的自我意识与酸涩的欲望，没有陈词滥调，它用血块和异化彻底颠覆浪漫主义。具有

---

① 狄安娜·德宾（Deanna Durbin，1921—2013），加拿大女演员、歌手，20世纪三四十年代出演过很多音乐电影。
② 核心家庭指一对夫妻及未婚子女组成的家庭。

类似意图的影片的制作人通常都会有所保留——比如尊敬老人或不完全否定爱存在的可能性。新浪潮①影片多半带有社会无政府主义②的色彩,但《橡皮头》在这一领域做了更加深入的探索。在个人意见方面,《橡皮头》是"难得的存在"[借用《新闻周刊》(Newsweek)的说法]:一件完全不带个人色彩的艺术品。

[以下是1978年在洛杉矶进行的一次采访的部分内容。其余内容刊登在《否杂志》(No Magazine)上。]

大卫·林奇个头中等,身材敦实,一头金发,看起来温和英俊,性格开朗,颇似鹰级童子军③。他话不多,很在意他人的感受;言行举止没有丝毫神经质的迹象。他不抽烟不喝酒,采访过程中,他要了杯热水,冲谷物饮料

---

① 新浪潮运动于20世纪五六十年代在法国兴起。新浪潮电影人拒绝传统的电影拍摄制作模式,对剪辑、视觉风格及叙事进行大胆实验,并参与当时的社会及政治运动。
② 社会无政府主义是一种非国家形式的社会主义,通常被视为无政府主义的一个分支,认为个人自由依赖于互助。
③ 鹰级童子军(Eagle Scout)是美国童子军的最高等级。只有百分之四的美国童子军在经历漫长的审核过程后能够晋升此等级。

(Postum)喝。

加里·印第安纳(以下简称印第安纳):你和音响师的合作显然非常紧密。能详细介绍一下这方面的情况吗?

大卫·林奇(以下简称林奇):没问题。

印第安纳:我认为这是除《公民凯恩》(*Citizen Kane*)外最棒的电影原声。

林奇:谢谢。艾伦·斯普利特是我的好朋友,此前我们合作过我的另外一部影片《祖母》。我是在费城认识艾伦的。我之前合作的音响师和艾伦是同一个工作室的同事。制作《祖母》时我想和原来的音响师继续合作,却遭到了拒绝,有些失望,但他把艾伦介绍给了我。艾伦又高又瘦。和他握手时,我感觉他的骨头都被我晃得咯咯作响。他很棒……很有活力,我们非常合拍。和他合作很有意思。我们工作的原则是:画面决定声音;声音营造氛围;从未经加工的自然声音开始。在两部电影中,我们都没有使用穆格合成器。我们有很多电子素材,但还是从自然声音入手，用不同方法对其进行处理，做不同的尝试，直到获得适合某个小片段的声音。

很多电影有五十卷原声带。但一卷带子上可能只录了一声枪响。一个战争场景可能就有五十卷带子。但一卷带子上只有一声枪响。我们大约有十卷或十五卷带子，都是满满的……我估计最多……最多可能同时有十五种声音，有时只有一种声音。但我们使用的声音非常奇怪，绝大多数都不是真实的。每种声音都是我们制造的。爱情场面的声音是这么来的：我们把一个纯净水空瓶放在浴缸里漂浮；把麦克风插在瓶子里；再往瓶子里插一截塑料软管，从一头往里吹气，我不知道，可能是艾伦在吹气，我则负责让瓶子在浴缸里移动。瓶子会发出一种嗡嗡声，一种轻柔、梦幻的嗡嗡声，空气在其中流动的声音是有音调的，随着瓶子的移动，音调会发生变化。那声音缥缈、空灵至极。我们什么都录，最终有几百种声音没机会在影片中出现。我们按照艾伦的设计做了很多隔音毯挂在墙上，房间里因此特别安静，落针可闻。因此我们录制的对话特别干净，有一种死寂的感觉，而对话是原声中唯一的自然声音。其他声音都是额外添加的，不是真实的。

印第安纳:演员必须空出很长的档期。这对他们有影响吗?

林奇:是很不容易。尤其是杰克·南斯,他比较喜欢被称为约翰·南斯。他1972年5月进组,剪了亨利的发型并且一直保持,不过他的头发有时立不起来。他戴一顶小帽子……他的戏拍了好几年,这是最糟糕的一点,因为几年时间可以发生很多事情,而他必须保持状态,在拍摄不断中断的情况下保持情绪和感觉是非常困难的。比方说,在一个镜头中,亨利穿过走廊打开门,而接下来的镜头是一年半以前拍摄的。当时的情况大约是这样。

印第安纳:看来演员们对这部影片很有信心。

林奇:对,我们非常投入。资金一落实,拍摄一恢复,我们就立刻进入了状态。没有捷径可走。与此同时,感觉像用细玻璃丝盖大桥,努力建造的过程中半成品随时可能崩塌。全部完成之后大桥才会变得钢铁般牢固。

印第安纳：我认为五年后这部影片会成为经典。只是时间问题。

林奇：需要时间。很多人不喜欢这部电影；它确实只适合一部分观众。不过口碑不错，人们都在谈论它。因此我认为，正如你所说，一段时间之后，人们会去看这部电影。另外，很多人不会午夜出门看电影。

印第安纳：在我看来，《橡皮头》的出众之处在于——你可能不同意我的观点——它革新了看待世界的方式。你将人们从未在电影中看到过的内容搬上了银幕，拓展了电影取材的空间和观众关注的视野，人们会渐渐意识到这一点。《橡皮头》中的很多元素写实地反映了我们所在的世界。男主人公活在肮脏丑陋的世界里，他似乎已经习以为常了……但你我都知道，他并没有完全习惯，比方说，那个婴儿令他作呕，他微笑着看着它，但内心充满恐惧。这些都是他生活环境的一部分。其实，我们的生活中也不乏丑陋。

林奇：我真的……我拍电影之前一直在画画。这种丑陋在我看来是美的。这是我的问题。

印第安纳:可能我不应该用丑陋这个词。

林奇:没关系。从某种意义上来说确实是丑陋的,但我看到的只是质感和形状,繁复的部分与简洁的部分。因此,我认为我感兴趣的是影片、画面和声音的整体效果。

印第安纳:全片画面的构图都非常优美。我注意到(第一次看这部影片时,我就有这种感觉,再看依旧如此)这部影片因诡异而鲜活。远比爱情电影或有美丽的明星和布景的一般影片生动。

林奇:没错,你所描述的正是我想做的事情。对。我希望从不同的角度去表现。

印第安纳:家庭晚餐的片段——如果摒弃细节想一想,就会觉得:"也挺正常的,女孩怀孕了,男方被女方母亲逼婚,然后他们生出一个可怕的……这情节并不陌生……"但你拍出了前所未有的感觉。

林奇:我的创作方法不是这样的。有些人会决定就某个社会问题写一个剧本。他们以此为目标拍摄一部电影来支持相应的观点。我完全不是这样创作的。灵感来了我就开始创作。晚餐片段基本是一个晚上完成的，很自然就写出来了。文思泉涌的感觉。下笔如有神。灵感就是这样零零碎碎地到来的。后来我再找一根线，把所有碎片串联起来。这样就有大概的方向了。一旦有了线，其他元素就会自然出现，我心里就有谱了。我喜欢荒诞，也有很多荒诞的点子，这种幽默……要遵循一定的规则。只有某种特定的幽默能够制造恐惧，你懂我的意思吗？有些幽默过于安全，让你无法回过头来制造恐惧。恐惧的真实度会受到影响。这是幽默规则的一部分。一旦找到方向，就要确保不偏离路线。拍摄电影时，哪怕是一部奇怪的电影，自由发挥的空间也是有限的，因为一旦进入《橡皮头》的世界，你就出不去了。没有其他选择。只有刚开始时可以享受自由，随后就会失去百分之九十的选择。

印第安纳：对。他走路并踩到一个泥潭时，人们以为自己会看到一部基顿①式的或者卓别林式的电影。

林奇:嗯。

印第安纳:一进门一切就都不一样了。

因为会画画,你想制作动画。

林奇:对,没错。我有喜欢的电影,但没有哪部电影能让我产生想要拍摄电影的渴望。完全没有。事实上,我认为自己喜欢的是动画。但我现在已经不喜欢动画了。

印第安纳:在我看来这也很正常。

林奇:更自由。我喜欢这一点,和真人电影相比,动画的创作空间更加广阔,但我想尝试将动画的模式移植到电影中。我希望和真人演员的合作越来越多。

印第安纳:影片中的演员,他们经常演电影吗?还是

---

① 巴斯特·基顿(Buster Keaton, 1895—1966),美国演员、导演、编剧,以无声喜剧电影闻名于世。

主要……

林奇:不,珍妮·贝茨以前……她拍过很多哥伦比亚的电影。我看过一部她演的老电影,都是 B 级电影,最近,我印象中,直到一年前左右,她在演一部白天播出的肥皂剧……饰演比尔的艾伦·约瑟夫(Allen Joseph)拍过很多电影和电视剧……珍妮也是……我认为珍妮是他们中间最正统的。但她只用了一个晚上就找到了状态。她真的很投入。还有夏洛特·斯图尔特,我觉得她不喜欢这部电影。

印第安纳:她是……

林奇:是玛丽。后来她演了《草原小屋》……(笑。)

印第安纳:说不定就是因为演了这部电影……有即兴发挥吗?

林奇:不,完全没有。

印第安纳:在影片中常有很多事情同时发生,然后撞在一起……让人不知该笑还是该尖叫,有一个片段是鸡……

林奇：……动了起来，对。

印第安纳：前面都有不少铺垫，母亲突然发病的场景可谓其中的高潮了，整部影片中有不少这样的片段……那时大家是真的在做饭，然后……

林奇：不，是排练好的。

印第安纳：但你认为拍摄效果是理想的？

林奇：对，事实上，因为排练很充分，大部分时候我们一个镜头最多只会拍四次或者六次。一般只拍一到两次。很多时候重拍不是演员的问题，而是摄影机故障或者类似问题导致的。

印第安纳：你对结果怎么看？我们聊聊影片中发生的事情……

林奇：结局非常美好。

印第安纳：他杀死婴儿之后，紧接着有一个非常响的背景噪音,一直持续到整个片段结束。那个声音是怎么做的?

林奇:是管风琴。

印第安纳:只是把声音放大,还是……

林奇:其实是很多声音混在一起,但确实有管风琴和音,处理过的,我们做了一些改变,对,确实把声音放大了,也加入了其他的声音。最终的效果是比较厚重的。

印第安纳:他在邮件里收到的虫子,是别人寄给他的吗?还是本来就在他邮箱里?还是……

林奇:对……是寄给他的。

印第安纳:谁寄的?

林奇:嗯……你可以猜,不刻意去想也没问题。但我认为是别人寄给他的。这就好像是,有时,最初没有引起你注意的消息会突然占据你的内心。这就是影片中所发生的事情。

印第安纳：是指死亡降临，还是……

林奇：不是。

印第安纳：不是某种象征，好吧。拍摄得最长的场景是哪些？

林奇：时间吗？拍摄哪个场景花的时间最长？一切都很花时间，没有某个镜头……对我们来说难度特别大的是行星飞向宇宙的那个镜头，也是在（美国电影学院的）旧马厩里拍摄的，必须在一个周末之内完成。听起来时间似乎挺充裕的，但有一个逐渐靠近的长推拉镜头（dolly shot），也可能是远离的，我们是倒着拍的。我们用麦粒灯泡（germ-of-wheat bulb）做星星，布置了30×50的背景，我们有一颗行星模型，要装在一个转头上。我们把贝弗利山庄公园（Beverly Hills Park）的很多园艺木盒连在一起，再盖上木板，做出很长的推车轨道。我们有一辆租来的带摇臂的阿尔麦克蜘蛛推车（Almack spider dolly）。必须全部搭好，我们周五晚上开始搭建，周一清晨太阳升起的时候拍摄。结果外面的光进来了。我们需要精确拍摄，必须把所有东西都拆掉，下个周末重来一遍。真是太可怕了，简直要我的命。

印第安纳：听起来很可怕。

林奇：确实很可怕。我们用铅块确保背景在空中保持静止，必须这么做；效果不好，简直是一场噩梦。我们一直人手不足。我记得当晚有不少人，大概六七个在工作。我们没日没夜地干活，调整光线，进行搭建和调试，确保一切就绪……有些镜头就是这么费劲，出于种种原因特别耗费时间。这是其中特别困难的一个。

印第安纳：影片开头有一个令人难以置信的镜头。摄影机划过黑暗，紧接着是片头，那个洞……我记得黑暗非常真实，尽管一片漆黑，却还是能感觉到镜头在移动。

林奇：保留一个摄影机动作……也可能没有保留……不需要保留，只是颗粒变得越来越稀疏，然后画面就全黑了，洞出现的时候，又会感觉镜头在移动。

印第安纳：对，不过——

林奇：你会感觉……

印第安纳:对,看电影的时候,洞出现之后,或者说洞一出现,就会感觉到镜头在移动——

林奇:对,你感觉……

印第安纳:后面的画面让人感觉前面的镜头在移动,非常神奇……你是在哪里长大的?在哪里出生的?

林奇:我出生于蒙大拿州密苏拉。在华盛顿州斯波坎、爱达荷州桑德波因特、爱达荷州博伊西、弗吉尼亚州亚历山德里亚、北卡罗来纳州达勒姆、波士顿、费城和加利福尼亚州洛杉矶都生活过。

印第安纳:你最喜欢哪个地方?

林奇:出于不同的原因,我每个都喜欢,但最喜欢的应该还是费城。我花了大约一年的时间才克服住在费城的恐惧。我们住在费城一个很糟糕的社区。其实整个费城状况都不大好。只有几个比较好的区域。在和我的房子只隔半个街区的地方就有一个孩子被枪杀。我们的房子被非法入侵过两次,还都是我们在家的时候。我们的窗户被打飞过,邻居的窗玻璃则被人从外面踢碎。种族关系也很紧张,充斥着……暴力和恐惧……我对人说,只有砖墙把我和外面的世界隔开。他们听了都觉得好笑,问:"那你还想要怎么样?"但墙壁就像纸一样脆弱。

印第安纳:很遗憾不少人对这部影片的评论是负面的。就像苏珊·桑塔格(Susan Sontag)评论杰克·史密斯(Jack Smith)的电影《热血造物》(*Flaming Creatures*)时所说的一样,开始评论此类作品之前先要为其辩护,这让人遗憾。我认为所有写文章评论这部影片的人都面临同一个问题,文章的读者是普罗大众,这其中一定会有不少人因为不具备相应的欣赏品位,而认为这类事物——《橡皮头》这样的电影——令人作呕。只有在电影方面具有高品位的观众才能接受这种与众不同的作品。

林奇:对。亨利生活在一个黑暗的世界里,他身边发生了很多奇怪的事情。

印第安纳:我们一直没有讨论影片的情节,因为能够描述影片情节的语言……我认为要用一门全新的语言才能描述片中发生的事情。目前所有关于这部影片的评论都是在表态,几乎不涉及影片的情节。我认为这不是一部丑陋奇异的电影,在我看来,它十分优美。我并没有被它恶心到……很多人声称看了之后感觉恶心,但他们一边看一边说话,根本没有沉浸在影片的情节中。但是……

林奇:确实有不少人一边看一边说话。

印第安纳:对,这就是午夜场的问题。我认为每周都放映是好事,但另一方面,午夜场从一开始就拥有很特殊的观众群体,杂志上有关午夜场电影的文章也讨论过这一点。他们吵闹,对银幕说话,或者从头到尾和同伴聊天,想要好好看场电影的人,反倒会被周围人的说话声打扰。

不过昨天晚上有一个人从头笑到尾。像女妖一样不断发出尖利的笑声,好像每一个画面都特别搞笑一样……尽管很多地方他可能并没有看懂,但他至少有自己的解读,不像……我前面的一对情侣从头到尾都在拥吻。你或许会对这一点感兴趣,他们一直在亲热,因此男人总是背对银幕,但每隔几分钟他会回过头去看看银幕上在发生什么,然后再继续和女友亲热。很有意思……

(笑。)

亨利肢解婴儿时,他前前后后看了大概有一分钟……午夜场的观众真的很特别。

林奇:确实很有意思。

印第安纳:对。不知道他脑子里在想什么。

林奇:对。真疯狂。

印第安纳:你想聊聊影片中的故事吗?

林奇:嗯,这不是……可以说,我认为,你知道影片中发生了什么。在我看来,故事本身是一个层面,在其他层面上,我们会有个人化的解读。正如你所描述的,表面上的故事就是一个女孩怀孕了,生下了孩子,和男友一起住,这就是观众看到的情节,但还有其他问题……

印第安纳:对,就是这个问题。很难用一般的语言描述影片的情节和给人的感觉,尝试用语言去描述影片中情节之外的东西似乎又有过度解读的嫌疑……不过……说不定我的描述和其他人都不同。

林奇：我想也是。我相信你会做得很好的。

"Good Eraserhead: Indiana" by Gary Indiana from *East Village Eye* (February 1980).

导演大卫·林奇——从邪典电影到《象人》

吉米·萨默斯/1980 年

大卫·林奇的第一部长片是《橡皮头》,这部低成本的黑白恐怖电影得到了美国电影学院的资助。他的第二部作品《象人》由派拉蒙影业发行,梅尔·布鲁克斯的布鲁克斯影业投资,出演的明星包括安东尼·霍普金斯(Anthony Hopkins)、约翰·赫特(John Hurt)、约翰·吉尔古德(John Gielgud)和安妮·班克罗夫特(Anne Bancroft)。

对于这位三十三岁的编剧兼导演来说,这部作品可谓不小的飞跃。同时,初次与一众老戏骨合作对他来说也极具挑战性。

"我很紧张,"林奇表示,"想得越多,就越觉得害怕,简直濒临崩溃。但他们都是非常专业的演员,愿意任凭导演调配。

"他们对我都很好,第一次拍摄主流电影,得到大家的支持非常重要。我很害怕,但他们也都经历过这个阶段,能够理解我的心情。"

完成《橡皮头》之后,林奇原本计划拍摄另一部特种电影(specialty film)《罗尼火箭》(*Ronny Rocket*),拍摄这类电影时,他可以享有完全的创作自由。然而,尽管《橡皮头》在午夜电影圈受到了追捧,但林奇表示其收入不足以让制片厂相信他"具备些微赚钱的能力"。他最终决定如果有机会再拍电影的话,就拍别人的剧本。

梅尔·布鲁克斯手下的斯图尔特·科恩费尔德(Stuart Cornfeld)很喜欢《橡皮头》,他安排林奇与乔纳森·桑格(Jonathan Sanger)见面,后者从编剧克里斯托弗·德沃雷(Christopher De Vore)和埃里克·伯格恩(Eric Bergren)手中购买了一部名为《象人》的剧本。梅尔·布鲁克斯随后加入进来,确定由他的布鲁克斯影业制作这部影片。

尽管一开始有人怀疑布鲁克斯只会允许一部分人参与这部影片的制作,但最终没有人离开,桑格是制作人,林奇、德沃雷和伯格恩共同担任编剧。布鲁克斯看过林奇上一部作品之后,林奇的导演地位得到了巩固。"梅尔看了《橡皮头》,"林奇说道,"然后冲出了电影院,一边高喊着:'你是个疯子!我太喜欢了!'"

"后来梅尔,"林奇回忆道,"给我、克里斯托弗和埃里克在他办公室对面找了个小房间,让我们修改剧本。最终,我们把剧本几乎彻底重写了两遍。我们的关系一直很好,我觉得这很难得。一般来说,编剧很难接受他人对自己的剧本指指点点,但克里斯托弗和埃里克对我很宽容。

"我要强调最初的剧本已经非常优秀了。是它让我们大家渴望参与这部电影的制作。但因为太过忠实于素材,它也有一定的问题。就情节发展而言,故事先积累了一定的戏剧张力,但后面有很长一段较为平淡。因此,我们根据梅尔的想法、我的想法,以及克里斯托弗和埃里克的想法,对剧本进行了两次重写。

"剧本发生了变化,但是,我们最为珍视的约翰·梅里克(John Merrick,一个因无法矫正的畸形而丑陋不堪的男人,《象人》的故事改编自他的真实人生)这个核心人物没有改变。我们力求忠实地重现他和他的人格。

"拍摄前三天,梅尔会来片场待半小时左右,他每次来都愉快亲切,给我们支持与鼓励。但他刻意保持低调。梅尔说他得到了上天的眷顾,因此想帮助刚刚起步的年轻人。在片场居高临下地对我们的工作指指点点或者干脆自己上阵都不是什么好事。他特意给我们空间,让我们自由创作。"

林奇对桑格也评价甚高,参与《象人》的制作是桑格首次担任长片的制作人。

"乔纳森和我们一起常驻英格兰(影片的制作地),他非常出色。拍摄期间,各式各样的问题层出不穷,但他总是能够找到解决方法。对于我来说,保证拍摄不间断很重要,多亏了乔纳森,一切才这么顺利。"

林奇是这样评价为了饰演约翰·梅里克每天需要花七个小时化妆的约翰·赫特的:"我想不到比约翰·赫特更优秀的演员。我们请他出演这个角色,因为他是一名真正的演员,而不是普通的明星。他对角色的投入令人叹为观止。

"一开始我担心他找不到我想要的象人的感觉,感觉不对的话,尝试改变他的表演难度很大又浪费时间。约翰·赫特必须演出男主人公的精髓。

"他从一开始就找对了感觉,他的很多戏只需要拍一遍。"

林奇与德沃雷和伯格恩讨论过未来再次合作,但是目前他更希望创作自己的作品。"我真正想做的事情,"林奇表示,"我觉得必须自己做。如果你对一部作品有信心,而其他人不这么想,你们就不得不做出妥协。而对我来说,对影片具有尽可能多的控制权非常重要。"

"Director David Lynch—From Cult Film to *Elephant Man*" by Jimmy Summers from *Box Office* (October 1980).

只要是黑色,什么颜色都行

斯图尔特·多兰/1985 年

近年来——至少是最近十年——我们会习惯性地默认新拍摄的长片都是彩色的。拍摄黑白电影是一种打破常规的刻意选择,但如果运用得当,黑白影像的内涵比彩色画面更加丰富。

《象人》是近十年来最杰出的黑白电影。这部大卫·林奇(他后来又执导了《沙丘》)执导、弗雷迪·弗朗西斯(Freddie Francis)担任摄影师的影片,向我们展示了黑白影像的魅力。

风　格

用黑白影像呈现影片是林奇的决定,但这对于摄影师弗雷迪·弗朗西斯来说,没有太大的影响。

"对我来说,"他表示,"导演已经做出了决定。我在意的是风格。拍摄黑白电影只是换一种胶片而已。我会根据素材选择最适合故事年代和我们想要的感觉的风格。我相信如果让我用彩色胶片拍摄《象人》,最终的效果也会很好,我会找到适合影片的特定风格。我最近的作品《医生与魔鬼》(*The Doctor and the Devils*)——讲述了一个和《象人》年代相仿的故事——就是一部彩色电影。

"话说回来,我很高兴有机会拍摄黑白电影。关于发生在维多利亚时代的故事,我有一个疯狂的理论:当时,摄影技术刚刚萌芽,我坚信观看以维多利亚时代为背景的故事的黑白影片时,观众会潜意识地感觉气氛非常真实。"

对于从来没有接触过黑白摄影的现代摄影师来说，适应黑白影像的创作空间和特点是有一定难度的，但反过来就相对容易一些。弗雷迪·弗朗西斯30年代中期入行，因此对黑白胶片非常熟悉。后来，他又见证了彩色胶片的出现，从头学习了如何拍摄彩色影像。

"对，在从未接触过黑白电影的情况下突然开始运用新媒介是很困难的，因为坦白说，拍摄黑白影像的难度更大。没有了颜色的帮助——一切都要设计和布置。"

创造颜色

"想要拍摄黑白电影并保证画面效果就必须自己创造颜色，其实就是对光影的掌控。拍摄彩色电影时，只要打光，颜色就会自动显现——当然这么说有些夸张了，但是和彩色胶片相比，使用黑白胶片更加操心。

"在彩色影像中，如果你穿着一条某种颜色的连衣裙，然后走向另一种颜色，两种颜色就会忠实地被呈现出来。在黑白影像中，必须通过打光将其表现为两种不同的颜色，或同一种颜色。拍摄黑白影像时如果使用平光，整个画面就会缺乏层次——一切都在同一个平面上。换句话说，和彩色摄影相比，黑白摄影需要更加精细地控制光线。"

这意味着拍摄黑白影像时，摄影师必须清楚每种颜色会变成什么样的灰色。在弗雷迪·弗朗西斯这样有经验的摄影师看来，这一切都取决于摄影师的眼力。他说："进行最后的分析时，摄影师可以依靠的只有一样东西——他的眼睛。如果眼力不行，他就可以卷铺盖走人了。"

对于缺乏相关经验的摄影师来说，制作一张灰度表是一个不错的选择，将所有的原色和二次色①画在一张卡片上——类似视频彩色柱状图——然后用黑白胶片在明亮的光线下对其进行拍摄。将底片放大到 10×8，标上每种颜色的名字，然后剪下来。如果不确定用黑白胶片拍摄时两种颜色会如何混合，只要把两个色条重叠在一起就可以了。

---

① 二次色指三原色中某两种颜色相互混合得到的颜色。

构　图

我们再来看构图,拍摄彩色电影时,颜色对构图是有帮助的。房间里的某样颜色鲜艳的物品,比如一块告示板,对整个画面的构图有一定辅助作用。拍摄黑白电影时,没有颜色的区分,只能求助于光影——暗部和亮部。换句话说,黑白电影中的光影相当于彩色电影中的颜色。

话虽如此,具体如何运用光影或颜色呢?

"在《象人》和《医生与魔鬼》中,我们试图营造的氛围是一样的。19世纪40年代的伦敦,非常阴沉。这对于彩色摄影来说是个挑战。直接拍摄是不会有阴沉灰暗的感觉的。不过,《医生与魔鬼》和用黑白胶片拍摄的《象人》在这方面都很成功。"

气　氛

"没有什么诀窍,就是不断调整现场的布光,直到达到理想的效果。思考如何拍摄《象人》时,我努力想象当时的画面。如果1840年影片的故事发生时我在伦敦,当时的光线会是怎么样的?光线恐怕不怎么充足。其次,生火所产生的脏兮兮的烟雾对当时的光线肯定有影响,将这些元素结合在一起就能在片场重现1840年维多利亚时代的伦敦。"

其实为了找准角色的性格,演员也要做类似的准备——将不同元素结合在一起,塑造可信的角色。

"电影刚刚出现时,还没有形成这种理念。所有画面都要光线充足——片场满是明亮的光束。女主角无论在哪里都要打背光突出她的头发,这样做会导致最终的画面特别假。

"要营造适当的气氛,就无须害怕牺牲摄影质量。刚开始拍电影时,人们不敢这么做。"

耗材采购

在实际操作层面，保证胶片和洗印——35毫米胶片、16毫米胶片和Super 8胶片①都是如此——十分重要。《象人》是用柯达Plus X胶片拍摄的。一开始一切顺利，但拍摄开始几周之后，弗朗西斯发现胶片有缺陷，只能全部退回。市面上能买到Plus X胶片吗？完全买不到。全世界都没有。影片差点停止拍摄，还好新一批胶片及时到货，让拍摄得以继续。但新胶片曝光速度是原来的两倍，似乎只需要一半的辅助光②。剧组花了好几天时间才适应新胶片。

和所有专业电影人的做法一样，《象人》的原始测试是用正式拍摄的胶片进行的，这种做法值得业余拍摄者

---

① Super 8胶片是1965年伊士曼柯达公司推出的一款8毫米胶片。
② 辅助光（filler light）是电影摄影中用来弥补主光之不足，照亮主光所不能照亮的侧面，以显示景物阴影部分的质感，帮助主光完成形象塑造的光线。

学习。最好用一卷 Super 8 胶片在不同场景下进行测试，保证理想的拍摄效果。如果不管不顾地直接拍摄，最终的影像可能不尽如人意，全部浪费。

洗　印

弗雷迪·弗朗西斯还得寻找合适的洗印厂。作为兰克电影洗印厂（Rank Film Laboratories）的常客，弗朗西斯很想继续与其合作，但是鉴于《象人》是几年来唯一一部主流黑白电影，他最终将样品寄给了好几家洗印厂。

然而，兰克似乎喜欢挑战（或许正是因为这种精神，他们今年才获得了女王工业奖[1]），他们将所有的黑白洗印设备拆开修整。最终的效果很好，但是必须每天把机器拆开，清洗保养。

---

[1] 女王工业奖（Queen's Award to Industry）是女王企业奖（Queen's Awards for Enterprise）的前身，1965 年创立，奖励在国际贸易、创新或可持续发展方面表现优异的英国企业或其他组织，是英国官方最高级别的企业奖项。

Super 8胶片的用户也面临同样的问题,能用的洗印厂只有一家——西约克郡基斯利德里尔街4号的安·惠特菲尔德(Ann Whitfield)。在英国,Super 8胶片只有在宽屏中心(The Widescreen Centre)才能买到,不过那里还出售柯达Plus X、Tri-X和4X。

概　念

摄影师弗雷迪·弗朗西斯赋予了《象人》风格,但最初的概念和大方向来自导演大卫·林奇。大卫来自费城,从业时间比梅尔·布鲁克斯稍短几年。他为何会成为电影人呢?

"我是学画画的,尝试制作了几部动画短片,它们是绘画与电影之间的桥梁。我并不想成为电影人,但一尝试就爱上了拍电影。拍摄电影时,我的运气很好,画画时则没那么幸运——不过我还是很热爱画画的。

"我的第一个大项目是时长三十四分钟的影片《祖母》,这部作品混合了彩色和黑白影像、动画和真人表演。这部影片让我得到了进入位于贝弗利山庄的高级电影研究中心学习的机会。《橡皮头》就是1970年我在那里学习时开始的项目,不过影片最终完成时,我已经离校了。"

直 觉

当时,林奇就会根据自己的想法在黑白和彩色之间做出选择。《橡皮头》不是商业片,因此选择黑白影像完全是出于美学上的考虑。

"我很依赖直觉或感觉,没有太多的理性思考。如果一部电影感觉应该是黑白的,就拍成黑白的,感觉应该是彩色的,就拍成彩色的。在我看来,《橡皮头》一定要拍成黑白的,《象人》也是如此。

"而我现在正在拍的电影——包括影片的标题《蓝丝绒》——是彩色的。我用黑白胶片测试过,感觉不太对。"

但这并不能回答"和彩色影像相比,黑白影像有什么优势"的问题。

"这个问题经常有人问我,但很难用语言回答。我一般都是跟着感觉走。"

力　量

"但是黑白影像确实可以带领观众进入另一个世界,无论是《象人》中过去的世界,还是《橡皮头》中的平行世界。有时候彩色影像太真实了,反而缺乏代入感,黑白影像更干净。黑白影像中的眼睛和耳朵与彩色影像中的完全不同,更加突出。明暗、对比和形状更加明显,因为这些是黑白影像的全部创作元素。随便看一眼是看不到这么真实的画面的。黑白画面更能突出主体。

"似乎可以让画面更具冲击力——让观众脱离现实。有些电影适合这种风格,有些则不适合。这时就得凭直觉做出判断。"

事实上,和彩色胶片相比,用黑白胶片拍摄会带来额外的问题。除了弗雷迪·弗朗西斯提到的拍摄过程中遇到的困难,还有其他一些难点影响了影片的创作方向。

问　题

"必须用光区分不同的物体,必须考虑不同的质感(光滑的和粗糙的,复杂的和简单的),我喜欢思考这些。事实上,摒弃繁杂,用黑白元素设计画面感觉很棒。设计彩色画面反而没这么有趣。黑白画面不需要填得特别满。房间里放一两个东西效果就很好了。如果是彩色画面的话,就会显得很空。"

就实际操作而言,林奇和弗朗西斯一样,也提到了黑白胶片的问题。

"我最担心的就是胶片的质量。拍摄《橡皮头》和《象人》时,很难找到质量有保证的黑白胶片。现在黑白胶片生产得比较少,胶片公司可能认为只有电影学院还用黑白胶片,因此对这种产品不太重视。很难找到优质的黑白胶片。"

《橡皮头》是一部很奇怪的电影——寻常中蕴藏着不

寻常。他的想法都从何而来呢？

"来自我在费城的经历——在那里生活的经历。"

为什么拍摄《象人》？

"首先，我喜欢不同的质感，而且'抛开表面、深入内心'的想法也很吸引我。象人外貌丑陋，但拥有美丽的灵魂。他美好的内心十分动人，却因为丑陋的外表而无缘被世人所认识。我觉得这想法不错。我也喜欢这个行业的整体感觉，相关的建筑及其他元素在我看来都十分惊艳，因此从视觉效果的角度来说，我也很喜欢这部影片。"

《蓝丝绒》

林奇最近的作品《蓝丝绒》也是一部情绪电影（mood piece），讲述了发生在美国中西部一座不知名城市的一宗神秘谋杀案。这将是一部彩色影片。

"我们不会对颜色做任何特殊处理。"他表示，"我们用黑白胶片做了测试，然后把镜头合在一起，制造低饱和度的效果，但最终看上去很乏味。没有灵气。我们决定直接用彩色胶片拍摄——用光营造气氛，不通过胶片添加任何效果。我们对胶片的期望就是忠实地记录摄影机捕捉到的画面。"

创 作

林奇受到的影响主要来自他认识的画家、住过的地方，而非其他导演。与色彩相比，他对光影、感觉和质感更加敏感。这些元素在他的彩色电影中也得到了广泛的运用。先营造气氛，然后进一步加工。

"尽管我为我的大部分作品写了剧本，但它们大多只是一个蓝图，一种感觉，一个大概的想法。写剧本时，我会考虑拍成电影之后的效果。找准方向然后坚持下去。一旦偏移，影片就会失去力量。拍摄到的素材决定成片的画面和节奏，但最终还是应该坐下来，回想一下自己最初追求的感觉。"

黑白影像有独特的魅力。电影人应该认识到黑白和彩色不分高下，黑白影像在表现力方面也有彩色影像无法企及的潜质与能力。

"You Can Have Any Colour So Long as It's Black" by Stuart Dollin from *MovieMaker* (October 1985).

《沙丘》之后

蒂姆·休伊特/1986年

人们听说我见过大卫·林奇时都会问:"他奇怪吗?"

林奇仅有的三部长片作品让他成了荒诞离奇、超现实主义的代表。尽管他的三部长片作品——《橡皮头》(1977)、《象人》(1980)和《沙丘》(1984)——素材的来源不同,但相似的风格与构想将它们紧密地联系在一起,给人同根同源的感觉。

林奇最新的作品是《蓝丝绒》,这是《橡皮头》之后导演首次启用自己创作的剧本,而不是拍摄他人的剧本。"有些片段的氛围有点像《橡皮头》,"林奇表示,"但两部电影是不同的。"

《蓝丝绒》算是一个悬疑故事，涉及谋杀、毒品和诡异的性爱。如果影片经林奇剪辑后可以取得 R 级评级，德·劳伦蒂斯娱乐集团（De Laurentiis Entertainment Group）计划于 9 月发行这部影片。情节上，这部影片与林奇以往的作品完全不同，故事发生在现代美国，有些人物非常真实，会让观众想起自己的邻居。事实上，林奇曾表示《蓝丝绒》是一部"街坊电影"。

"这是一部小型情绪电影，"他说道，"我不知道算不算黑色电影①。有一些黑暗的片段，但也有轻松的内容。氛围对我来说特别重要，画面的感觉和味道一定要对。然后影片才会显得真实。"

完成《沙丘》之后，拍摄《蓝丝绒》对于林奇来说就像度假。这是他在《橡皮头》之后规模最小的作品，导演本人很喜欢这种小制作带来的亲密感。他喜欢拍摄规模偏小的影片，对拍摄《沙丘》续集不是很感兴趣。"他们不会立刻拍摄续集。或者说，至少我不会参与。"尽管他为影

---

① 黑色电影（film noir）多指好莱坞犯罪片，通常具有悲观色彩，展示令人不快、怪诞或残忍的世界。

片付出了大量的心血,但在林奇看来,《沙丘》还是令人难以捉摸。

"那部影片有问题,"他表示,"但我说不出具体是什么问题,也不知道怎么才能把它'修'好。规模太大,元素太多。有我喜欢的,也有我不喜欢的。总之就是有问题……"林奇盯着他刚刚完成的一幅画,一幅展现工业景观的表现主义作品,说话声音越来越小。

"《沙丘》有更长的版本吗?"我问道,因为我曾听说《沙丘》的导演剪辑版时长超过四个小时。"粗剪版是很长。这是一部规模很大的影片。但那是不能直接放映的,绝对不是最终的剪辑。我认为最终的成片就是最好的版本。"

尽管拍摄过相应题材的影片,但林奇表示他并不喜欢科幻小说、奇幻小说和悬疑小说。他喜欢的是电影。"我喜欢电影,也喜欢爆米花,因此喜欢一边吃爆米花一边看电影。我喜欢任何会移动的东西。有时,如果一部电影和我喜欢的作品很像的话,我会变得挑剔,但大多数时间我都怀着开放的心态看电影,不做太多评判。很多影片都有我喜欢的元素,不过符合我个人口味的作品比较少。"

尽管曾学习绘画,但林奇并未承认自己作品的视觉风格特别受到哪位艺术家的影响,他也没有提到任何对他有影响的电影或文学作品。

"我内心的想法,"他表示,"来自我生活过的地方和我认识的人。还有些主意来路不明,突然就冒出来了。有些想法可能就是我坐在椅子上的时候出现的。它们与任何东西都没什么特别的关系。就像去钓鱼然后有鱼上钩一样。无论你喜欢什么品种,都无法决定最终抓住的是什么样的鱼。我的灵感也是如此。"

尽管林奇不喜欢悬疑电影这种体裁和传统的侦探小说,但他对广义上的神秘很感兴趣。"一切都很神秘,不是吗?在我看来,黑暗很神秘。我不知道黑暗中隐藏着什么,又被这种未知深深吸引。不一定是邪恶之物,但是确有邪恶隐匿于黑暗之中。"

林奇在黑暗中找到的影像总是荒诞的、令人不安的,比如,《橡皮头》中恐怖的日常物品。在林奇看来,事物的表面只是观察的开始。"一切都取决于程度。你如果拼命盯着一张人脸看,就会觉得它很奇怪。哪怕是最美丽的女子的脸庞，一旦看得过于仔细，它就会变得十分诡异。一切都处于一种微妙的平衡状态，包括人的肉体，世界是不完美的。"

林奇用怪异可怖的影像揭开了我们日常正常的伪装，仔细审视我们真实的内心。

"我喜欢有层次的事物，"林奇表示，"比如《象人》。外表和内在差异极大。《蓝丝绒》也是如此。华丽的外表下隐藏着愈发奇诡的真相。"

在林奇的剧本中，一个名叫杰弗里[Jeffrey，曾出演《沙丘》的凯尔·麦克拉克伦（Kyle MacLachlan）饰]的大学生因为父亲患病而回到家中。他在一位夜店歌手（伊莎贝拉·罗西里尼饰）家附近的空地上发现了一个耳朵——人类的耳朵，这个悬疑故事由此拉开序幕。警方不愿介入；一个耳朵不足以证明有人被谋杀了。随着杰弗里调查的不断深入，他发现有一个危险又神秘的人物控制着夜店歌手。反派由丹尼斯·霍珀饰演。

剧本中的一些元素确实很像《橡皮头》，暗流涌动的欲望贯穿着两部影片。尽管故事发生的环境很普通，但《蓝丝绒》有一种令人不安的气质。

影片在北卡罗来纳州威尔明顿拍摄，是林奇和摄影指导弗雷德·埃尔姆斯（Fred Elmes）继《橡皮头》之后的又一次合作。影片开头的一个情节发生在距离主要故事发生地很远的地方，这个场景是在威尔明顿滨水区恐怖角酒店（Cape Fear Hotel）的地下室拍摄的。那里的环境堪称完美。地下室阴暗又肮脏，到处都是裸露的管子，不少管子外面还包着破破烂烂的隔热层。地上散落着酒店垃圾，还有一摊一摊的污水。一切都陈旧腐朽，正适合大卫·林奇的电影。

在这个片段中，一个大学生从楼上正在进行的派对中溜了出来，带着女友来到这个没人的地方亲热。很快，他兽性大发，不顾女孩的激烈反抗，想要强行和她做爱。尾随他们的杰弗里大喝一声，给了女孩脱身的机会。

"我喜欢这些东西，"林奇表示，他指的是地下室的破败，"我喜欢各种质感。"地下室的管道和机械也反映了林奇对工厂的特殊喜好。林奇非常喜欢工厂，认为工厂是新事物诞生的地方，不过在他的作品中，工厂往往阴暗又吓人。

"嗯，"他慢条斯理地说道，"工厂里经常发生事故。

从某种意义上说,工人就像英雄一样,比如矿工。他们深入地下,冒着生命危险工作,他们了解在工厂工作意味着什么,但他们的家人不了解。工厂散发着独特的气质,有独特的生活方式和节奏。这么说可能有点以偏概全,但我喜欢将其作为故事的背景。我没有拍过真正的工厂电影,因为我没能构思出这种故事,也没遇到过这样的剧本。我想要拍摄一部关于钢铁工人的电影,或许以他们的生活作为影片的背景。"

林奇在德·劳伦蒂斯娱乐集团的北卡罗来纳州电影公司有一间办公室,他就是在那里接受了我的采访。他看起来像一个长着娃娃脸的学校教师,穿衣风格和我想象的一模一样:黑色皮夹克、白衬衫(最上面一颗扣子也是扣紧的)、卡其色裤子和网球鞋。在所有公开发表的照片中,林奇都是这套装束。

沙发上放着林奇的"动物套装"的照片。他每拍摄一部影片,就会制作这样一个套装,把肢解后的动物钉在一块板上,再配上如何组装的说明。鸡套装,他说,和羽毛套装是分开的。他有没有为《蓝丝绒》制作套装?"我现在冷冻了六只老鼠,准备做一个老鼠套装,但暂时没有时间。"

办公室的一面墙被林奇的最新画作所占据。画面的氛围和林奇电影的气氛十分相似，不过画没有那么写实。林奇微笑地解释道，在棕色画面上占据主导地位的红色大方块"是必需的。就是不能少。不一定要是方形。有十种可选的形状。其余就不行了"。

林奇不愿将他的画作和电影联系在一起，希望将两者分开。"《蓝丝绒》和《橡皮头》是最像我的画的两部影片，但它们和画是不一样的。大脑的不同部分生产不同的作品。我的画和我的电影没有太多的联系。"

《蓝丝绒》和《橡皮头》对于林奇来说都是很个人化的电影。我提到他和（在《橡皮头》中饰演亨利的）杰克·南斯及凯尔·麦克拉克伦外貌相似时，他点了点头。"我原来没有注意过。但我想这应该不完全是巧合。我既是亨利，也是杰弗里。我不是象人，《沙丘》中也没有像我的人物。但《橡皮头》和《蓝丝绒》与我个人联系十分紧密。"

另一部与林奇的内心有紧密联系的作品是《罗尼火箭》，这个项目长期为人们所津津乐道，但好像已经永久性地被搁置了。"我想要拍摄一部喜剧电影，"林奇带着温和怪诞的笑容说道,"《罗尼火箭》会是一部喜剧。现在我不知道会不会拍摄这部作品。我重写了剧本,非常喜欢。现在的剧本很长,格局很大,是一部怪诞抽象的喜剧。但遗憾的是,那种冲动已经过去了。可能很久之后才会拍摄。我个人很喜欢,但是不知道观众对其是否感兴趣。"

即便不是《罗尼火箭》,林奇很快也会拍摄新的剧本,推出个人色彩浓重的新作品。《蓝丝绒》是林奇的第四部长片作品。他的影片独树一帜,像艺术家的画布一样丰富多彩。

"他奇怪吗?"人们总是这么问。大卫·林奇绝非寻常之辈,但他并非很多人想象中的怪人。

"Is There Life after *Dune*?" by Tim Hewitt from *Cinefantastique* (vol. 16, 1986).

林奇式存在

大卫·丘特/1986年

[以下宋体字部分是大卫·丘特1986年6月21日周六在洛杉矶威尔希尔大道和高地大道交界处的鲍勃的大男孩餐厅(Bob's Big Boy)对大卫·林奇进行的采访。]

"《蓝丝绒》不是一部人人都能欣赏的影片。有些人非常喜欢,有些人的反应则非常负面。我们在圣费尔南多谷举行的试映是一场灾难。很多人认为影片恶心又变态。当然它确实如此,但是事物是有两面性的。如果没有对比的话,可能很难接受。其实,《蓝丝绒》对现有规则的突破是有节制的。我认为电影应该有力量,善良的力量和黑暗的力量,这样才能令人心情激荡,敢于打破固有的模式。一旦退让,就是在拍摄不痛不痒的垃圾。"

"我不知道你到底是侦探还是变态。"在林奇最新的惊悚作品《蓝丝绒》的一个关键场景中,桑迪(Sandy,劳拉·邓恩饰)对杰弗里说。有关这个问题,影片本身没有给我们答案,但是编剧兼导演林奇(杰弗里似乎就是他的化身,连外表都与他十分相似)一定会说他既是侦探又是变态。这位卖力的年轻侦探强烈的好奇心让他卷入了邪恶事件之中。这样耸人听闻的事件竟会发生在美国小镇上,简直令人难以置信。然而,看似单纯天真的杰弗里可能并非完全无辜。他被犯罪和恐怖深深吸引,有与侵蚀人类灵魂的恶魔为伍的嫌疑。

影片讲述了一个噩梦般的成长故事,一个长疮流脓的惊悚版哈迪男孩①的故事。这部影片的主创和主人公都不能自已地痴迷于调查解密,同时被自己找到的龌龊真相深深吸引。如果想要感到快乐,人必须强迫自己接

---

① 哈迪男孩(Hardy Boys)是一系列儿童和青少年悬疑小说中的主人公。

受事物美好阳光的表面,不深究繁荣外表下的丑陋真相。这样的观点在影片中也有体现,且令人难以反驳。

"这就是一直以来我眼中的美国。我的生活有单纯天真的一面,也不乏恐怖和病态。这些都混合在一起。

"《蓝丝绒》是一部很有美国气质的作品。影片的灵感来源于我在华盛顿州斯波坎度过的童年。兰伯顿(Lumberton)是真实的地名;美国有好几个兰伯顿。我选择这个名字是因为这样我们就能够找到警徽和其他道具。然后我脑中出现了很多与之相关的想象,我们在影片中加入了运送木材的卡车开过的镜头,以及广播里播放的小调——'听着大树倒下的声音……'——这一切都源自这个地名。

"影片有一定的自传性质。凯尔的穿衣风格和我很像。我父亲在华盛顿做农学院的研究员。我们总是在森林里。我离开时,已经对森林厌倦了,但这就是我对美国的印象,木材和伐木工人——开场镜头里的尖头栅栏和玫瑰花。那景象刻在我的脑海当中,令我感到快乐。很多人都有类似的童年回忆。"

麦克拉克伦饰演的聪明的小镇青年杰弗里在一块空

地上发现了恐怖的凶案证据,他尽职尽责地将其交给了正直的当地警察。警察的女儿,邓恩饰演的桑迪,是一位身材曼妙的美丽少女。为了赢得她的好感,杰弗里顺着零碎的线索深入黑暗,卷入了一个充斥着暴力的性爱迷局。观众会感觉像从弗兰克·卡普拉①的影片一脚踏入萨德侯爵②笔下激烈的性爱场面——纯真(因为爱)被丑陋所吞噬,并被无可挽回地玷污。

伊莎贝拉·罗西里尼饰演的皮肤白皙的多萝西(Dorothy)被喘着粗气、邪恶肮脏的弗兰克(由丹尼斯·霍珀倾情出演)殴打和侵犯。她一丝不挂地站在杰弗里家的客厅里,在桑迪和杰弗里的母亲面前尖叫:"我被他传染了!"这场面不是人人都能欣赏的。(裸体镜头被细致地处理得毫无情色意味。)可怜的杰弗里不知如何是好。面对这场噩梦所带来的种种后果,他不知道哪些只

---

① 弗兰克·卡普拉(Frank Capra,1897—1991),意大利籍美国导演,曾三次获得奥斯卡最佳导演奖,作品充满积极乐观的态度,代表作包括《生活多美好》《一夜风流》和《史密斯先生到华盛顿》等。
② 萨德侯爵(Marquis de Sade,1740—1814),法国贵族、哲学家、作家,因其色情作品而著名。他将哲学话语和色情描写结合在一起,描绘暴力、痛苦、犯罪,以及亵渎基督教的性幻想。

能像男人一样接受,哪些则可以找理由逃避。

因为他也身陷其中。杰弗里以为自己爱上了多萝西(尽管故事的中心是桑迪健康光明的内心世界)。他们做爱时,多萝西习惯性地说:"打我。"他先是不愿下手,但最终还是照做了。

"《蓝丝绒》是一段深入美国小镇内核的旅程,它同时也探究了人的潜意识,以及对异常情况的反应。一位混音师说影片像诺曼·洛克威尔①和耶罗尼米斯·博斯②的结合。影片先深入挖掘,再寻找出路;接近深度的极限之后,再逐渐返回。

"杰弗里目睹了很多,经历了很多。他受到了诱惑,可以选择堕落。但是,他为此讨厌自己,很快就深感悔恨。人生亦是如此。有时,你突破自己的底线,以为自己不会愧疚。尽管杰弗里能够理解,也有能力去做,但他并

---

① 诺曼·洛克威尔(Norman Rockwell, 1894—1978),美国 20 世纪早期的重要画家及插画家,他的作品因反映美国文化在美国很受欢迎。
② 耶罗尼米斯·博斯(Hieronymus Bosch, 1450—1516),荷兰画家,多数画作描绘罪恶与人类道德的沉沦,常用恶魔、半人半兽甚至机械的形象表达人的邪恶。

不享受这一切。这或许是因为他良心上过不去。你不能一直做自己都无法容忍的事情。你会生病,会发疯,或者被逮捕,总有坏事会发生。"

《橡皮头》《象人》《沙丘》和《蓝丝绒》都表现了林奇对病态人体(或灵魂)的痴迷,对于他来说,这些场面不比用显微镜观察扭动的细菌更恶心。他的兴趣中没有混杂着讽刺与恶意,不是病态的、居高临下的。他一丝不苟的审视如同科学研究般单纯。他不讥笑,不皱眉,不做任何评判。《蓝丝绒》中少量的经典宗教音乐并非恶作剧式的嘲讽。尽管不能与虔诚的教徒相提并论,但大卫·林奇向这部影片投入了他最深刻的宗教情感。这也许是他最为坦诚的影片。像林奇这样成熟的艺术家,只有在感到绝对必要,知道一旦退缩就无法原谅自己时,才会甘愿冒这么大的风险。

有人会提出《蓝丝绒》有情节上的问题。请一位自由"惊悚片医生"(比如罗斯·托马斯[①])给影片把把脉,应该能提升情节的质量。影片中的悬疑元素十分零散。就

[①] 罗斯·托马斯(Ross Thomas,1926—1995),美国犯罪小说家。

拍摄技巧来说,《蓝丝绒》给人笨拙的感觉。在角色塑造、耐心引导观众解读情节等方面,影片的表现不尽如人意。它"搞砸了"各种能够帮助观众理清头绪、消除疑虑的手段。但是,与以不犯错为终极目标的专业做法相比,这种疯狂的、孤注一掷的业余和笨拙做法有时反而能够表达更多东西。

"我认识约翰·沃特斯①,很喜欢他,他的作品让我感到很亲切。但我们的作品还是有很多区别的。他取笑那些平庸的、诡异的、庸俗的事物。我则是以相对平实的方法从侧面去刻画,形成某种幽默的效果。这样就可以转而制造恐惧。比如,五年来我一直想拍《罗尼火箭》,这是一部奇怪的电影,但只要稍微调整就可以变得非常吓人。只追求夸张或过于直白都是不可取的。沃特斯就像声音洪亮的萨克斯管一样,非常张扬,我和他略有不同,更低调一些。"

片头字幕背后涌动的蓝丝绒幕布颇有奢华的意式风

---

① 约翰·沃特斯(John Waters, 1946—),美国导演、编剧、作家、演员,70年代凭借邪典电影走红,代表作包括《疯狂人生》《粉红色的火烈鸟》等。

情,会让人联想起卢奇诺·维斯康蒂①腐朽的浪漫主义。但飘动的幕布也像蠕动的生物的一部分:某种饱胀的薄膜。在影片中,林奇标志性的砰砰声让人有被困在某种生物体内的感觉——好像被卡在肠道或律动的心室之中。

《蓝丝绒》中所有的生物都给人一种生命力过剩的感觉。花朵娇艳欲滴,草木——就像生长在墓地上叶片肥厚的青草一样——过度繁盛。在影片开头一个类似年历配图的画面中,尖头栅栏白得发亮,血红的玫瑰花压弯了枝条,画面的颜色格外鲜艳,像 H. P. 洛夫克拉夫特作品《星之彩》②中用外星肥料滋养的植物开出的花朵。

然而这一切与人类和现实关系紧密,这正是《蓝丝绒》暗含的恐怖之处。邪恶的生灵不知疲倦地疯狂作恶,令人深感不安。在影片中,丹尼斯·霍珀饰演的弗兰克

---

① 卢奇诺·维斯康蒂(Luchino Visconti, 1906—1976),意大利戏剧、歌剧和电影导演,代表作包括《沉沦》《洛可兄弟》等。
② 《星之彩》(*The Color Out of Space*)是 H. P. 洛夫克拉夫特(H. P. Lovecraft)1927 年 3 月创作的科幻恐怖短篇小说,其中有陨石坠落地附近的植物生长异常的情节。

是内心堕落的人形怪物,有如人类毒瘤。霍珀的表演(演出了他的疯狂)展现了其内心的痛苦:一个精神失常者反复被莫名的冲动所刺激和折磨。完全失控时,他极度痛苦,似乎用双手就能捏碎人的头骨。

"劳拉·邓恩饰演的桑迪代表黑暗的反面。劳拉的外形非常适合这个角色,她清楚自己的任务,拥有演好这个角色所需要的一切。桑迪是善恶天平上平衡黑暗的砝码,但她也是杰弗里卷入这一切的原因。如果不是遇见她,杰弗里报完警走回家之后,可能就不会再想起这件事了。"

将《蓝丝绒》暗含的主旨解读为阴阳、自我与本我、没有黑暗就没有光明之类的老生常谈,这在一定程度上是有失偏颇的。不过,林奇确实意志坚定地表现了这种世界观,不带一丝浪漫的自然崇拜。邪恶卑鄙、令人作呕的怪物也是他构建的世界的一部分——他不为恶的存在做任何粉饰。

死亡和腐败是诸多觅食的昆虫与细菌的食物来源。林奇似乎总是下意识地关注地下深处这种产生气味和肥料的分解过程。他的镜头总是深入布满昆虫的黑色土坏。在影片的开头,杰弗里的父亲在给草坪浇水时突发中风,地面上有一条裂缝,从中传出了成千上万质感粗糙的黑色虫喙咬合碰撞的声音。就像精通解剖学的画家一样,林奇对地下世界的理解影响了他的拍摄手法。

"弗兰茨·卡夫卡是唯一与我心意相通的艺术家。但我很少对外这么说,因为每次对方的反应都是:'嗯,人人都说自己崇拜卡夫卡。'我很喜欢他。他的语言是我读到的最最令人激动的词语组合。如果卡夫卡写一部犯罪电影,我一定会去看的,而且也希望能够执导。我希望能把《审判》①拍成电影。《橡皮头》的主人公亨利有点像从卡夫卡的世界中走出来的人物。

"亨利明确地感受到有什么事情正在发生,却想不明白。为了这一切,他非常仔细地观察。他可能会凝视你头边上那个派盘,思考自己为何坐在这里,恰好从这个角度看到它。一切都是新的。这可能并不会令他感到恐惧,但这些事物可能都是某种暗示。一切都值得观察。

---

① 《审判》是卡夫卡最为著名的长篇小说之一。主人公在三十岁生日那天突然被捕,不知自己犯了什么罪,却从此陷入无休无止的官司之中。

其中可能藏有线索。"

《蓝丝绒》中,伊莎贝拉·罗西里尼饰演的角色受到的粗暴对待会让部分观众感到单纯的反感。他们可能会因此否定整部电影。面对令人不适的电影,如果我们感到影片的导演并非刻意挑起观众的憎恶或根本不觉得影片的内容令人反胃,我们就会本能地对其反感,这种逻辑颇为奇怪。构思创作这些内容的人常常引人憎恶。

从某种意义上说,这也没什么不妥的。比如说,小说家不需要委托他人就可以描绘人的堕落,不需要真人将其表演出来。在电影拍摄的过程中,影片中发生的一切都要被表演出来,这就拉近了观众与片中表现或探究的行为的距离。甚至可以默认,如果导演认为某种人类活动令人发指,不宜模拟,他就不会把它拍成电影。

"有些人也有类似的欲望,但他们通过电视、电影或他人来排解这种冲动。不实践,不脏手。然而尽管没有行动,欲望还是存在的。看肥皂剧其实就是满足自己病态的欲望,肥皂剧的情节很贴近观众的内心——如果有机会,他们很可能抵挡不住邪恶的诱惑。

"性爱令人着迷。打个比方,流行歌曲听多少遍都是一样的,但爵士乐可以不断变化。性爱也应该像爵士乐一样多变。同样的曲子能被演奏出不同的风格。你一旦开始探索,就可能会因在意想不到的地方发现性爱的意味而感到惊讶。你可能会感到奇怪。但这也是我们生活中真实的存在。《蓝丝绒》并未对此做出解释,因为这是人类内心极为抽象的一部分。"

约翰·厄普代克①的小说《东镇女巫》(*The Witches of Eastwick*,一本很好看的书,巫术在其中被描述成一种残留的自然宗教②)中的一个角色在一个地方教堂作为客座牧师进行布道。那是一段非常奇怪的布道,讲的是寄居在我们小肠中的蛔虫的情感:"一大坨消化了一半的牛排或者蘑菇盖饭向它倾泻而来。它和你我一样,也是不折不扣的生物。它也是神——满怀爱意地——创造的高贵生物。"

此类自然过程尽管恶心,却包含复杂而巧妙的机理,令林奇和书中这位业余生物学家(也是业余牧师)着迷。

---

① 约翰·厄普代克(John Updike,1932—2009),美国小说家、诗人、剧作家、散文家,被誉为美国当代中产阶级的灵魂画师。
② 自然宗教是一种宗教运动,相信自然是神或精神力量的象征。

越是有毒或者丑陋到令人反胃的现象越有意思。

"多萝西提到的'病'是抽象的。不是艾滋病或者类似的疾病。剧本对此有更加详细的描述。多萝西有过类似的遭遇,她知道那种'病'是什么。人们常常跟我提威廉·巴勒斯①,但我没有读过他的作品。我知道应该去读,但是……"

林奇朦胧恍惚、令人浮想联翩的视觉风格让理智和分析变得不再重要。他擅长用诡异的见解让观众沉浸在影片当中,无须将影片方方面面的意义解读清楚。他沉醉其中,将对堕落和死亡的暗示直接转化成了影像。

"一定程度上,这还是一部幻想电影,一个包裹在悬疑故事中、充斥着怪异欲望的奇梦,描述了对世界失去幻想之后人的状态。"

《蓝丝绒》先深入黑暗再离开的结构和最近的几部美国政治影片[《大失踪》(*Missing*)、《战火下》(*Under Fire*),特别是《萨尔瓦多》(*Salvador*)]"地狱之旅"的模

---

① 威廉·巴勒斯(William Burroughs,1914—1997),美国作家、视觉艺术家,"垮掉的一代"的主要人物,重要的后现代主义作家。他的作品对文学和流行文化都产生了深远的影响。

式十分相似。在这些新形式的发现故事中,主人公探索的黑暗世界不受我们习以为常的(法律和自然)规则的约束。摆脱社会的束缚之后,人的内心迸发出令人咋舌的疯狂兽性,颠覆一切。然而,正是这些规则,以及我们将它们强加给他人的做法导致了这种混乱,这一结论着实令人毛骨悚然。从腐朽的政治深渊中回望我们的是我们自己的脸庞,松弛的下巴上沾着无辜者的点点鲜血。

好莱坞已被热衷于追求事业成功的雅皮士无脑无底线的乐观主义所吞噬。在这样的大环境下,这种尖刻的悲观主义或许是一股清流——是独立思考的证明。

"海滩男孩①有一句歌词是'忠于你的母校',我很欣赏这种精神。必须忠实于自己的想法,因为它们可能比你想象的珍贵。如果不这么做,最终的效果就会打折扣。它们就像礼物一样,你即便无法完全理解,但只要坚持不动摇,它们就会给人不同程度的真实感,成为某种真实的存在。如果改动很大,它们就会黯然失色,变得平庸。

---

① 海滩男孩(the Beach Boys),美国摇滚乐团,1961年成立于加利福尼亚州洛杉矶,因和声与冲浪歌曲(surf songs)而著名。

"无论一个故事多么奇怪,只要进入故事中的世界,你就会意识到这个世界有相应的规则,必须遵守,一旦违反,观众就会感觉到你在欺骗他们。这就是坚持自己想法的一个方面。有些电影非常表面化,根本没有一套相应的世界观。这样的影片其实有很多可以拓展延伸的地方。

"有冲击力的影片会被部分人视作变态或恶心。如果你过于极端,对自己和影片都没有好处。必须坚持自己的想法,将它们坦诚地表现出来。我所做的就是尽量诚实地表达我的想法,并不期望操纵观众;走进影片的世界,遵循其中的规律,蛰居梦境。如果有这样的体验,你就会产生更多的想法,走进影片的世界,完成合格的作品。只要相信影片中的真实,你就能自由地表达。"

"Out to Lynch" by David Chute from *Film Comment* (no. 22.5, September/October 1986).

《蓝丝绒》之下的爱欲情仇

杰弗里·费里/1987年

近年来,没有哪部电影如此毁誉参半。在《蓝丝绒》中,伊莎贝拉·罗西里尼出演的几个病态的性爱片段令人极度不适。影片3月上映之后,成了近年来最具争议的作品……也有人说是令人作呕的。导演大卫·林奇不为所动。

在去年10月的纽约电影节上,我在电影节期间的非官方商业中心——一家充斥着各国语言的仿文艺复兴风格奢华酒店——遇见了一位顶尖的纽约经纪人。

"一定要看《蓝丝绒》,"她低声说道,涂着红色指甲油的手抓紧我的小臂以示强调,"大家都在讨论它。它是近年来最具争议的电影。"她很快就转身离开了,无疑是要去开会或者签几百万美元的大合约。

现代以来,没有哪部电影像大卫·林奇这部意外走红的低成本惊悚片这样让美国观众产生巨大的分歧。这部表现发生在美国田园小镇的谋杀、暴力和性虐的影片令人毛骨悚然,每次放映都有部分观众中途退场。

也有很多人喜欢这部影片。据《新闻周刊》报道,在芝加哥有一位心脏病患者在观看《蓝丝绒》时晕倒,被送往医院进行起搏器调整之后,又返回电影院观看了影片的结局。影评人罗杰·埃伯特(Roger Ebert)和吉恩·西斯克尔(Gene Siskel)在美国电视台的《今夜秀》(*Tonight Show*)中像马特和杰夫①那样搭档评论电影,《蓝丝绒》引起了两人之间最严重的分歧。埃伯特称《蓝丝绒》是"有史以来最病态的电影",西斯克尔则认为它是当年的十佳影片之一。

《蓝丝绒》是一部成长电影,讲述了一个年轻男子发

---

① 马特和杰夫是漫画家巴德·费舍尔(Bud Fisher)创作的美国报纸卡通系列《马特和杰夫》中的两位主人公。

掘他的家人、朋友和邻居外表之下的情感与欲望的故事。编剧兼导演大卫·林奇认为，这些欲望包括爱、恨、谋杀、性变态和堕落。《蓝丝绒》是一场探索人类内心原罪的旅程。

影片中汇集了不少极端的元素。在名为兰伯顿的伐木小镇（北卡罗来纳州的一个真实地点），鸟儿欢快地鸣叫，尖头栅栏像夏日的云彩一样洁白，邻居们亲切友好，像是《衬裙交叉点》①中的角色。然而罪犯邪恶凶暴、堕落至极，会让观众产生一种原始的恐惧。若不是其中穿插着小伙子古怪的幽默，有些吓人的片段简直令人难以忍受。和《驱魔人》(*The Exorcist*，我心目中 70 年代最吓人的恐怖片)一样，《蓝丝绒》引发的不是对外界的恐惧——害怕某个怪物或杀人犯——而是对存在于人类心灵和灵魂中的邪恶的恐惧。

"它会卸去你的一切伪装。"我的一位喜欢这部电影的朋友如是说。他还告诉我，和他一起去看的人有四个

---

① 《衬裙交叉点》(*Petticoat Junction*)是一部 1963 年至 1970 年播出的美国情景喜剧，讲述了一位母亲和她的三个女儿在乡下经营小旅馆的故事。

中途离场了。

对于很多美国观众来说，影片中最具争议的是多萝西这个角色，一位时运不济的夜店歌手，被迫与恐怖又变态的弗兰克做爱，被他虐待。

这还不是全部。更糟糕的是多萝西享受这种关系。被殴打和侵犯令她充满渴望。和杰弗里做爱时，她要求他对她动手。杰弗里没能拒绝。多萝西这个角色饱受批评，人们认为她象征着男性最肮脏邪恶的幻想，否定了过去二十年女权主义争取来的社会进步，更有可能鼓励强奸。

奥斯卡·王尔德说过："世上只有一件事比被人议论更糟糕，那就是没有人议论你。"大卫·林奇显然不同意他的观点。影片引发的舆论洪流令这位四十岁的导演感到十分不安，谈论这部影片时他越来越谨慎了。这很可惜，因为《蓝丝绒》是一部个人化的电影。这部影片不是好莱坞委员会以他们惯用的元素（英雄、反派、爱情、情节线、危机化解等）堆砌而成的，相反，它来自一个人宏大鲜明因而真实可信的愿景，这正是影片的优势之一。在林奇渴望讲述的苦痛故事面前，部分情节细节的模糊不清并不重要。

"有关种种争议,唯一重要的是,"在我的反复追问下,林奇表示,"这一切是我编的,还是真实存在的。实际上生活中有千千万万类似的例子。既然如此,将这种事情拍成电影,有什么值得大惊小怪的吗?"

林奇一头光亮的棕发,刘海遮住额头,圆圆的眼睛充满好奇。他身着白衬衫,领口的扣子也一丝不苟地扣好,谈吐接地气,甚至有点土,是彻头彻尾的美国男孩。只要盯着他看三十秒,你就会发现影片的年轻主人公——认真、好奇、聪明的大学生杰弗里——就是他的化身。

林奇力挺最具争议的角色——受虐狂多萝西。"人们可能陷入各式各样诡异的境地,你认为他们一定很痛苦,但事实并非如此。他们可以选择脱身,却不这么做。这背后的原因有很多,涉及精神病学的研究领域。"

丹尼斯·霍珀饰演的弗兰克是电影史上最为恐怖、吓人的杀人狂。因为"喝酒吸毒"(这是他本人的话)被好莱坞放逐多年之后,霍珀终于回归了。他的表演和托尼·博金斯(Tony Perkins)的诺曼·贝茨[①]一样注定被

---

① 诺曼·贝茨(Norman Bates)是希区柯克执导的影片《惊魂记》中的人物。

影史铭记。

"丹尼斯·霍珀一天打电话给我,"林奇说道,"当时他已经读完剧本了。他说:'大卫,你一定要让我演弗兰克,因为我就是弗兰克。'

"我惊出一身冷汗。"

从弗兰克身上,我们可以窥见林奇拍摄《蓝丝绒》的动因。

"在我看来,弗兰克是美国人很熟悉的人物,"他表示,"我确定每个人成长过程中都遇到过类似弗兰克的人。也许没有和他握过手或喝过酒,但只要和这种人交换一下眼神,你就能感觉到。"

林奇认为,与其说邪恶,用病态形容弗兰克更加恰当。"弗兰克在恋爱。他只是不知道如何表达自己的爱意。他干了不少奇怪的事情(比如暴力的性爱、乱伦的角色扮演、谋杀、肢解、吸氦气、贩毒、偷偷同性恋等),但他的动机是积极的。《蓝丝绒》是一个爱情故事。"

大卫·林奇很喜欢讲他和伊莎贝拉·罗西里尼第一次见面的故事。两人共同的一位朋友在餐厅介绍他们认识,当时林奇正在为《蓝丝绒》选角。林奇十分欣赏这位欧洲美女恬静的气质,对她说:"你简直就像英格丽·褒曼(Ingrid Bergman)的女儿。""'你这个白痴。'我的朋友骂我,"林奇回忆道,"'她就是英格丽·褒曼的女儿。'"

林奇表示他无意用《蓝丝绒》挑起公众的骚动。选择罗西里尼饰演多萝西是因为她优雅又神秘、脆弱又无助,完全符合林奇的要求。然而一旦选择了伊莎贝拉·罗西里尼,即便林奇不想,关注和争议也会不请自来。

作为英格丽·褒曼的女儿和兰蔻化妆品的代言人,伊莎贝拉·罗西里尼是顶级的美国明星之一,早已像英国皇室一样被报刊和电视媒体视为"国家财产"。在《人物》(People)杂志及其模仿者无所畏惧的狗仔的严密监控下,这些明星去超市购物都逃不过公众的视线。享受病态性爱的多萝西一旦由伊莎贝拉·罗西里尼饰演,《蓝丝绒》就立刻从怪异导演拍摄的一部小众艺术电影变成了对美国道德体系的激烈攻击。

我和伊莎贝拉·罗西里尼见面时,她穿着似乎有些过时的黑色开衫,只化淡妆,娴静高贵,没有超级明星的架子。我们在山姆的咖啡厅(Sam's Cafe)共进午餐,这是一家常有媒体出没、(用纽约标准衡量)略显装腔作势的餐厅。入座之后，伊莎贝拉说，不知道电影公司选择这个地点是不是因为山姆的咖啡厅很像"我妈妈出演的电影《卡萨布兰卡》(Casablanca)中的"里克的咖啡厅(Rick's Cafe)。大卫·林奇则兴奋地聊起了店里的咖啡杯："从没见过这么大的——它们难道不会让你觉得自己变小了吗？"我担心他们俩采访前对着镜子就如何扮演自己的人设——电影明星的女儿和艺术学院毕业生——进行过排练，随即开始感到绝望。

后来我告诉伊莎贝拉，据一位对40年代好莱坞非常熟悉的权威人士（也就是我母亲）说，她的妈妈英格丽·褒曼是当时好莱坞最美丽的女星。听了这话，伊莎贝拉流露出了亲切真挚的感激之情（"哦，真是太感谢了"），甚至还有点惊讶。她率直的反应打动了我。

我赶紧将话题从美好的回忆向污浊的现实上转移："伊莎贝拉，影评人雷克斯·里德(Rex Reed)说如果看了你在《蓝丝绒》中的表演，你妈妈在九泉之下也不得安宁。"

"我不想发表任何评论，"她安静地说道，"我父母都去世了。没有他们的陪伴已经令我很难过了，因此就让那些人随便说吧。我认为只有病态的人才会为了吸引关注说这种话。我没有打搅我父母安息。"

"我不知道他们会不会喜欢这部电影,"她坚定地说,"他们没能看到这部影片。但我知道我母亲很喜欢(林奇执导的)《象人》,我父亲见到大卫的时候很喜欢他。"

为了那些在其他星球上度假了四十年刚刚回到地球的读者,我在此特地说明一下,英格丽·褒曼1949年为了意大利导演罗伯托·罗西里尼(Roberto Rossellini)离开了她在好莱坞的第一任丈夫,后来她怀了罗西里尼的孩子,这件事演化成了一场国际丑闻。好莱坞的反应极为激烈,好像英格丽·褒曼是全世界第一个偷情的人一样,此后十年英格丽·褒曼都被美国电影行业封杀。罗西里尼是一位天才电影导演,但是在男女关系方面绝非圣人,他在伊莎贝拉很小的时候就离开了英格丽·褒曼。

我问伊莎贝拉,她小时候知不知道自己的父亲是天才。"小时候,"她说,"我觉得他是神。后来我长大了,对他的评价也就降低了一点,只说他是天才。我母亲也是女神一般的存在,但我一直与父亲更亲近。我是爸爸的小棉袄。"

伊莎贝拉小时候主要和父亲在罗马生活,也常常去巴黎探望母亲。1972年，她迁居纽约，最早担任意大利国家电视台的记者，后来做时尚模特。她以两百万美元的身价和兰蔻化妆品签了五年的合约，去年再次续约，是世界上收入最高的模特之一。三十四岁依然活跃的时尚模特为数不多，如此成功的更是凤毛麟角。

"你的形象一旦成为品牌的象征，就很难改变，公司就会和你长期合作。"伊莎贝拉解释道，谦虚得不像个模特。

伊莎贝拉完全清楚饰演多萝西意味着什么。和林奇一样，她认为这个角色真实、复杂，很吸引人。她不愿出演好莱坞现在流行的层次单一的职业女性角色。"我认为多萝西是一位备受折磨的受害者，"她表示，"对，她的困境是自己造成的，她喜欢被打，但她的内心很可能是极度扭曲、疯狂、悲伤的。影片结束时，她已经开始走出黑暗了。

"这部影片讲述的是对未知的探索。有探索就有发现。你开始认识自己和世界，有或美好或丑陋的发现，并意识到自己是有选择的。这是一个学习和体验的过程。

"我尝试不仅扮演人物，还表现她的变化。"伊莎贝拉独立的性格和对表演的热忱与她的母亲如出一辙。她那光彩照人的温暖微笑也让人倍感熟悉,让你想要用软毡帽斜遮一只眼睛,从嘴角慢条斯理地说:在这个疯狂的世界上,两个人的烦恼根本无足轻重。①

《蓝丝绒》之后,罗西里尼继续尝试表演。她出演了几个小角色("我不喜欢无所事事地等待"),也在诺曼·梅勒(Norman Mailer)的《硬汉不跳舞》(*Tough Guys Don't Dance*,影片根据导演创作的小说改编)中出演了女主角,与瑞安·奥尼尔(Ryan O'Neal)演对手戏。梅勒很欣赏她在《蓝丝绒》中的表演,特地为她修改了剧本。罗西里尼对梅勒则没有太高的评价,对这部刚刚完成的影片也没有太多的期待。

"我是新手演员,梅勒是新手导演。我想我们都有些迷茫。影片有一些问题。"

罗西里尼说,"如果每一部电影都像《蓝丝绒》一样",她就愿意成为全职演员。但是,除非遇到类似的机会,她暂不考虑完全转型做演员。"我父亲一贯鼓励我的好奇

---

① 《卡萨布兰卡》经典台词。

心,收获新发现、新知识是他的快乐源泉。在我看来,充实自我,让好奇心得到满足——不仅是对他人隐私的好奇,更是对知识的渴望——是人生第一大乐事。这让我感到幸福。"

20世纪,美国称霸世界,但对世界文化的贡献乏善可陈,只有一种关注事物表面与外在形象,并将其视为解读事物内涵的线索的艺术形式还算拿得出手。这种方法,或者说鉴别力——可被称作沃霍尔[①]式鉴赏——尤其适用于现代消费社会。如今,我们每天面对的商品愈发复杂,广告和包装却想方设法地让它们显得很简单。

大卫·林奇将这种鉴别力引入电影之中。他是这样描述他1977年的作品、经典邪典影片《橡皮头》中的主人公亨利的:"亨利明确地感受到有什么事情正在发生,却想不明白。为了这一切,他非常仔细地观察。他可能会凝视你头边上那个派盘,思考自己为何坐在这里,恰好从这个角度看到它。一切都是新的。这可能并不会令他感

---

① 安迪·沃霍尔(Andy Warhol,1928—1987),美国艺术家,波普艺术的开创者之一。他的作品探索了艺术表达、广告和60年代蓬勃发展的名人文化之间的关系。

到恐惧,但这些事物可能都是某种暗示。一切都值得观察。其中可能藏有线索。"

林奇是这样解读《蓝丝绒》的:"事物的表面和内里往往大相径庭,就像我们身边明明有很多高速移动的电子,我们却看不见一样。电影的功用之一,就是向观众展示这种差异。"

《蓝丝绒》中的关键意象是杰弗里在空地上发现的耳朵。杰弗里把它翻过来时,发现上面密密麻麻地爬着蚂蚁。杰弗里决定调查耳朵为何会出现在那里,影片讲述的就是此后发生的故事。林奇说,那个耳朵是"前往另一个世界的门票"。

林奇在美国森林密布、荒芜崎岖的太平洋西北地区①的一个小镇上长大。他的父亲是美国林业局(U.S. Forest Service)的一名科学家。

"我经常待在森林里,生火。"

"你喜欢森林吗?"

"不喜欢。"

---

① 太平洋西北地区指美国西北部地区和加拿大的西南部地区。

"你生火做什么？把森林烧掉？"

"不是，我是想煮东西吃。"

少年时，林奇随家人搬到了华盛顿特区郊外。"终于摆脱森林了。现在我喜欢城市，不过也喜欢森林。"高中毕业后，他读过三所艺术学院：科克伦艺术与设计学院[①]、位于波士顿的塔夫斯大学艺术博物馆学院[②]和宾夕法尼亚美术学院。"我喜欢艺术，热爱画画，现在依然画画。"

聊到艺术，采访的气氛一下轻松了起来。林奇变得开朗健谈了。这就像采访罗德·斯图尔特[③]时不谈音乐而聊足球一样。一个是工作，一个是兴趣。林奇最喜欢的对《蓝丝绒》的概括之一是"诺曼·洛克威尔遇上耶罗尼米斯·博斯"。我问他为什么这么喜欢艺术。"有艺术陪伴的人生……（停顿）……是美好的人生。"

---

① 科克伦艺术与设计学院是华盛顿特区乔治·华盛顿大学的专业艺术学院。
② 塔夫斯大学艺术博物馆学院（School of the Museum of Fine Arts at Tufts）是塔夫斯大学位于马萨诸塞州波士顿的一个学院，为视觉艺术专业的学生提供本科和研究生教育，是艺术博物馆的附属机构。
③ 罗德·斯图尔特（Rod Stewart, 1945—　），英国摇滚歌手、创作人。

"大卫,"罗西里尼用母亲一般饱含关怀[她和前夫乔恩·魏德曼(Jon Weidemann)有一个三岁的女儿,叫艾丽卡(Elektra)]的语气打断道,"你这是故作神秘。"

罗西里尼似乎担心林奇的神秘会掩盖他的才华。

对林奇有很大影响的电影人包括斯坦利·库布里克(Stanley Kubrick)、希区柯克和雅克·塔蒂①;对他大有启发的还有影片《日落大道》(*Sunset Boulevard*)、《大路》(*La Strada*)、《洛丽塔》(*Lolita*)和作家弗兰茨·卡夫卡。我问对他影响最大的是什么,林奇的回答毫不犹豫。

"费城。"

"因为那里很可怕?"

"对,很可怕,但也很有意思。那里有些区域很衰败,充斥着恐怖和犯罪,有时仿佛是通往另一个世界的入口。令人恐惧,却又如此有力,如此神奇,就像磁铁一样,在费城,想象的火花永不熄灭。

"现在,只要想到费城,我就会有灵感,我会听到呼呼

---

① 雅克·塔蒂(Jacques Tati,1907—1982),法国哑剧演员、导演、电影演员、编剧,一生仅执导过六部长片,代表作包括《我的舅舅》《玩乐时间》等。

的风声,随即遁入黑暗之中。"

林奇表示,城市改造之后,费城已经比以前整洁多了,但那种魔力也不复存在了。

成本高达六百万美元的《蓝丝绒》已经开始盈利,这一点让林奇非常开心。"没人想到它还具备商业潜力。影片现在盈利了,可以算一个特例。真是太好了。"

这部影片的成功对他落实下一个项目《罗尼火箭》也会有所帮助。

"完成《橡皮头》之后,(《罗尼火箭》的)剧本我写了十年。这是一个有关奇怪力量的荒诞的悬疑故事。和电有关。"

和电有关。这主题真是再寻常不过了。

伊莎贝拉·罗西里尼和大卫·林奇(两人都是离婚状态)在恋爱的传言已经流传好几个月了。

"伊莎贝拉,我听说你们俩在恋爱?"

"这不关你的事。"

"大卫,如果《蓝丝绒》的故事继续下去,杰弗里最终会和哪个女孩在一起?金发的美国女孩,还是神秘的黑发外国夜店歌手?"

"我有自己的想法,但我认为影片结束的时机刚好。而且,其实答案非常明显。"

"不好意思,我们要走了。"

女演员与导演带着温和的微笑起身。衣着得体、同穿黑色的两人安静地离开了餐厅。

"Blue Movie" by Jeffrey Ferry from *The Face*(no. 82, February 1987).

用电影对抗衰败与失控

大卫·布雷斯金/1990年

大卫·林奇1946年出生于蒙大拿州密苏拉。他的父亲在国家林业部门工作;母亲则是家庭主妇,抚养大卫和他的兄弟姐妹。林奇一家在华盛顿州斯波坎、爱达荷州桑德波因特和博伊西都生活过,后来在弗吉尼亚州亚历山德里亚定居,林奇在那里度过了不算快乐的高中时光。[他竞选过班级生活委员(class treasurer);口号是"和大卫一起存钱(Save with Dave)"。最终未能当选。]

从科克伦艺术与设计学院和位于波士顿的塔夫斯大学艺术博物馆学院毕业后,他想去欧洲师从一位喜欢的画家学习绘画,但未能成功。后来林奇尝试过一系列乏味的工作，展示了其被解雇的天赋。尚未走出青春期的他再度回到艺术学院，这一次是位于费城的宾夕法尼亚美术学院。入校时他学习的是绘画，四年后离校时，他制作了自己的第一部真人电影《祖母》，影片讲述了一个被父母虐待、经常尿床、焦虑不安的男孩偷偷用种子种出一个慈爱的祖母的故事。

1970年，林奇作为高级电影研究中心的一员进入位于洛杉矶的美国电影学院。他的第一部"高级"电影《橡皮头》1977年才上映，这是因为他花了大量时间画画、送《华尔街日报》(Wall Street Journal)、捡垃圾、盖房子、解剖动物、离婚、抽烟、喝奶昔，以及坐在椅子上静静地思考。《橡皮头》黑暗又幽默，予人欢愉又令人作呕，这部探讨抚养孩子——一场虚构的、以焦虑为主题的盛宴——的影片在午夜场大放异彩。此后林奇拍摄的《象人》精致而低调，和他其他作品相比，甚至有些多愁善感。影片如同一首描绘维多利亚时代的英格兰的交响诗。在林奇看来，在维多利亚时代的英格兰，野兽和美女是一体的。《象人》获得了八项奥斯卡提名，证明了林奇拍摄商业电影的能力。然而，《象人》带来的红利很快就因为《沙丘》

化为乌有,这是林奇唯——部票房和口碑遭遇双重滑铁卢的作品。在影片中,林奇试图用迷幻的氛围和手法讲述一个宏大的故事,最终壮烈失败。

在《蓝丝绒》中,林奇回归了他熟悉的形式、规模和跟着感觉走的做法。影片以美国小镇为背景,邪恶又幽默,集合了林奇痴迷的所有元素,可能是 80 年代最具独创性和影响力的美国电影。这部影片因表现暴力之邪恶而令人难忘,成为人们探讨的对象,让林奇跨入了美国一线电影导演的行列。

这种与性心理相关的超现实主义乖张故事逐渐成为林奇的"名片",他的下一部作品《我心狂野》在这条道路上走得更远。尽管在戛纳电影节上获得了金棕榈奖,但这部影片不如《蓝丝绒》,算不上一部佳作——影片的怪异给人刻意做作的感觉,像是林奇对自己作品的戏仿。不过,《我心狂野》仍然是一部古怪而迷人的电影——一场遨游林奇的幻想世界的愉快旅行,有点假但依然很有趣。

两部影片之间,林奇和合伙人马克·弗罗斯特(Mark Frost)共同推出了《双峰》。这部电视剧异想天开地颠覆了——但并没有毁灭——电视作品的一切惯例,为观众呈现了一幅崇尚扭曲的诡异美国图景,庸俗却令人欲罢不能,是林奇的新潮作品。在媒体的热切关注下,《双峰》的第一季1990年春季播出,非常精彩:总时长九小时的剧中有跳舞的矮人和啼叫的猫头鹰,整体氛围更是在美国电视历史上独树一帜。然而,《双峰》的第二季绵软无力、十分平庸,整部剧集也因此被砍。沮丧的林奇不愿就此中断这个故事,但只获得了拍摄前传的机会。最终,林奇挣脱了商业电视剧的种种限制,用前传电影《双峰:与火同行》继续探索这个神秘小镇的离奇乖张。

写剧本和执导电影之外,大卫·林奇还创作天真的歌词,制作了多张流行专辑,以及不是交响乐的《一号工业交响曲》,并多年为《洛杉矶读者报》(*L. A. Reader*)绘制名为《世界上最愤怒的狗》的系列漫画。他摄影,画画,拍香水广告,还准备出一本收录他画作的大开本精装画册,这本画册的部分内容会体现他对口腔卫生的兴趣。

1990年6月底和7月初,《双峰》第一季完结、第二季尚未播出时,我采访了林奇两次。第一次采访是在他的音乐搭档安哲罗·巴达拉曼提位于曼哈顿中城的公寓兼工作室里进行的，当时巴达拉曼提就在隔壁的房间工作。第二次采访林奇则是在位于好莱坞的制片厂咖啡店（Studio Coffee Shop）的一个卡座里，他很喜欢这家与时下潮流格格不入的餐馆。

林奇尽力配合采访，很有礼貌，但他不习惯深度采访的自我剖析和语言表达模式。他害羞的美式英语和对知识分子的偏见——像来自火星的詹姆斯·斯图尔特——古怪又迷人：幽默友好却又冷淡而难以接近。我觉得他对我的所有问题都进行了思考，但是不愿将内心深处的所有想法都公之于众。

第一次采访

大卫·布雷斯金（以下简称布雷斯金）：你说你的童年回忆有些美好，有些恐怖。能详细聊聊吗？

大卫·林奇（以下简称林奇）：有点难以解释，不过去布鲁克林看望祖父母就是恐怖的回忆之一。这只是一个例子。当时的我意识到大城市令人心生恐惧，因为很多人密集地聚居在一起。那种感觉弥漫在空气中。我认为居住在城市里的人会逐渐习惯这种氛围,但刚从西北来到大城市的人会感到一种被火车或者地铁撞上一般的震撼。

事实上,我觉得走进地铁站就像走向地狱一样。顺着楼梯越走越深时,我感到进退维谷,立刻上楼离开和继续向前登上列车对我来说似乎都很困难。那是对未知——穿行的列车带起的大风、声音、味道、各种各样的光线和气氛——的恐惧,是很独特的体验,但给我留下了心理阴影。

我在爱达荷州博伊西也有可怕的遭遇,不过那里的环境更自然、更明亮,空气中没有那么浓烈的恐惧味道。

布雷斯金:你用红蚂蚁从樱桃树中爬出的镜头表达了你对童年记忆里的蓝天、白色尖头栅栏和樱桃树的反感……

林奇:那是在华盛顿州斯波坎,那时我家后院里有一棵很老的樱桃树。树液从树干上渗出来——更准确地说是涌出来——会吸引大量蚂蚁。我常常盯着那些蚂蚁,一看就是几个小时。就像看电视一样。

布雷斯金:这是家中常见的场景。你说你的父母不抽烟,不喝酒,甚至不吵架;但你为此感到羞愧。你期望他们吵架,想体验那种陌生的感觉。

林奇:对,就像50年代,很多杂志上都有这样的广告:一个衣着考究的女人从炉子里拿出一个刚刚烤好的派,脸上带着一种难以描述的微笑;或者一对夫妻带着微笑走向他们的房子,房子前围着白色的尖头栅栏。我童年看到的一直是这种微笑。

布雷斯金:但你不相信它。

林奇:那是很诡异的微笑。只存在于理想中的完美世界。这样的微笑总是让我夜里做疯狂的梦。我喜欢这样的世界。但期望有某种不一般的事情——不是灾难——发生,让别人对你产生同情、认为你是受害者的事情。比如说,遭遇某种重大事故,变得孑然一身。就像一个美梦一样。但我的生活还是一如既往地平静。

布雷斯金：你是偷偷地渴望变成孤儿吗？

林奇：我期望的不是变成孤儿，而是变得特别。这也许只是我不想做其他事情的借口。你一下子变得重要了。凭借某种外界的助力。我那时一直在想这些事情。我的父母太正常了，令我感到尴尬。

布雷斯金：朋友的家里有更不寻常的事情？

林奇：对，没错！

布雷斯金：所以你为了让自己的生活不那么平凡就去追求冒险？

林奇：我没有做什么危险的事情，也不喜欢谈论这些。尽管总有人会去做危险的事情，但我还是不想提这些——做危险的事情并不是创作的必要条件。有些事情完全不应该宣传。

布雷斯金：你希望自己的父母吵架，但你在别的场合说过你不喜欢冲突，以及人与人之间的紧张关系，总是当和事佬。

林奇：对，确实如此。说到底还是空气中弥漫的那种紧张感。我曾经目睹关系融洽的朋友突然翻脸，然后友谊就不复存在了。我总试着挽回，试着让他们和好。这样我们就可以开心地在一起了。

布雷斯金：你提到了广告里出现的"微笑"，你内心有这种喜悦的感觉吗？还是截然不同的感觉？

林奇：我心里有大大的微笑。在以前的照片上，我站在圣诞树下，脸上挂着没心没肺的笑容。我曾经是快乐的。

布雷斯金：但你不完全信任这种快乐。

林奇：那是另外一回事：世间万事一不留神就会徒生变故——令人放心不下。看不见的秘密无处不在，令人捉摸不定，不知是自己过度敏感，还是真的有秘密。通过学习科学，你会逐渐意识到，很多东西是看不见的。科学家们做了很多实验；他们知道人眼看不见原子及其他很多物质。而我们的大脑擅长寻找发愁的理由。一旦接触到令人恐惧的事情，你就会意识到这世上有太多的不堪，很多人在做诡异甚至恐怖的事情。这样一来，你就会担心自己平静快乐的生活受到威胁甚至一去不复返。

布雷斯金：你认为什么样的事情伤人或令人忧虑？

林奇：就是空气中那种给人不祥预感的消极感觉。

布雷斯金：让我们具体一点。你可是这方面的大师，努力一下——

林奇：（笑。）好的！比如在费城，一家人出门参加洗礼。当时我正好在家，在三楼刷黑色油漆。我当时的妻子佩姬·雷维（Peggy Reavey）正推着婴儿车准备带我的女儿珍妮弗（Jennifer，当时一岁）出门。那婴儿车绝对是同类产品中的凯迪拉克，是我们在慈善二手商店（Goodwill）花一美元买的，令人难以置信。里面有很多弹簧——让人有坐凯迪拉克的感觉。当时，佩姬正带着孩子下楼梯。有一大家人正准备去参加婴儿的洗礼。一伙歹徒从街对面冲过来袭击了这家人。当时他们家一个年轻的儿子想要保护自己的家人，歹徒将他打倒，然后冲他的后脑勺开了一枪。这种事情会永久性地让气氛变得污浊，让世界更加黑暗。

布雷斯金：艺术是你抵抗此类事件的唯一武器吗？

林奇：根本无从抵抗。最恐怖的是我们都会失去控制，想到这一点，就可能会忧虑很长时间。

布雷斯金：但你没有被打倒。

林奇：得过且过而已。但你会意识到能这样已经很幸运了。

布雷斯金：你说过，小时候你感觉到"一种力量，一种无处不在的剧痛和衰败"。那是一种什么感觉？

林奇：我不知道我当时在说什么，不过任何东西一旦完成，就会立即开始衰败。就像纽约一样。建设纽约时，人们怀揣着美好的愿景：商业区和居民区紧密相连，人们聚在一起，有最好的餐厅、剧院、电影院和伟大的建筑！精心建造、器宇轩昂的建筑。它们既是功能性的，又是城市雕塑。然而随着时间的推移，大桥开始生锈。道路和建筑逐渐破落。新建筑不断拔地而起，但和以前的毕竟不同。事物的衰败和万事无常的规律也令人忧虑。

布雷斯金:我们的身体也会衰老。

林奇:是的。我们成长,然后就开始走下坡路。会有奇怪的变化发生。你以为:"那种事情不会发生在我身上。不可能的。"然后某天你照镜子的时候就会发现,它已经发生了。

布雷斯金:你照镜子的时候发现了什么,竟如此耿耿于怀?

林奇:我耳朵上面出现了鱼鳞一样闪着银光的白发。

布雷斯金:你第一次发现的时候……

林奇:简直不敢相信自己的眼睛。

布雷斯金:这不是你第一次意识到自己也会衰老死亡吧?

林奇:不是。

布雷斯金:你提到的"剧痛"——是什么让你那么

痛苦？

林奇：因为有太多的事情我们无法改变。一幅画、一部电影中蕴藏的小世界给人一种万物有序的错觉。或者说是一切尽在掌控中的感觉。因此，世界越小，我们就越觉得安全，越相信自己的掌控力。

布雷斯金：所以就建造一个世界。

林奇：是的，自己建造。我喜欢探索与现实不同的世界，电影给了我这样的机会——尤其是《橡皮头》，因为我真的住在那个世界里。

布雷斯金：你就住在布景里。

林奇：我住在布景里，感觉自己真的穿越到了影片中的世界。布景在这方面很有帮助：灯光和气氛令人身临其境。影片拍摄了很长时间，我全身心地沉浸其中。现在电影拍得很快：布景刚搭好，检查确认整体气氛没有问题之后，立刻就开始拍摄了。很快整个布景就拆掉了。尽管布景会长存于影片之中，但能在里面住一段时间也很有趣。

布雷斯金:你现在不能像以前那样住进电影的世界里了?

林奇:不能。时间太短,再没有以前那种感觉了。

布雷斯金:你谈到的这种忧虑——其本质是什么?为什么不接受这种衰败?

林奇:人必须学会接受。但我不喜欢这种衰败。没人喜欢被迫接受现实。可以通过将大桥画下来的方式对抗衰败。人们不断给旧金山的金门大桥画像。必须想办法进行维护。越是放任自流,就越难恢复最初的状态。很多东西,如果一直精心维护,旧了则会别有一番风味。它们难逃时间的侵蚀,但一直被精心维护,就成了价值连城的古董。

布雷斯金:一层薄锈可以是很美的。

林奇:对,你说得没错。

布雷斯金:你十五岁时身着鹰级童子军的制服,带着一脸关切的表情，在白宫为参加肯尼迪总统就职游行的贵宾领座——看你当时的样子，会有人觉得你与众不同或心中有很多独特的想法吗？

林奇：不会。我那时看起来就是一个普通人。我脑中没有太多的想法。十九岁时，我才真正开始思考。

布雷斯金：是什么让你突然开始思考的？

林奇：不知道。我想是费城。

布雷斯金：开始思考之后，头脑中出现的是画面吗？

林奇：还有声音，我后来才意识到。我从小一直画画。然后又专门学习画画。但我的画背后没有思想。

布雷斯金：你的父母支持你早期的创作吗？

林奇：很支持。是我母亲拯救了我：她从不给我涂色书。这很不容易，因为涂色是很普遍的——但是一旦开始涂色，就会丧失自由创作的能力。我不受这种禁锢……还从来不缺画画的纸。我父亲为政府工作，会带很多绘图用的方格纸回家，一面是用过的，另一面则是空白的，因此我随时随地都有足够的纸画画。我上高中时,父亲出钱帮我租了画室,他也资助了我的第一部电影。

布雷斯金:但你那时非常叛逆。

林奇:是的。

布雷斯金:从十四岁到三十岁?

林奇:对,我的理解是现在的人叛逆期都比较长,因为如果不算事故和奇怪的疾病的话,人类的寿命延长了。人生的每个阶段也都相应变长了。所以会有人一直住在家里,到六十岁才意识到自己是成年人,开始认真生活。

布雷斯金:你反抗的对象是什么?

林奇:我从未思考过这个问题。人们称这种状态为叛逆。我只是除了画画什么都不想干,只想过艺术家的生活。其他事情在我看来都没意思。

布雷斯金:你不希望他们知道你在做什么,是吗?

林奇:我做的很多事情,如果他们知道的话,恐怕不会赞同。因此我不得不遮遮掩掩地生活。

布雷斯金:秘密中蕴藏着力量。
林奇:秘密中也有恐怖。

布雷斯金:什么样的恐怖?
林奇:要努力保守秘密。

布雷斯金:什么是秘密?秘密总要和人分享的。
林奇:你说得对。还有这个问题。

布雷斯金:你过着昼伏夜出的艺术家生活,别人也不知道你在做什么,这是不是让你感到自由?

林奇:对。我之前也没有不自由,但我的思考方式改变了。我抽烟;那时没有接触过毒品。我不知道自己会不会沉迷于毒品,但我真的是生来爱抽烟。我喜欢看我爷爷抽烟。迫不及待地想要自己尝试。我喜欢烟草的味道。上瘾是一回事,但我真的喜欢关于抽烟的一切:烟雾的质感、打火机和火柴等。尤其是味道。

布雷斯金:少年时,性对你意味着什么? 你害怕吗?

林奇:大卫,这是什么采访,还要聊这种话题?(笑。)跟你说:性爱就像一场梦。它如此神秘,是人生中梦幻至极的体验,我几乎不敢相信自己也有机会尝试。它无限美妙,为我打开一个新的世界——一个性感的梦。它赋予人生美好与意义。性的世界浩瀚无垠,我在其中发现了不同的层次,从令人恐惧的、暴力的淫欲到精神的升华。性是某些有趣的人生谜题的答案。

布雷斯金:但你的电影时常传达肉体不值得信任的信息。

林奇:我认为在人到达一定高度之前是没有资格谈论信任的。

布雷斯金:要到达什么样的高度?

林奇:(停顿。)如果你相信人会成长的话,就可以分辨出成长的不同阶段。认识和意识的水平是有高低的。到达最高等级的人对自己和万事都有清楚的认识。理智而冷静。如果能做到这一点的话,在我看来就值得信任。

布雷斯金:你到达什么高度了?

林奇:不知道,但肯定没到最高境界。

布雷斯金:你曾经远赴欧洲,但时间很短……

林奇:确实时间很短……

布雷斯金:奥地利太干净了……

林奇:奥地利真的太干净了。我不知道当时我为什么很早就会醒来,不过现在回想,我找到原因了。那时我刚到欧洲,还有时差。但因为年轻,基本不受影响,只是早晨醒得早而已,这对我而言很不寻常。我觉得是奥地利干净的空气造成的。当时,我眼中的艺术生活一定程度上——因为我是在非常干净、森林密布的地方长大的——就是美国城市生活,因此我不是很喜欢萨尔茨堡。我庆幸我去了,但拜师失败了,整趟旅行也就失去了意义。不过乘东方快车的经历真是太棒了。

布雷斯金:艺术生活是指:熬夜、抽烟、不结婚、不生孩子、坚持透过表面窥探事物的本质,以及喝咖啡。但是你结婚了,而且结了两次,还有两个孩子。

林奇:(停顿。)这些事情就这么发生了。

布雷斯金:你是被动接受,还是主动参与?

林奇:总是有参与的。不可能完全被动接受。一个巴掌拍不响,这就是我所经历的。

布雷斯金:活在这些束缚中,感觉怎么样?

林奇:很辛苦,也很美好,都是命中注定的。人生有时需要一点刺激,会让人更加清醒。改变人的内心。我不知道具体是什么样的改变,但因为承担了新的责任,我真的变了——这种变化也渗透到了我的作品之中。那时我刚刚开始拍摄电影,额外的责任让我更加专注和认真。如果不是因为结婚生子,我可能还会再游荡很长一段时间。

布雷斯金:《橡皮头》一定程度上是一个没有准备好

甚至害怕成为父亲的人的作品。

林奇：《橡皮头》是一部抽象的电影。我期望它有丰富的内涵。但这确实是主题之一。（狡猾地笑。）

布雷斯金：在费城造访殡仪馆是另一个转折点。

林奇：费城就是转折点。有很多前所未有的见闻。去殡仪馆本身并不惊心动魄。很难忘，但并不诡异。很像看到我邻居家的狗。那也是我终生难忘的画面。那只狗被他们喂得特别胖，看起来就像一个长腿的气球。四条腿伸在外面。走路都很困难。头又小又短。是一只身体胖得像大西瓜的墨西哥吉娃娃。房间里有很多放满糖果的小碗，我对这些事情印象很深刻。

布雷斯金：最初让你接触超现实主义的是这只狗还是达利①和布努埃尔②？

林奇：我对他们不是很熟悉，至今没有看过多少布努

---

① 萨尔瓦多·达利（Salvador Dali, 1904—1989），著名西班牙超现实主义画家，因其超现实主义作品而闻名。
② 路易斯·布努埃尔（Luis Buñuel, 1900—1983），西班牙电影导演，擅长在影片中运用超现实主义表现手法，与达利是搭档和好友。

埃尔的作品,很久以后才看过《一条安达鲁狗》①。我对超现实主义的了解很有限——我的作品只是我对身边之事的表现。我对那些复杂的东西其实不怎么了解。

布雷斯金:拍摄《橡皮头》时,你经历了什么精神危机?

林奇:我的精神危机是当时我认为自己没有理由不快乐。我在拍摄一部我想拍的电影。我有一个很棒的团队,也得到了很多朋友的帮助。我的心愿纷纷实现了。我理应快乐。但事实并非如此。我百思不得其解。这让我开始思考快乐的内涵。

布雷斯金:你强烈地渴望感到快乐?

林奇:对,你说得没错!

布雷斯金:快乐现在对你依然很重要吗?

林奇:快乐可以有很多解读,也可以指头脑清明。

---

① 《一条安达鲁狗》(*An Andalusian Dog*)是达利和布努埃尔共同创作的一部十六分钟的无声超现实主义短片。

布雷斯金：你因为不快乐而开始超觉静坐？

林奇：对。确实是因为不快乐才开始的。

布雷斯金：它让你的头脑更加清明了吗？

林奇：是的。我很少谈论冥想。很多人持怀疑态度。但我很喜欢。我1973年就养成静坐的习惯了。

布雷斯金：你在美术方面的背景似乎造就了一种注重质感和单一画面的电影风格——这需要关注画面的细节。这是你从画画转行拍摄电影时刻意追求的风格吗？

林奇：不是。那个词怎么说的来着……哦，构图。构图是很抽象的。物体的位置和关系是很有表现力的。但其实并没有太多思考。只是行动与反应。全凭直觉。构图必须遵循规则，但是这些规则在任何书里都找不到。那些所谓的构图基本法则就是个玩笑。

精致的构图就像精致的音乐一样，令人叹为观止。伟大的作品是完美元素的集合，哪怕已经欣赏了多年还是会有新的发现。就像优秀的交响曲一样，和弦的走势与乐曲的流转都令人难以置信。它们精彩绝伦，扣人心弦。常人难以想象这样的作品是如何创作出来的。

布雷斯金：因此，你认为画画和拍摄电影之间没有明确的联系？

林奇：没有。它们遵循类似的规律，仅此而已。这些规律来自自然。就像鸭子一样。任何动物都是如此，我们就以鸭子为例吧。质感、比例、形状——鸭子可以说明很多概念。鸭子的构造及其身上的不同部位多多少少隐藏着完美构图的秘密。如果能够解读鸭子的特点，运用鸭子身上所体现的规律，就能够创作出构图精美的优秀画作。

布雷斯金：你的首次失败相当著名：当时你在艺术学院拍了两个月，因为摄影机是坏的，结果所有影像都是模糊的。你说是这段遭遇让你投身电影，但当时你恐怕不是这种感觉吧？

林奇：感觉很奇怪。整件事情颇为诡异。为了拍摄二分二十五秒的影像，我花了两个半月时间。我记得把胶片对着光，举起来看画格上的内容，但上面什么都没有。我不是很难过,主要是好奇到底发生了什么。我没有为此伤心欲绝。我记得有人问我:"你难过吗?"我回答:"不难过。"后来我意识到这段经历至关重要。如果胶片没有出问题,我就会将这部短片提交给美国电影学院,但它不足以为我赢得那笔资助。没有那笔钱,我就无法进入影坛。因此,这是命运对我的眷顾。

布雷斯金:你后来也有影片拍完才发现效果不佳的经历,那种感觉一定很沮丧吧?《沙丘》就是这样。

林奇:但我从拍摄《沙丘》的经历中学到了很多。当时我没有坚持自己的想法。现在看来,我恐怕难辞其咎。我可能就不该拍这部电影,然而当时我被影片呈现的无限可能所吸引,相信可以在片中实现我期待的各种东西。我有足够的空间去创造一个世界。但是拉法埃拉和迪诺·德·劳伦蒂斯[1]明确地告知我他们对影片的期待,

---

[1] 迪诺·德·劳伦蒂斯(Dino De Laurentiis, 1919—2010),意大利电影制作人,"二战"后将意大利电影推向世界,他一生制作了五百多部影片,其中有三十八部获得过奥斯卡提名。《沙丘》是他制作的影片之一。拉法埃拉(Raffaella)是迪诺·德·劳伦蒂斯的女儿,也是一名电影制作人。

我也知道我没有最终剪辑权。他们的想法和对影片的期待就这样一点一点渗透进来——这种潜移默化的力量最为危险，影响了我的每一个决定。我把自己限制在了他们设定的框架之中。因此，这部影片对我来说无论如何都是失败的。

布雷斯金：《沙丘》的失败至少帮你免去了拍摄《沙丘2》《沙丘3》的负担。

林奇：对，这确实是件好事。不过，我其实已经为《沙丘2》做了不少准备——完成了一半甚至更多的剧本，并对影片充满期待。第二部的故事更紧凑、更精彩。

布雷斯金：你灰心吗？

林奇：是的。我天性容易沮丧，当时也确实意志消沉。这种情况以前也发生过，拍摄《象人》期间，我以为自己遇到了迈不过去的坎。《沙丘》对我的打击也是很大的。进行后期制作时，我就有不祥的预感。

布雷斯金：拍摄《象人》时，是什么事情让你濒临崩溃？

林奇：象人的面具本来应该由我制作。我在英国花了两个月甚至更长时间造出来的东西可谓一无是处。那是因为我不会做给真人戴的东西。我不懂其中的原理。尽管有新奇之处，我的作品还是非常失败。我连续四个夜晚被噩梦纠缠，醒来之后感觉比做噩梦还要糟糕。梅尔·布鲁克斯（影片的制作人）来英国找人利用剩余的时间做出了这个道具。梅尔的积极态度将我从自怨自艾的痛苦中解救了出来。

布雷斯金：你上大学之前和之后，做那些无聊的工作时，有过那种感觉吗？

林奇：没有。那时我并不觉得自己是失败者，只是很泄气而已。很多人都有过这种感觉，而我曾长期处于这种状态。为了画一幅画，必须有画布、画框、颜料、画笔和松节油①。必须有画画的地方、画画的时间。还要有一定的精神自由，就绘画进行思考。然而，如果你有工作或

---

① 松节油是一种有机溶剂，可以用来稀释油画颜料。

者其他职责呢?如果公寓被颜料弄脏你就会被告上法庭呢?想要画画必须先克服各种障碍。光是备齐材料就要花不少钱。几乎令人望而却步。想做任何事情都不容易。如果你想搞摄影的话,光是找一个暗室——就可能遇到千万种阻碍。真的很消磨人的意志。遇到这种事,我总是因为无法开始工作而感到沮丧。

布雷斯金:咱们换个话题。我想探讨一下在你的不同作品中都存在的一些元素。首先,你痴迷于人的执念。

林奇:对,确实如此。

布雷斯金:拍摄《蓝丝绒》中弗兰克虐待并强奸多萝西的场景时,你笑到不能自已。那对你来说很好笑吗?

林奇:我相信所有心理医生此刻都可以帮我解读我当时为什么会笑,但是我真的不知道。我就是觉得特别好笑。弗兰克就像着了魔一样。他像一只进了巧克力商店的狗。完全无法控制自己。特别投入。我当时笑了,而我也是凡夫俗子,所以这背后一定有某种合理的原因。或许那个场景太过恐怖吓人、激烈暴力,反而显得有些好笑。

我不知道那具体是什么,但它确实存在,它与某种程度的执念有关,一种无法控制的强烈冲动。尤其在纽约街头特别常见。这种情况在街头存在,在人们的家中也就存在。但是街上的穷人没办法找个地方私下发泄。有时候我会觉得这种事情好笑。

布雷斯金:你有执念吗?
林奇:有,我相信我一定有。习惯就是执念的一种体现。坚持某种不容改变的做法。这有时候很好笑。

布雷斯金:人在感到快要失控的时候,确实会在习惯中寻找秩序……
林奇:对,没错。我肯定是彻底失控了。

布雷斯金:因为你是个注重习惯的人?
林奇:对。我总是尽可能地控制我附近的环境。但想要控制一切是不可能的。

布雷斯金：你真的觉得自己对生活缺乏控制力吗？

林奇：是的。有时你会感觉一切都在掌控之中，但那只是幻觉。偶尔能有那种感觉已经很幸运了。令人措手不及的意外随时可能发生。

布雷斯金：承认自己无法掌控一切是否也会带来某种自由？可以少操点心。

林奇：嗯，对。但还是会努力争取。不是为了获得控制力，而是为了让事情朝期待的方向发展。想要控制事情的发展非常难，因为有太多的因素可能会让你的努力付之一炬。如何未雨绸缪或是亡羊补牢是很有意思的议题。这才是追求控制力的初衷。

布雷斯金：失去控制的感觉恐怖吗？

林奇：是的。非常恐怖。而且你无能为力。

布雷斯金：可能发生的最坏情况是什么？

林奇：这绝对是心理医生会问的问题："可能发生的最坏情况是什么，大卫？"（笑。）如果连最坏的情况都能应对,就没什么可怕的了。最坏的情况是……(长时间停顿。)我不知道。还有对未知的恐惧——谁知道会发生什么呢?就电影而言,《沙丘》这样不伦不类的作品,就是最糟糕的情况。

布雷斯金:我们聊聊你作品中另外一个核心元素:残酷,以及身体和精神虐待。

(安哲罗·巴达拉曼提走了进来,问有没有人想喝咖啡。)

林奇:安哲罗,你来得太是时候了!多加奶!加糖!我们在聊残酷……

布雷斯金:它从何而来?

林奇:我也想知道。

布雷斯金:暴力事件在现实中确实存在,三十四街上就有,但是在你的世界观中,残酷和虐待似乎格外普遍。

林奇:可能有很多种情况。我可能受到了外界影响,也可能只是被这种故事——其中的张力——所吸引。我愈发觉得电影是独立于现实存在的。它更像童话和梦境。对我来说,电影不表达政治主张,不是评论或教化的工具。电影就是电影,是因相信而存在的虚拟世界。但电影也要遵循一定的规则。和画画一样。这些规则是抽象的、自然形成的。

比如反差。故事不能从头到尾都轻松愉快,毫无起伏。观众会睡着的。因此要有冲突和事关生死的斗争。我喜欢悬疑谋杀故事。它们既有悬疑色彩又涉及生死,令我格外着迷。总是瞬间被吸引。不尽如人意的影片——故事过于简单或者结构不合理——会令人失望。但是,只要涉及"悬疑"和"谋杀",我就一定会感兴趣,如果还有"旅馆"或者"工厂"就更令人期待了。

布雷斯全:所以你不知道自己对残酷的偏好从何而来?

林奇:不知道。我儿时没有遭到过虐待。我也没有目睹过任何其他人被虐待。所以要么是彻头彻尾的巧合,要么是有其他原因。

布雷斯金:好的,我们聊聊"反差"的一个方面。你的作品中总有善良与邪恶、光明与黑暗、单纯与老练的反差,而见识总是与愧疚、危险和恐怖联系在一起——见识就像一种疾病。

林奇:嗯。知道不该知道的事情和知道太多都是麻烦事。

布雷斯金:我想了解的应该是,在电影的世界之外,你也认为世界善恶分明,而非更加复杂纷乱吗?

林奇:不,我认为世界是复杂的。善恶交织在每一个人身上。但我认为为了故事效果,电影的世界应该更加善恶分明一些。这正是反差的美和力量之所在。亦正亦邪的角色或许也不错,善恶在他体内交战,或者仅仅是和平共存。

布雷斯金:你提到了生和死。你所有的电影都有分娩(或者某种抽象的生产)和死亡的场景(谋杀或者人物起了杀意)。最终,《我心狂野》中的堕胎情节让两者合而为一。生命的开始和结束似乎是你最为关注的主题?

林奇:没错。(停顿。)

布雷斯金:刻在你的大脑硬盘中了吗?

林奇:可能吧。(笑。)一定是这样。有时采访能够帮助我理清头绪。大多数时间我都在思考更加抽象的东西。不怎么在意过去发生的事情,不会去分辨是真的发生了还是纯属想象,不会刻意探究记忆是否准确。只是步履不停,搭乘神奇的列车,奔向新的世界和故事。

布雷斯金:我的意思是列车可能有不同的终点站,路过各式各样的风景……

林奇:但最终可能都会到达同一个地方。(笑。)

布雷斯金:不,并非如此。但无论开往何方,它们都还在林奇的世界里。就连你的第一部四分钟动画短片《字母表》都有大写字母 A 生出很多小写 a 的血腥场景。《祖母》中也有一个痛苦至极的分娩场景,《橡皮头》涉及好几次令人不适的生产,还有《象人》等——吸引你的到底是什么?

林奇：从很久以前开始，我就认为分娩神秘又神奇，和性一样，涉及肉体、血液和毛发，但又和生命与心灵有关。方方面面都令人着迷。（咖啡来了。）安哲罗，上帝保佑你，一定很好喝！

布雷斯金：你有没有亲历女儿的出生？

林奇：两个女儿出生时我都在。珍妮弗出生时，费城的医院不让父亲进产房。我成功说服了医生，让他相信我能应付得来，并为此十分自豪。我确实通过了测试，当时我的妻子佩姬被抽了很多血，我觉得医生并不需要那么多血样，他只是想看看我会不会晕倒之类。认定我不会有问题之后，他就同意了。我先清洁手和手臂，然后穿上了绿色的鞋和手术服。我在产房里，像其他二百五十亿人一样，见证了分娩的过程。令人难忘的不是眼睛看到的东西，而是那种抽象的感觉。真是诡异至极。非常奇怪。

布雷斯金：房间里突然就多了一个人。

林奇：房间里有很多事情在同时发生。有些是看不见的。很震撼。

布雷斯金：你能拍一部没有生产和死亡的电影吗？

林奇：当然可以。但这就本末倒置了。有些人心血来潮。他们先决定："我们拍一部这个主题的电影吧。"然后创作一个故事来实现最初的想法。我的创作与之相反。影片的主题一开始并不明了。我并不是说这种方法更加优越，就我个人而言，它只是更加自然而已。并且创作不是一蹴而就的，而是一点点积累起来的。哪怕是一本书，也是一章一章读完的。零碎的想法逐渐累积，在脑中形成一个完整的世界。我脑中的世界是模糊不明的。不完整。有漏洞。很难向他人描述。这些元素只有完成从模糊到具体的转变之后，才能聚集在一起，形成精彩、有传播力的故事。

布雷斯金：现在我要提一个敏感话题。你影片中女性的地位。《蓝丝绒》中，有虐待……

林奇：人们总是把多萝西等同于所有女性，而不把她看作一个个体。这就是问题之所在。如果多萝西只是一个个例，这就是她的故事——我就是这么看的——一切都没有问题。将多萝西等同于所有女性是讲不通的。不符合逻辑。如果多萝西代表所有女性，那么显然是不妥当的，人们有理由反感。

灵感是最奇妙的东西。它们静静飘浮着，如果你能抓住，就可以转化为作品。比如一张桌子。静静飘浮的灵感可能会突然出现在你的大脑里：毫无预兆地现身，被你捕捉到，然后你就可以去工作室干活了。凭灵感创作就是这样一个过程。

布雷斯金：我们具体地聊聊你作品中的女性——多萝西是"病态"的。在《双峰》《我心狂野》和《蓝丝绒》中，都有女性的人身安全受到威胁。而片中的女性角色对这种状态似乎并不是特别排斥。在《双峰》中，差点被打死的罗内特·普拉斯基（Ronette Pulaski）在百货商店经理的秘密应召女郎目录里的评价有四颗星，我们也清楚被残酷杀害的劳拉·帕尔默（Laura Palmer）不是什么白雪公主。你是否担心这种设定有"谴责受害者"的嫌疑？

林奇：我明白你的意思。还是同样的问题：罗内特·普拉斯基只是一个个体，不应代表所有女性。人人都可以理解，面对某些要求，女孩——出于种种原因——不会拒绝。在另外的一些情况下，她们则会说："我不想做这种事！"然后掉头就走。还有介于两个极端之间、令人难以抉择的情形：既令人作呕或恐惧，又拥有某种吸引力，叫人难以判断自己是否能够接受。世上有千千万万种情形。一旦将"一位女性"和"全体女性"相提并论，就有以偏概全的嫌疑，百口莫辩。我无意以个体指代全部。世界上有无数不同的故事和可能性……

布雷斯金：尤其是在城市里。

林奇：没错！

布雷斯金：让我们来谈谈这些女性。《蓝丝绒》中的多萝西和《双峰》里的劳拉都有一种"病"。劳拉喜欢一个差点杀死她的男人，因为两人在床上很和谐。你认为这具体是一种什么病？能开诚布公地谈谈吗？

林奇：不能。

布雷斯金：大卫，拜托。

林奇：不行。因为用"病"这个字来形容……要抽象一点才有美感。一旦具体解释，很多可能性就被排除了，只有保持抽象，这个概念才能引起更广泛的共鸣。

布雷斯金：大卫，这显然与某种受虐癖有关……

林奇：但这非常复杂，只要谈论就是一种曲解。因为复杂到令人难以置信的程度，只要讨论就一定会不准确。如果不复杂，难解的精神问题就不会存在，完美的人格就唾手可得。这一切真的太复杂了。

布雷斯金：有一位评论家指出，《蓝丝绒》中的女性不是被男性虐待就是被男性利用，她们拥有的选择都是男性赋予的。

林奇：这只是一家之言。他的观点和桑迪又有什么关系呢？她并没有被任何人，或者说任何男人操纵。她独立地做了很多事。有自己的喜好。自己做决定。依照自己的意志行动，遇事也有自己的应对方法。是她凭借一己之力说服杰弗里调查这件事。完全靠自己。她没有自己去拜访那个女人，而是利用杰弗里的兴趣，诱导他去做这些事情。与此同时,她和芭芭拉婶婶(Aunt Barbara)足不出户,只是在家看看电视,她们根本不想离开家,只愿坐在安全的客厅里关注事情的发展。但她们对这件事是有兴趣的。一种对不为人知的神秘事件的好奇。桑迪非常聪明沉稳。他的观点比较笼统,和影片细节明显不符,不是很合理。①

布雷斯金:《我心狂野》中的卢拉(Lula)呢?原著小说中的卢拉比电影中的卢拉(同样由劳拉·邓恩饰演)更果敢强势,更擅长控制身边的局势。在书中,卢拉告诉赛勒(Sailor)从什么地方出发,指挥他开车。她发现他在酒吧和其他女人跳舞就用酒瓶砸他,而且砸中了,以此向他表达自己的愤怒。而电影中有一个赛勒[尼古拉斯·凯奇(Nicolas Cage)饰]"英雄救美"的情节:其他男人在夜店邀请卢拉跳舞时,赛勒替她解了围,保护了自己的女友。你对这部小说的演绎是不是夺走了卢拉身上的一部分现代女性气质呢?

---

① 林奇错误地认为这位评论家是男性。——原注

林奇：（长时间停顿，有些不悦。）我不太懂具体什么是现代女性。但是卢拉……其实另外那几个场景我们都拍了，只是因为时间及其他因素，最终没有用在成片中。扔瓶子的情节或许消失了，但影片中很多地方都暗示了赛勒如有越轨行为，卢拉定会暴跳如雷。这一点一看她就能感觉到。真正吸引我的是赛勒和卢拉的关系：在我看来，他们对彼此很好，非常相爱，互相尊重。我不知道什么是现代男性和现代女性，但这是一段现代爱情。因为赛勒有冷淡阳刚的一面，但他总是温柔地对待卢拉，与她平等地相处，从不对她颐指气使。只是与她交谈。卢拉对赛勒也是这样。这段关系及这本小说吸引我的正是这种平等关系。

布雷斯金：但是在书中，赛勒似乎有高高在上的嫌疑，而卢拉对此十分介意。她不喜欢他老叫她"小花生"。她说："你老是叫我小花生，这让我有点不舒服……严重降低了我在食物链上的地位。"

林奇：我都不记得了。不，她喜欢被叫作"小花生"。

布雷斯金:书里不是这么写的。你的影片中有一种俄狄浦斯情结。要么是与失散的母亲以某种神秘的方式团圆,要么是……

林奇:这是《象人》中的情节。是那个故事特有的东西。母亲是象人最美好的回忆。他想象母亲对他有所期待,并以此为人生目标。因此,他应该是在母亲的陪伴下离开人世的。这样感觉才对。还有什么电影?

布雷斯金:《蓝丝绒》及你的其他作品中都有类似"和母亲做爱"的情节。

林奇:此话怎讲?

布雷斯金:弗兰克像婴儿一样,叫多萝西"妈妈",他还说过:"宝宝想和你上床!"

林奇:他要么是爸爸要么是孩子。

布雷斯金:在《我心狂野》中,卢拉的母亲戴安·拉德(Diane Ladd)勾引了卢拉的男友——赛勒……

林奇:《橡皮头》也有类似的情节!

布雷斯金：对，玛丽的母亲勾引过亨利。在《双峰》中，本杰明·霍恩（Benjamin Horne）在妓院的卧室里撞上自己的女儿奥黛丽（Audrey）。类似的情节反复出现。

林奇：是啊，问题就在于类似的情节一旦反复出现，人们就会开始比较。这种比较往往会得出奇怪的结论，与现实及其真实来由都相去甚远。几次出现可能就是巧合……有些故事不是我写的，我可能参与了剧本创作，但不是我提出来的。很多想法都是逐渐形成的。有多少来自我的内心？我认为内心固然重要，但是人的想法也会受到外界影响。我不知道。人类的很多行为既有趣又诡异。

布雷斯金：我们似乎天性如此。

林奇：一点不错。此类事情是理想的电影素材。如果电影中一切正常，观众还不如干脆待在家里——毕竟很多诡异的事情就发生在家里。影片比现实更加夸张一些。事件发生的频率更高，冲击力也更大。

布雷斯金:你好像迫切地想要反驳这种说法?

林奇:因为我不知道这些共同点是否真的存在。

布雷斯金:好吧,我再提一个观点。你的作品的结局常常展现幻想——或者说想象——的救赎力量。幼稚地,不,纯真地渴望着用想象创造全新的世界,相信无拘无束的想象力拥有救赎的力量。

林奇:是的。宽泛的话题还是很难讨论,但我想——就我而言——我相信成长的力量。我认为无知和迷茫是很有意思的状态,但是人可以摆脱这种状态,辨明事物真实的样子。表象的背后隐藏着某种真相,只要到达一定境界就能看到、体验到、感受到。这个过程是无比漫长的。人在其中会经历痛苦、黑暗、迷惘和奇诡,会原地打转,止步不前。这很神奇。就像一个奇怪的狂欢节:令人乐在其中又备受折磨。

布雷斯金:只有黑暗和迷茫吗?

林奇:万事都是相对的。但我认为这个世界没有我们期望的那么光明。

布雷斯金:困惑之一似乎是艺术是否一定要有某种含义。你曾经说过:"为什么人们能够接受人生的不合理,却对艺术有相反的期待?"首先,我不认为人们接受了人生不合理的现实。我认为这恰恰令人难以接受。人类创造宗教和神话,就是为了给不合理的生活提供某种解释。你不觉得艺术也是这样来的吗?

林奇:有些艺术可能是这样来的。但我是西联①学派的。如果想要传递什么讯息,应该去找西联。责任感也会带来问题。人必须能够自由思考。灵感次第出现,相互连接,形成一个令人惊喜或反感的整体(如果是后者的话,就果断舍弃)。如果这些灵感串成了一个在你看来有潜力的故事,担心他人的看法则很可能会将这个故事扼杀在摇篮当中。你会担心身边的亲人和朋友怎么想——然后心生退意。再担心普罗大众的看法。那太难想象了,故事恐怕要当场夭折。还有后世的评价,你连未来到

---

① 西联(Western Union)是一家美国的金融服务和通信公司,曾经营过电报和电话业务。

底会发生什么都不知道,只会盲目地猜测未来的观众恐怕不会喜欢。你必须信任自己。如果你不愿违背某些道德原则,不愿跨过某些界限,那它们就会局限你的作品。如果得到了将自己的故事拍成电影的许可和资金,就应该忠实于自己的想法。如果观众感到不适,他们大可以离开影院。不喜欢也没关系。一帧都不想看我也完全能够理解。但人必须有创作的自由。

布雷斯金:但这并不是说艺术作品没有意义。

林奇:是的。但是如果一上来就开始纠结一切事物的意义,以我们有限的脑力恐怕也参透不了多少。如果一个想法抽象又不失真实,有一定的吸引力,能够激发新的灵感,令人心潮澎湃,又不断发展,给人说得通的感觉,那它就是很好的创作线索。必须坚持某种逻辑、真实,寻找合适有效的点子。这是唯一的准则。整个过程涉及无数个决定:删除或者保留,这样调整或者那样调整。就是这样一点点成形的。

布雷斯金:所以你并不抵触电影有某种意义的观点。

林奇：一点也不。但电影对不同的人有不同的意义。

布雷斯金：希望如此。

林奇：是的。即便如此，很多人可能会有相似的理解。没关系。只要不是把单一的讯息喂给观众就可以了。委员会创作的作品就是这种套路，在我看来非常无聊。不传达任何讯息是很难的，因为人们喜欢解读一切。拍摄不传达任何信息的电影是不可能的。

布雷斯金：你说因为人生不合理，所以艺术也可以不合理……

林奇：人生复杂至极，因此电影也应该可以是复杂的。复杂的影片更接近现实。

布雷斯金：在这个筛选——做出无数个决定——的过程中，如果你想要有所突破，如果直觉告诉你应该挣脱束缚，你会因为担心他人无法接受而放弃吗？

林奇：会。拍摄《我心狂野》时就是这样。拍电影就像煮汤。还没倒进碗里，很多东西就已经蒸发掉了，有些会留在勺子上，有些卡在牙缝里，然后再被吐出来：真正作数的只有最终到达胃里、登上大银幕的东西。所以，只要观众尚未在电影院里落座，电影的制作就尚未结束。最终剪辑权在放映员手里的说法颇有一些道理。放映员可以对影片进行删减，可以重排胶片的顺序。所以你会不断自问有没有忠实于自己的直觉，但是，如果你的作品像《我心狂野》一样造成大批观众离场，你就必须决定是否修改。

布雷斯金：他们想要把汤过滤一下。
林奇：他们不喜欢我的汤。

布雷斯金：《我心狂野》试映时，影片中一个涉及自慰、枪战和瓶子的场景两次导致观众大规模离场……
林奇：不是这样的。确实有这个场景，但这样描述是不准确的。这个场景在现在的版本中基本被完全保留了。但这件事对我很有启发：观众是有一定接受能力的，可是如果做得太过火——我并不觉得自己过火——他们就会忍无可忍地说"我受够了！"，然后直接离场。这不怪他们。我认为这样拍更有冲击力,但它超出了观众的接受范围。

通过剪掉最后的一小部分,我们让这个场景回到观众能够接受的范畴之内。这个场景是必要的。我曾经试过把它整个删除,但是如果没有这个场景,影片就没有事关生死的斗争,这个情节对整部影片有相当重要的影响。

布雷斯金:你认为观众观看某些画面时,为什么会感到不适?

林奇:我不知道。这个问题还是应该留给有经验的医生去解答。我只知道一旦尺度没把握好,观众就不会买账。他们会从故事中抽身,起身离开电影院。之后,没有离开的人也无法找回之前沉浸在影片中的感觉了。这不是他们的错。

布雷斯金:有什么连你都看不下去的东西吗?因为太过无聊而看不下去的不算。

林奇:哦,有的。当然有。我不知道具体是什么,但有很多东西没人看得下去。

布雷斯金：什么东西令你反感？你有没有因为不能接受而偏过头或者把画面关掉的经历？

林奇：（长时间停顿。）嗯。让我想想。（长时间停顿。）我想不起来。想不起来。

布雷斯金：你看过集中营的录像吗？

林奇：我会很矛盾，不忍心看又忍不住想看。很多人没有勇气看。人类对彼此造成的伤害有时令人无法理解和相信，但是这些事情确实发生了。有时去看这些影像只是为了了解人类可以残酷到什么程度。真的令人难以置信。因此选择看或者不看的理由都值得推敲。非常复杂。

布雷斯金：是外部刺激，试映的观众，提示你应该对《我心狂野》中的那个场景做删减，对此你感到惊讶吗？

林奇：是的，我很惊讶。这改变了我对试映的看法。几百个人一同坐在放映厅里会产生某种气氛。重要的不是他们看完电影在小卡片上写下的东西，而是与他们共处一室的感觉。无所谓观众具体是谁。三百个人在一起会表现出某种共性。和观众一起看电影很重要。会有很多收获。如果有机器可以制造那种被观众环绕的感觉……但是这种机器并不存在。必须是有血有肉的人坐在你身边。那是一种非常独特的感觉。特别神奇。很吓人,但也很重要。和观众一起看电影是很难熬的,所以有些人不喜欢。他们说:"我不喜欢试映。不相信试映的结果。"我相信试映的反馈,但我也不喜欢试映。我现在真的非常相信试映的结果。

布雷斯金:尽管不在意观众的看法是你创作哲学的重要组成部分,你还是希望和观众交流的,对吗?你创作不仅仅是为了自己。

林奇:是的。不仅仅是为了自己创作,但也不是……我也不知道到底是怎么回事。一旦和三百名观众坐在一起,只为自己创作的假象就会不攻自破:你会意识到现在的作品与你的个人喜好是有一定偏差的。我不知道这一切是如何发生的,但是观众只要在场就能向你传达某种讯息。与大批观众一同观看影片会毫不留情地暴露影片的问题,迫使你停止自我欺骗。观众会帮助你审视自己的作品。

第二次采访

布雷斯金:咱们聊聊你没有拍成的那些作品,从最早的《花园后》(*Gardenback*)开始。

林奇:《花园后》是一个很好的例子。应该是一部短片。非常抽象。剧本和《祖母》的剧本被我一起提交给了高级电影研究中心。大家都搞不懂我到底想干什么。我能理解他们。

布雷斯金:你说它是一部"有关偷情的抽象电影"。

林奇:是的,不过是他们逼我这么形容的。弗兰克·丹尼尔[①]问我:"这部电影讲的是偷情吗?"大概是,但也

---

① 弗兰克·丹尼尔(Frank Daniel,1926—1996),电影导演、制作人兼编剧,1969年起担任美国电影学院的第一任院长,是大卫·林奇的导师。

有其他主题。一个制作低成本恐怖电影的人对我说,如果把它改成长片,他愿意给我五万美元。他其实也不懂。但剧本里有一个怪物——他只在乎这一点。他以为那是一个怪物。对于当时的我来说,收到五万美元的感觉就跟现在拿到五百万差不多。但必须做成长片……

布雷斯金:不行吗?

林奇:肯定不行。那就越来越不抽象,越来越"正常"而无聊了。

布雷斯金:你会回收利用没有拍成的影片中的元素吗?

林奇:可能多少有一点。它渗透进了我的画作和很多其他作品。花园让我着迷:画作中站在花园里的人,夜晚花园里影影绰绰的轮廓。我特别喜欢。后来我很沮丧,但这一切都没有白费,因为最终我在此基础上拍摄了《橡皮头》。

布雷斯金:你最有名的未完成作品是《罗尼火箭》。

这个项目现在彻底死透了吗?

林奇:不,不,不会的,永远不会。说不定我的下一部作品就是《罗尼火箭》。我总是在谈论这部作品,剧本也准备好了——只要再前进一步,如果能前进的话,就可以开拍,我在等待这个时机。我希望未来我能够只关心影片本身,将其他一切都抛在脑后。但现在我放不下的东西还很多,因此害怕拍摄《罗尼火箭》这样商业价值有限的影片。它以大烟囱耸立的美国工厂为主题——涉及煤炭、石油和电力。我会喜欢这样一部影片,但我不知道其他人怎么看。它是非常抽象的。

布雷斯金:没有明确的情节线?

林奇:我认为情节很明确,是平铺直叙的。但有些荒诞。和一般电影不同。我想真正走进那个世界,在里面住一段时间,这也会增加成本。我不会按照普通的十一周拍摄计划来拍摄《罗尼火箭》。我希望用一个小一点的剧组,自己建造布景,在里面住上一阵,营造我想要的那种气氛。

布雷斯金:有人愿意给你这个机会吗?

林奇:有一些人愿意考虑,他们太有钱了,所以不太在乎是否盈利。哪怕收不回成本他们也无所谓。

布雷斯金:如果可以,你会完全放弃叙事吗? 如果离开好莱坞商业电影圈,你会立刻抛弃叙事吗?

林奇:不会。你说的叙事指什么? 故事吗?

布雷斯金:对,线性的"A引起B再引起……"

林奇:不一定。有时效果很好,那就是必要的。有时这种线性的结构不太合适,让观众无法透过表面进行深入的探索,难以制造意外或带动观众的情绪。但我相信故事的价值。怎么讲才是关键。

布雷斯金:《蓝丝绒》之后,你曾对好几个项目感兴趣。托马斯·哈里斯(Thomas Harris)在《沉默的羔羊》(Silence of the Lambs)之前写的小说《红龙》(Red Dragon)怎么样了?

林奇:我参与了一段时间,后来就厌倦了。我踏入了对我来说特别暴力的领域。非常堕落。毫无救赎的希望。

布雷斯金：所以说你对此类影片没有兴趣？

林奇：我是这么看的，我不想拍这样的影片。这部电影已经拍出来了，叫《孽欲杀人夜》(*Manhunter*)。

布雷斯金：你和马克·弗罗斯特合作的第一个项目《女神》(*Goddess*)没能成功落地。你能聊聊这部影片吗？

林奇：我和马克就是那时候认识的。我和无数人一样喜欢玛丽莲·梦露，她的一生令我着迷。因此这个项目出现时，我很感兴趣，但后来发生的事情又是那老一套，你懂的。我小心翼翼地加入了这个项目。他们要找一位编剧。创新艺人经纪公司(Creative Artists Agency, CAA)喜欢拉郎配。所以他们让我和马克搭档。见面之后我很喜欢他，我们一起制订了计划。我们见了原著作者安东尼·萨默斯(Anthony Summers)。我们调查得越深入，就越觉得这个主题像不明飞行物。你会被它所吸引，但无法证明它确实存在。哪怕看过照片、故事，听说有人被外星人催眠,也说不准。玛丽莲·梦露及肯尼迪家族的故事也是这样。我无法分辨哪些是真实的,哪些是杜撰的。影片逐渐变成了传记片,肯尼迪家族戏份很重,不再是陨落的电影明星的故事。我逐渐失去了兴趣。我们根据自己的推断在剧本中指出是谁害死了梦露,之后制片厂立马就撤了。

布雷斯金:出于政治原因?
林奇:对。

布雷斯金:你们觉得是谁害死了梦露?
林奇:不重要。不重要。(笑。)

布雷斯金:温迪·罗比①说你喜欢一种"破碎的美丽",你对玛丽莲·梦露的喜爱是否恰好证实了这种说法?
林奇:我不知道。是一种美丽中夹杂的伤感。是神

---

① 温迪·罗比(Wendy Robie,1953—),美国女演员,曾在《双峰》中出演娜丁·赫尔利(Nadine Hurley)。

秘、美丽和悲伤。

布雷斯金:《一个口水泡泡》(*One Saliva Bubble*)。史蒂夫·马丁①、马丁·肖特②。堪萨斯州。军事卫星发出射线。然后是什么来着?

林奇:然后是彻头彻尾的混乱闹剧。这是一部疯狂、夸张、愚蠢的喜剧。各种老套情节的集合。

布雷斯金:大卫·林奇版的《疯狂世界》③?

林奇:嗯,可以这么说。我觉得很好笑。我和马克写剧本的时候捧腹大笑。我是在飞机上想到这个故事的。我和史蒂夫·马丁以前见过面,我们很久以前就想合作一部作品。当时我们都读了一本书,具体是什么书我忘

---

① 史蒂夫·马丁(Steve Martin,1945—),美国演员、作家、电影人和音乐人。
② 马丁·肖特(Martin Short,1950—),美籍加拿大裔喜剧演员、歌手和作家。
③ 《疯狂世界》(*It's a Mad, Mad, Mad, Mad World*)是一部1963年上映的美国喜剧电影,讲述了八个人为了一份意外之财展开可笑、惊险、疯狂的争夺的故事,以嬉笑怒骂的方式揭露了人性的丑陋。

记了。他从那时到现在一直很喜欢那个故事。唯一的问题是,我每次开始认真地做这个项目,就会觉得它太过单薄。我觉得这部影片很多人都可以完成。

布雷斯金:片名从何而来?

林奇:来自导致卫星爆炸的滑稽事故。

布雷斯金:《雷姆利亚人》(*The Lemurians*)呢?

林奇:《雷姆利亚人》是我和马克想拍的电视剧。故事源自雷姆利亚大陆(Lemuria)的传说。据说这是一块非常邪恶的大陆,在亚特兰蒂斯(Atlantis)出现之前就因为太邪恶而沉没了。雅克·库斯托[①]在早期的一次旅行中不小心移动了一块石头——对白是:"雅克,雅克,得移开这块石头。"很有诗意。故事的一部分围绕太平洋底的雷姆利亚物质泄漏展开。总之,雷姆利亚物质泄漏了,对世间一切真善美造成了威胁。是一部喜剧!

---

① 雅克·库斯托(Jacques Cousteau,1910—1997),法国海军军官、探险家、生态学家、电影制片人、摄影家、作家、海洋及海洋生物研究者、法兰西学院院士。

布雷斯金:NBC(美国全国广播公司)说:"非常感谢……"

林奇:"……很高兴与你们见面。"《雷姆利亚人》的问题是它太过复杂。

布雷斯金:是警探追踪外星人对吗?

林奇:对,还有很多其他情节。特别复杂,我们目前没有时间再做一部电视剧。会分散注意力,实在做不到……

布雷斯金:太薄的煎饼容易……

林奇:我的注意力就是一块特别薄的煎饼!已经在崩溃的边缘了。

布雷斯金:《牛仔和法国人》(*The Cowboy and the Frenchman*)呢?

林奇:我特别想公开这部片子。当时我和伊莎贝拉在巴黎。有个法国人带我们去了一家餐馆。那个餐馆真的很不错!

布雷斯金:都快赶上这家了!

林奇:对,我们什么时候弄点东西吃?我好饿。对你来说现在已经下午四点了。你肯定都要饿疯了。那个人说他想做这样一个项目——当时,法国的《费加罗报》(Figaro)计划组织六名导演拍摄有关法国人的短片,为了他们的二百周年纪念。我本来应该以美国导演的身份参与。我回复他:"收到你的邀请我很荣幸,但是我现在没什么灵感。而且最近很忙。如果两周之内有新想法,我会给你打电话的。"那是一个很小的项目。

当天晚上我就有了灵感。我给他打了电话。他说:"太好了,两种老套人物碰头了!"我说:"一点不错!"所以我完成了这部影片。时长本应是四分钟,但我的是二十一分钟。我没有超预算,只是时长超标了——因为拍得太开心了。有哈里·迪安·斯坦顿(Harry Dean Stanton)、约翰·南斯、特蕾西·沃尔特(Tracey Walter)、迈克尔·霍尔瑟(Michael Horse)和那个法国人皮埃尔(Pierre)。里面有奇怪的音乐和马,是在城外的一个小农场。

这是一部荒诞喜剧。一个法国人来到纽约,在中央公园里,有好心人给了他一些药片。他吃了药片,然后就突然来到了美国西部的牧场,哈里·迪安·斯坦顿是男主角,约翰和特蕾西是他的跟班。他们对男主角的真实身份一无所知,翻了他的包之后才有所怀疑。最终他们发现男主角是法国人。故事由此展开。

布雷斯金:那部影片很像梦境。你会将自己的梦植入影片当中吗?

林奇:不会。用过一次。嗯,两次。《橡皮头》有一场戏来自我的梦,但最终剪掉了。创作《蓝丝绒》时,构思结局时我遇到了很多困难——不是真正的结局,而是故事快要结束的地方。一天我去了环球影城。我不记得为什么要去了。当时我带着剧本,想把它写完。那里有个接待员,我坐在一张椅子上开始工作。写着写着我突然想起了前一天夜里做的一个梦,梦里发生的事情一下变得格外清晰。那个梦就是发生在多萝西客厅里的那场戏。我梦到杰弗里把手伸进了那个黄衣男人的西装口袋。在我的梦里,他在黄衣男人的上衣口袋里找到了两样东西:

警察的对讲机和手枪。然后,我回头修改了他们开车去本的家那场戏,加了一句"把警察的对讲机藏起来",这样弗兰克就知道杰弗里晓得对讲机在哪里。总之,这些情节源自我的梦境。这是我唯一一次把梦写进电影里。

布雷斯金:1988年你首次尝试表演,参演了《莎莉与我》(Zelly and Me)。这部影片对你来说似乎是一个很奇怪的选择——影片本身特别讲究、甜美,而你的作品则是另一个极端。除非是因为伊莎贝拉是女主角,不然我想不通你为什么会出演这部电影。

林奇:这一切都是为了伊莎贝拉。我因此认识了蒂娜·拉思伯恩(Tina Rathborne,编剧兼导演),和她很投缘。我认为把影片拍摄得这么甜美并非蒂娜的初衷。这是她的第一部长片,不知不觉就变成这样了。我一直想知道我到底能不能演戏,这是我接这片子的主要原因。我是为了克服对表演的极度恐惧。

布雷斯金:不是为了展示一下你极具男人味的胸肌?

林奇:我担心自己会让很多男人觉得自卑。我为此深感抱歉。

布雷斯金:你还在做动物套装吗?①

林奇:我对做动物套装有强烈的渴望。拍摄《沙丘》期间,我做了鸭子和鸡。还做过鱼。拍《蓝丝绒》时,我什么也没做。鸭子套装做得不好。照片很模糊,看不清上面的字。我想做一个老鼠套装。如果有专门介绍儿童鱼套装的画册的话,我有一张很适合的照片——那个套装比成年人的鱼套装要简单很多。

布雷斯金:完成《蓝丝绒》之后,你的制作人迪诺·德·劳伦蒂斯的破产对你影响很大,那段时间……

林奇:……难熬吗?

布雷斯金:对。

林奇:很难熬。我当时正准备开始拍《一个口水泡

---

① 林奇过去经常肢解小动物,然后制作"动物套装",类似以生物体为原材料的模型。——原注

泡》。我们派了星探,完成了选角,万事俱备。迪诺不断推迟这部影片。我们逐渐意识到这个项目大势已去:没有资金。不久之后他的公司就破产了。我们早有预感。

布雷斯金:出现过无法工作的情况吗?

林奇:没有,不过如果当时想拍《罗尼火箭》我也拍不了,因为这个项目属于迪诺。《在湖上》(*Up at the Lake*)和《一个口水泡泡》也是如此。他不但将这些项目据为己有,还从中牟利。将这些项目收回之后,我发现由于迪诺之前已经以这些项目的名义拿走了一部分钱,任何人拍摄这些电影都要与他的公司分享最初的利润。

布雷斯金:迪诺怎么通过这些项目赚钱?

林奇:他给自己开了工资。

布雷斯金:真舒服。和他分道扬镳时,一切都还顺利吗?

林奇:并没有大动干戈。迪诺有自己的行事风格。不能怪他。他只是看得比其他人都远,你学会游戏规则时,早已深陷他的陷阱。(笑。)

布雷斯金:我们聊聊《双峰》。你去过费城美术馆吧?
林奇:就在我以前住的地方隔壁。

布雷斯金:我猜也是!不过大卫,在审讯中,总要问一些显而易见的问题。你知道马塞尔·杜尚①的一件作品吗?是1946年到1966年之间创作的,因此在你到费城时应该已经完成了。

林奇:不知道。

布雷斯金:那件作品叫《给予:1. 瀑布;2. 燃烧的气体》(*Given: 1. The Waterfall, 2. The Illuminating Gas*)。那是一个黑暗的空房间。一面墙上钉着深色的木板。木板上在齐眼高度有两个窥视孔,透过小孔可以看到一个搭建的场景。场景中有一个可能已经死去的裸女

---

① 马塞尔·杜尚(Marcel Duchamp,1887—1968),美籍法裔画家、雕塑家、作家,20世纪实验艺术的先驱。

仰面躺着,她的右边是一道流淌的瀑布。除了不是湖之外,很像……

林奇:……《双峰》的开头。还有这种事!

布雷斯金:电视是现代的窥视孔,用一种矛盾的方式揭露黑暗。我以为你看过这件作品。

林奇:有可能看过。有可能。不过原来剧本里没有瀑布。我们不知道那里有瀑布。那个女孩应该是全裸的,但是我们拍的是电视剧——全裸是不可以的。

布雷斯金:她看起来像是没穿衣服,但我们看不清……

林奇:她身上裹着塑料膜。不过每个人其实都是赤身裸体裹着衣服而已。(笑。)

布雷斯金:你在纽约的酒店房间里看试播集时感觉怎么样?

林奇:我其实很沮丧。我没想到画面和声音的质量会那么糟糕,对整体质量有非常严重的影响。如果能达到应有的标准,如果我们能看到质量不打折扣的版本,一定会有截然不同的感觉。

布雷斯金:你因此感到失望?

林奇:是的。但是让我郁闷的不是广告。我喜欢那些广告。它们似乎能令人心潮澎湃。很有生气。遍布全国。很不错。

布雷斯金:但是在《双峰》播放之前,你说广告会对剧情造成"严重、粗暴的干扰",你觉得插播广告很荒诞,这种体制是不合理的……

林奇:我依然觉得广告很荒诞。

布雷斯金:但是这部剧播放一年之后,你会特别留意中间插入的都是什么广告,发现是大公司之后还很开心。你变成了广告业的参与者。

林奇:对。我……我……你说得没错。我加入了荒诞世界。(笑。)

布雷斯金:是你对拍广告的看法改变了吗？还是有人给你写了支票？

林奇:不。我只拍过一个真正的广告。

布雷斯金:海洛因广告是吗？

林奇:是"鸦片"①。（笑。）现在我在和另外一家公司合作，但具体是什么广告我们就不提了［CK 的"迷恋（Obsession）"香水］。

布雷斯金:这恐怕没法藏着掖着。你拍广告是单纯出于经济原因吗？还是喜欢挑战？抑或是你心里一直潜藏着对销售商品的渴望？

林奇:这么说吧，钱显然是其中一个原因，但我喜欢广告这个概念。我有点闲不下来。确实挺奇怪的。

布雷斯金:闲下来就难受？

林奇:对，差不多。希望没有贪多嚼不烂。"鸦片"广

---

① "鸦片（Opium）"是圣罗兰的一款香水。

告是很久以前播的。很漂亮,我很喜欢。

布雷斯金:回到《双峰》。你在剧中对某些人物的表现似乎有嘲讽的意味。搞笑和取笑之间的界限很模糊……

林奇:谁被取笑了?

布雷斯金:比如娜丁(Nadine)和她的眼罩,悲伤的利兰(Leland),或者戴着头饰的约翰尼(Johnny)用头去撞玩偶屋。这是我觉得最好笑的东西,但有时候我会一边笑一边感到内疚。你觉得有这种风险吗?

林奇:风险无处不在。我觉得……还是要看具体情况。如果约翰尼身患某种疾病,而你因此取笑他,那另当别论。但他也许只是遭遇了情绪问题,很快就能恢复。他也可能从头到尾都是装的。取决于你怎么看。我真的无意冒犯或者取笑任何人。但与此同时,这就是他本来的样子,不可避免会让人觉得好笑。很多时候,境遇凄惨的人也会做搞笑的事情——把旁观者逗笑。但笑声中也可能饱含同情。这就是现实。如此扭曲——我们都身在其中,应该容得下如实反映现实的态度。不能一概拒绝——不然电视剧及其他作品就会全部变成《人猿泰山》式的电影,创作的可能性就都被扼杀了。

布雷斯金:你听说过"狗屎时刻"吗?

林奇:(很感兴趣。)不,没听说过。

布雷斯金:电视剧编剧用这个词形容这种情况:故事的方方面面都到位了,即将升华,将重要讯息传达给观众,结果道德方面的顾虑出现了……

林奇:这种事情我们经常遇到。(笑。)

布雷斯金:《双峰》的优秀之处就在于在这方面百无禁忌。据说1972年拍摄《橡皮头》时,你看到凯瑟琳·库尔森(Catherine Coulson)戴上眼镜,然后说:"我觉得你手里应该捧一个木桩。未来我会拍一部电视剧,你要在里面演'木桩女士(Log Lady)'。"这是真的吗?听起来不太像真的。

林奇:不完全是假的。实际情况是,我和凯瑟琳合作过另外一部叫《被截肢者》(*The Amputee*)的作品。时长大约四分钟或七分钟。有机会我给你看。她是一位很有意思的女演员。拍摄《橡皮头》时,她来到了摄影机的另一头,成了一位摄影助理,此后她一直从事这方面的工作,直到出演木桩女士。

我曾构思过一部名为《我要用知识之枝测试我的木桩》("I'll Test My Log with Every Branch of Knowledge")的节目。这是真的。我想让她演一个和儿子或者女儿一起生活的女性,她是个寡妇,丈夫在火灾中去世了。她家中的壁炉被封得死死的,丈夫的烟斗、编织帽等遗物都还在。她带着木桩去拜访科学及其他各方面的专家。比如说,在牙医诊所,她会把木桩放在椅子上,给它戴上小小的围嘴。牙医会给木桩拍 X 光片,找它的牙齿在哪里。牙医也可能对观看影片的孩子说:"木桩可能长了蛀牙。我先给它来点奴佛卡因①。"然后一步步进行下去。就这样,观众可以通过木桩,通过这种荒诞的设定,从这个节目里学到很多东西。有时候他们也不去找科学家,只是走进一家餐馆,然后故事就从那里展开。我对这部剧很

---

① 奴佛卡因(novocaine)是一种口腔科局部麻醉药。

期待。

因此,拍摄《双峰》试播集时,我给凯瑟琳打了电话。她独自一人来到了西雅图,住在一个朋友家里,然后来剧组完成了她的戏份。她在镇民大会上把灯弄得忽明忽暗。"那是谁?""我们叫她'木桩女士'。"大概就是这样。但是这件事似乎很令人难忘,所以越传越离谱了。

布雷斯金:我们聊聊变态杀手。《蓝丝绒》《双峰》和《我心狂野》中都有极度迷人的变态杀手。这些人物对你有什么样的吸引力?

林奇:有些人非常聪明——这方面没有任何问题——但被邪恶所支配,沉迷于作恶,我认为认识这样的人或者对某人有这样的怀疑恐怖至极。这令人难以相信,难以理解。

布雷斯金:你觉得作恶是这些人的主观意愿?他们一旦来了情绪,就会"决定"去作恶?

林奇:不,我认为情况还要更加复杂。我认为他们受到了某种——电或者化学——干扰,有些人还有更夸张的猜想。被干扰的人,哪怕面带微笑,眼中也有某种令人毛骨悚然的东西。就算你回以微笑,他们也不会动容。你为他们准备的饭菜、给他们安排的学校都不会对他们有丝毫影响。他们无论如何都会去做那些事情。

布雷斯金:在电影、电视和新闻中,大众都很喜欢这样的人物,他们似乎能将我们从文明的束缚中解放出来。他们的行为中似乎蕴藏着一种令人着迷的疯狂自由。

林奇:我觉得不完全是这样。我们不想做这样的事情。我们感兴趣只是因为……我一直没搞懂我们为何感兴趣……但我认为我们其实想要先理解再去克服。第一步是看,用自己的双眼分辨真假。然后再深入了解,寻求对策。这实在太……太……这种人对我们有某种吸引力,但我认为这并不是一种病态。

布雷斯金:《橡皮头》和《蓝丝绒》相隔十年,这期间你都在拍自己创作的故事,我想知道《蓝丝绒》完成之后,你为何会突然拍别人创作的故事呢?也就是《我心狂野》。

林奇:我也说不好。(长时间停顿。)那段时间我写的很多剧本都属于迪诺。有些想法在我的脑中成形很快,但那些灵感被迪诺或其他人拿走了——我不能拍。大脑会拒绝生成新的想法——放不下前面的故事,必须把已有的故事都拍出来才能继续创作。不完成《橡皮头》,我就无法开始其他任何项目。我那时很沮丧。《蓝丝绒》完成之后我经历了很多——不能拍自己创作的剧本,因此,读到巴里·吉福德(Barry Gifford)的作品时,我有一种久旱逢甘雨的感觉。当时发生的很多事情都指引着我选择这个项目。有时开始新项目之后你会处处碰壁,可以努力抗争,但那感觉就像是开车不断遇到红灯。但这个项目开始后一路都是绿灯,特别顺利。

布雷斯金:电影和小说显然是不同的物种(叫声不同,喜欢吃的东西也不同),但你对这本书的改动还是很大的。影片的情节发展和感觉与原著都有很大不同。这些改变从何而来?

林奇:是我读原著的时候想到的。巴里说:"我不在乎你怎么改——巴里·吉福德的《我心狂野》和大卫·林奇的《我心狂野》是相互独立的。别想那么多。尽管改吧。"然后我就做了很多改编。但原著中我最喜欢的赛勒和卢拉被保留了下来。

布雷斯金:你从一开始就计划加入这么多的《绿野仙踪》元素吗?

林奇:没有,是陆续加进去的。最后加入的是约翰·南斯的角色。他说:"我的狗有时候会叫,就像《绿野仙踪》中的托托①。"

布雷斯金:你没有用暗示或者其他相对隐晦的方法去表现,而是很直接地将故事与《绿野仙踪》联系在一起,这是一个很有意思的创作决定。决定这么做之前你犹豫过吗?

林奇:赛勒和卢拉痴迷于《绿野仙踪》。这是他们内心的一个侧面,喜欢《绿野仙踪》的人很多很多。

布雷斯金:你也是其中之一吗?

林奇:是的。没错。

---

① 托托(Toto)是《绿野仙踪》中陪伴女主人公多萝西的一只小狗。

布雷斯金:《蓝丝绒》中多萝西的名字是不是这么来的?

林奇:应该是。

布雷斯金:《蓝丝绒》中还有弗兰克·布思和林肯公寓(Lincoln Apartments)——布思和林肯①——我想这也不是巧合。

林奇:对,我插入了很多类似的设定。

布雷斯金:你对卢拉的遭遇也做了改变。在原著中她被强奸了,但是在影片中,她所经历的事情更加暴力痛苦。为什么这样改?

林奇:因为我不相信原著的情节。(笑。)我希望赛勒和卢拉都成为博比·佩鲁[Bobby Peru,威廉·达福(Willem Dafoe)饰]的受害者。我希望将佩鲁对卢拉的伤害与卢拉此前的遭遇联系在一起。从这里还可以看出

---

① 1865年4月14日,约翰·威尔克斯·布思(John Wilkes Booth)在华盛顿暗杀了时任美国总统亚伯拉罕·林肯,因此大卫·布雷斯金认为"布思"和"林肯"这两个名字同时出现在《蓝丝绒》中不是巧合。

卢拉会自我欺骗。和我们每个人一样——她为了不被改变,选择了对现实视而不见。

布雷斯金:我觉得这叫否认现实。拒绝面对现实。
林奇:对,否认现实。谢谢,医生。(笑。)

布雷斯金:你会怎么形容《我心狂野》?你曾说过这是"一部公路电影,一个爱情故事,一部心理电影和一部暴力喜剧",换一种说法。
林奇:那时我不知如何形容这部作品。(长时间停顿。)现在也无法用一句话全盘概括。

布雷斯金:你说《蓝丝绒》是一部宣传道德观念的电影……
林奇:我说过吗?

布雷斯金:你说杰弗里在认识世界的过程中帮助了多萝西。在你看来,《我心狂野》也是这样吗?
林奇:就像我常说的那样,每个人看待事物的角度都不同。我认为赛勒和卢拉渴望认真生活。他们和所有人一样在黑暗与迷茫中挣扎。很难说。我也不确定。在冷酷的世界里,爱情也能生根发芽,这种观点很吸引我。

布雷斯金:在影片的最后,泡泡里的善良巫婆(the Good Witch)对我们说:"不要放弃爱,不要放弃爱,不要放弃爱。"大卫·林奇是不是也走进西联,开始向观众传达讯息了呢?

林奇:没有。这是善良巫婆的话。

布雷斯金:故事的结局似乎与前面的铺垫背道而驰……

林奇:可以这么说。但并不……我不认同原著的结局。在剧本第一稿里,故事的结局和原书是一致的(赛勒和卢拉分手了)。但是从情感上来说,这个结局完全没有说服力!小塞缪尔·戈尔德温[①]问我"他为什么要走"

---

① 小塞缪尔·戈尔德温(Samuel Goldwyn Jr.,1926—2015),美籍波兰裔电影制作人塞缪尔·戈尔德温的儿子,塞缪尔·戈尔德温公司的创始人。塞缪尔·戈尔德温公司是《我心狂野》的发行方。

时，我无言以对。他不喜欢这个结局。如果我认可这个结局的话，我就能够回答他的问题。最终我的回答是："我也不喜欢这个结局。"我认为现在的版本中，他们——哪怕是通过幻想——学到的东西更多，成长得更多。另一种结局实在是太……丧了。

布雷斯金：你会因大团圆结局而感到快乐吗？

林奇：嗯，应该说……对，我当然开心。而且我也确实认为这个结局更加合乎情理。我觉得赛勒和卢拉是一对特别棒的情侣——我真的很喜欢他们。

布雷斯金：所以你觉得，危机来临时，面对爱情的残酷现状，你提出的化解方式并非……

林奇：大团圆结局？不。而且恰恰相反。就连西斯克尔和埃伯特都在讨论——从商业角度来看，悲剧结局也不讨喜。我差点为了证明自己并没有向商业利益低头而把大团圆结局改掉。但么做是不对的——错上加错。就像我之前说的，不能违背本心，还是要追寻心之所向。

布雷斯金:《蓝丝绒》也是大团圆结局——但还有一个出人意料的转折。

林奇:有相似的地方……两部影片的矛盾都得到了化解,都是大团圆结局。

布雷斯金:最终都是依靠想象或者幻想的创造力:知更鸟(但知更鸟的嘴里可能衔着虫子),或者是让幻想成为现实的善良巫婆。幻想用尽之后,会发生什么呢?

林奇:世界就不再有趣了。

布雷斯金:在你学生时期制作的第一部电影①(时长十秒、循环播放的一段动画)里,人头先着火然后呕吐。在《我心狂野》中,火是一个非常重要的意象,呕吐则是反复出现的主题……

林奇:(笑。)被你发现了!

---

① 即《六人患病》。

布雷斯金:很少能看到妈妈和女儿都呕吐的电影!

林奇:对,那特别刺激。光是那个镜头就值回票价了。

布雷斯金:还有呕吐物上的苍蝇……

林奇:那是我最喜欢的镜头!门打开之后——它们就飞走了,赛勒一进来,它们就四散而去了。

布雷斯金:那是整部电影中你最喜欢的镜头?

林奇:我最喜欢的镜头之一。我很喜欢。

布雷斯金:这些主题在你最早期的作品中都出现过,这很有意思。

林奇:对,很多都是。《字母表》中的很多元素后来又反复出现。还有《祖母》。可能我确实是在一遍遍地重复自己。

布雷斯金:过去你坚称生活而非艺术是你作品的灵感来源,这就让你颇有些奇怪地被纳入了现代主义而非后现代主义的阵营。但是,我们上一次见面时,你说你愈发觉得电影是独立于生活的。是你的想法变了吗?

林奇:不。一直以来,我都认为进入电影的世界就是远离日常生活。两者相去甚远。

布雷斯金:但你的灵感还是源自生活?

林奇:是的。因为越是贴近自身的灵感越是有感染力。

布雷斯金:你曾说过不想太忙,因为一旦忙起来,你就没有时间潜入深处捕捉大鱼了。但现在你非常忙。

林奇:对,不指望抓什么大鱼。我现在正坐在快艇上,只抓那些不会拖累我的东西——浅水里的鱼。未来得熄火抛竿,让鱼钩沉入海底深处。

布雷斯金:多年前,你说你的作品既揭露又隐藏你的恐惧。你现在还这么想吗?

林奇:是的。跟着直觉或者潜意识走的时候,你无法将这些东西过滤掉。应该顺其自然,不去干扰。一旦想得太多或者和医生谈论这些事情，你可能就会想："天啊，这真是太糟糕了，我不想让人们那么想。"因此，从某种意义上说，不知道观众会如何理解或解读影片反而是件好事，否则你可能会因为恐惧而打退堂鼓。

布雷斯金：那电影又如何隐藏你的恐惧呢？

林奇：电影隐藏恐惧是因为恐惧并不是以本来的面貌出现的。不是清楚明了的。更像是梦。不是对你的病症的准确描述。只是一些具有象征意义的元素，观众可以自由解读，就像谈论一块腐肉一样。在某种特定的情况下，它的美可以令人啧啧称赞。但是人们一旦意识到它是什么，就不会觉得它美了。一旦具象化就会失去魅力。

布雷斯金：有时具象化的事物毫无美感。你不愿接触精神分析也是出于这个原因吗？

林奇：不是，我去见过一次心理医生。人们——至少我——有某些习惯。其中一个习惯，我想要研究一下。

布雷斯金：是会令人感到不适的习惯吗？

林奇：会给我和他人造成困扰。

布雷斯金：自我毁灭式的？

林奇：不是。嗯……某种意义上算是。所以我决定去见朋友推荐的心理医生。我很喜欢他，坐在他的办公室里和他聊了一会儿，挺有意思的。我意识到很多时候你会渴望向一个不会对你妄加评判的人倾诉。那很酷。我相信那有助于激发灵感。付钱请人倾听。不仅仅是倾听，而且是有技巧地表现出兴趣——引导你前进。很有意思。后来我问他，接受治疗会不会影响创造力。他说："可能会。"我就没有继续下去了。

布雷斯金：影响并不等同于扼杀。可能仅仅是改变？

林奇：如果是提升创造力，那没问题。不过我问的可能是会不会对创造力产生负面的影响，或者某种干扰，如果真的影响创作就糟糕了。我可以想象头脑突然经历重大的变化，很可能会导致……说不准会发生什么。

布雷斯金:了解得太清楚不一定是好事。

林奇:我想用不同的方式探索。

布雷斯金:你自己的探索方式?

林奇:对。

布雷斯金:你担心人们用心理学解读那些你痴迷的主题吗?

林奇:会毁掉神秘,毁掉那种奇妙的感觉。一切都可以从神经或者类似的角度被解读,一旦有了名称和定义,就失去了神秘感,丧失了涵盖各类丰富体验的潜力。

布雷斯金:那个会给人造成困扰的习惯至今都没有改掉吗?

林奇:没有!

布雷斯金:能和大家分享一下吗?

林奇:(笑。)没什么好说的。

布雷斯金：你以前常常感到强烈的恐惧，害怕被限制。

林奇：是的。

布雷斯金：你是怎么克服这种恐惧的？

林奇：并没有克服。我想这就是我特别喜欢钱的原因。我认为金钱能够带来自由，非常治愈。因为我们渴望的不过是做自己想做的事情。只要实现这一点，就会感到自由。

没有足够的钱是我感到沮丧、不自由的原因之一。现在我还是没有足够的钱去做我想做的事情。但我手头至少比以前宽裕多了。就画画来说，我没有工作室，没有专门画画的地方，但有足够的钱买好的画布和足够的颜料。我喜欢把颜料涂得很厚。

布雷斯金：加缪在他晚期的一本书中提出，钱可以解决人生的存在主义问题，因为金钱就是自由。

林奇：对，一定程度上确实如此。但如果你得了重病或者特别想去火星，那有钱也没用。

布雷斯金：你曾经不敢走出家门。

林奇：还好后来必须去上学。但我确实有点害怕出门。

布雷斯金：是什么让你成为"世界上最愤怒的狗"？

林奇：我脾气很差。我觉得我开始冥想之后，最先发生的变化就是脾气比以前好了很多。我不知道怒火是怎么熄灭的，它就这么消失了。

布雷斯金：是什么样的愤怒？从何而来？

林奇：我不知道它从何而来。我会对亲近的人发怒。因此有时我会让身边的人过得非常痛苦。真的很糟糕。急火攻心时，我知道自己在发脾气，却无法控制自己。因此，《世界上最愤怒的狗》来自愤怒——与愤怒相关的记忆。我现在已经没有那么愤怒了。愤怒是一种负面的人生态度。我不知道我的愤怒从何而来，又去了哪里。

布雷斯金：你说过你必须快乐才能创作，必须创作才能快乐。这是先有鸡还是先有蛋的问题。

林奇：对，是这样的，创作会让你更加快乐，但如果你内心很痛苦，就没有心情去创作。但只要能够投身创作，就会有一定的幸福感：粘木头也会感到开心。你喜欢木头，阳光正合适，胶水足够用。线也有了。你对木头、胶水和线的用途都很熟悉，最终的作品也已经构思好了。然后行动，并根据情况不断做出判断。这是很棒的体验，过程会让你感到快乐。一开始就能够创作，这证明当时你心情还算不错。

布雷斯金：你是更注重过程还是结果？

林奇：就我而言，过程必须是愉悦的。不能只考虑最终的结果。否则，可能做不长久。如果厌恶过程，我不知道你每天早晨醒来是什么心情。可能很快就会放弃。要享受旅途。

布雷斯金：多年前，你说你的生活是分裂的，一边是天真单纯，一边是病态恐怖。你现在的生活还是这样两极分化吗？

林奇:是的,我认为我的父亲……他现在七十多岁了,但在我看来非常单纯,有些地方和我一样有点天真。我认为只要不是幼稚到愚蠢,这就是件好事。一般来说,欧洲人要更复杂老练。这里还保有一种天真和单纯。

布雷斯金:怎么个天真法?

林奇:嗯……(长时间停顿。)与其说是天真,不如说是未经世事。容易受到冲击,或者说不惧显露自己的惊诧。还是有很多令我难以置信的事情在发生。

布雷斯金:比如几年前在非洲,博卡萨①把他的对手扔进了鳄鱼池里? 而且他吃这些受害人的肉。这会令你感到震惊吗?

林奇:当然会!

布雷斯金:你的生活中有什么是恐怖而病态的?

---

① 让-贝德尔·博卡萨(Jean-Bédel Bokassa,1921—1996),中非政治和军事领导人,以政变成为中非共和国第二任总统,后成为中非帝国的皇帝。

林奇:不,你不会想知道的。(笑。)

布雷斯金:我想知道,大卫,我想。

林奇:有很多游来游去的东西。

布雷斯金:你说的应该不是精子。

林奇:(笑。)各种各样的事情都在发生。

布雷斯金:恐怖而病态的事情?

林奇:对。想法而已。主要还是在思想层面。那是最后的界限。

布雷斯金:最近有什么事情让你觉得别扭吗?

林奇:有,让我觉得别扭的事情很多。告诉你我现在在担忧什么。又是空气中弥漫的某种东西。我感觉建造的速度似乎远远赶不上衰败。

布雷斯金:我们周围的空气在衰败。

林奇:对,衰败得很快,我们打扫、建造、修正的速度根本赶不上。我们无法战胜这种自然规律。这也是人的天性。很多事情并不是我们的责任,因为我们不知道自己在做什么,就像破坏臭氧层一样。但是,如果隔三岔五地去纽约,你就会注意到它愈发破败,维护得不好,每况愈下。纽约只是一个典型,很多地方都在发生类似的事情,只是更难注意到而已。

布雷斯金:政治呢?你曾说过你的作品不表达政治观点,但80年代最著名的两个用"妈妈"称呼自己情人的男人是弗兰克·布思和罗纳德·里根。

林奇:(很惊讶。)真的吗?

布雷斯金:他叫南希①"妈妈",你知道吧?

林奇:我不知道。真是想不到。

布雷斯金:你在白宫见过他两次。

---

① 南希·里根(Nancy Reagan,1921—2016),美国电影演员,第四十任美国总统罗纳德·里根的妻子。

林奇：确实。我知道很多睿智、优秀的人和我可能都合不来，但我真的很喜欢罗纳德·里根。他身上的某种气质让我一见到他就很喜欢他。我能理解为什么有些人不喜欢他，他当州长的时候，我对他的看法也和现在不同。我记得我看过他的一次演讲，当时我可能受到了右翼思想的影响。又是一种弥漫在空气中的感觉。他有一种老牌好莱坞明星的风范，像牛仔或农场工人。我一度认为他可以团结整个美国。也许打动不了知识分子，但可以影响很多其他人。或许不少知识分子也会受到感召。

总之，谈政治没有好结果。而且这方面我什么都不懂。我还是赶紧闭嘴吧！

布雷斯金：但你会去投票。

林奇：只要拿起铅笔就可以了。都不一定要是铅笔。

布雷斯金：很多美国人逃离了投票站。在民主国家中，美国的合格选民投票率可能是最低的。

林奇：是的。

布雷斯金：所以你投票是因为爱国，觉得真正的美国人应该投票？

林奇：是的。但被你说得……（笑。）你投票吗？

布雷斯金：投。我很爱国，无法想象去其他国家生活。

林奇：美国人正在经历困难……每个人都……现在情况可能变了，有所好转了。我们曾经很厌恶自己，真的很糟糕——"爱国"这个词也受到了牵连。我们以爱国的名义做了很多坏事。这注定是一场悲剧，而且和我拍摄的电影没有关系。

布雷斯金：你觉得没有关系？

林奇：一点也没有。

布雷斯金：你不觉得让你投票支持里根的东西（不一定是缜密思考后得出的结论，可能就是你内心的感觉）与你在创作过程中做出的决定（以及选择表现什么、如何表现)是相关的吗?

林奇:(长时间停顿。)你可以这么说,但事实并非如此。一个想法可以演化出很多东西。但这对我来说很陌生。我知道政治很重要,但对我来说不重要。

布雷斯金:以你的作品为判断基准,我很难想象你会去投票。我认为你可能会对政治人物古怪的性格或者权力本身感兴趣,但想不到你真的会去投票。

林奇:我确实投票。以前有很长一段时间我都不投票。可能当时错过了投票日。

布雷斯金:那些白宫活动是怎么样的?

林奇:我第一次去是参加国宴。我不记得参加的都有些什么人了,可能是招待阿根廷总统。就是去白宫,与总统见面,然后吃饭。那是令人难以置信的经历。

布雷斯金:你是怎么得到邀请的?

林奇:我不知道。第一次是《沙丘》即将在肯尼迪中心(Kennedy Center)上映。第二次是伊莎贝拉收到了邀请,她带我去的。

布雷斯金:你认为政治是严肃的事吗?
林奇:我不喜欢谈论这些。

布雷斯金:大卫,我不指望和你成为朋友,所以没那么好打发。
林奇:(笑,停顿。)应该是很严肃的吧。

布雷斯金:这其中的关联是:创作时,你会设置一扇门,人物一旦穿过这扇门就不能再回头去走其他的门,而每扇门后面都还有更多的门,必须做出选择。选举和政治正是如此,你不觉得吗?
林奇:应该拿几张纸出来,把你的感觉写下来,我觉得这样就可以了。

布雷斯金:我感兴趣的是你的感觉。
林奇:我跟你说,我告诉你什么是最烦人的。你看,我,我有自己的事情,我对政治一无所知。所以让我发表这方面的评论是荒谬的。我什么也不知道。

布雷斯金:但你有投票权,公民林奇,而且你都会去行使。

林奇:仅此而已。

布雷斯金:我知道这个话题会让你觉得不舒服,但我觉得,了解你的作品的人,如果知道你会因看似十分肤浅的理由(比如你喜欢他的发型,喜欢他开心的性格,喜欢农场工人的感觉或者老牌好莱坞明星的风范)做出政治决定,一定会感到很诧异,因为你的作品充满谜团,注重透过表面深入挖掘。我想有些人会觉得看不惯或者困惑。无论如何,你都是公众人物。

林奇:所以我才说谈政治没有好结果。电影以外的东西都不重要。我没什么好说的。

布雷斯金:但哪怕是聊电影,你有时也会说无可奉告。

林奇:对。嗯,语言……就是一切尽在不言中。

布雷斯金：我其实想过给你一本素描本，这样如果遇到无法回答的问题，你就可以给我画一个答案。

林奇：我可以给你画，没问题。

布雷斯金：我们回到上次聊过的一个话题：秘密。你在《我心狂野》中给赛勒加了一句原著中没有的台词："我们都有不为人知的一面，宝贝。"这是你作品中反复出现的主题。我说秘密中蕴藏着力量，你说其中也暗藏着恐怖。你能聊聊对秘密的两面性的看法吗？

林奇：就像常识一样。

布雷斯金：此话怎讲，林奇博士？

林奇：我们讨论过知道太多的人。有太多各式各样的秘密。对我来说，神秘感是秘密的吸引力的一部分。一个黑暗的秘密。"黑暗的秘密"这个词组就很美。这就是我不想回华盛顿州斯波坎的原因。我不希望因为看得太清楚而失去想象的空间。我很感激秘密和谜题的存在，因为它们会吸引人去揭开秘密、解开谜题，你可以一直探寻。除非答案能够带来巨大的幸福,否则我似乎不想找到终极的答案。我喜欢走进一个谜题的感觉。

布雷斯金:你本人就很神秘,你觉得呢?
林奇:有可能,是的。

布雷斯金:约翰·南斯说你是他认识的人里面最神秘的。
林奇:那我可能跟你说得太多了。(不安地笑。)

布雷斯金:80年代中期的一些报道提到很少有人去你家做客。你没有回应说你不喜欢你家的样子,也没说"我的房子很小,没法接待客人"或者"我总是在外地"——这些都是完美的借口……
林奇:我是怎么回答的?

布雷斯金:你说:"我在做不能让别人看到的事情。"
林奇:我那时说不定确实在做这样的事情。但我不是一直在家做这些事情。(笑。)

布雷斯金:你看,但你没有告诉任何人你在干什么。

林奇:没有。

布雷斯金:所以你制造了一个秘密。

林奇:嗯。确实。我回答问题时,制造了一个秘密。

布雷斯金:我想知道你对秘密的偏爱是否部分来自其中蕴藏的力量,一种控制力。我认为秘密对于青少年之所以格外重要,就是因为他们对世界缺乏控制。

林奇:我不知道。青春期的秘密给我留下了伤痛,我做了很多让我的处境更加糟糕的事情。我活在恐惧之中。秘密和谜题提供了一条美丽的逃生密道,里面有很多美好的宝藏。

布雷斯金:据说你有一个装在瓶子里的女人的子宫,你可以借此机会向全美国人民承认或者否认这个传闻。

林奇:你听到的传闻是什么样的?

布雷斯金：我们知道你对身体部位感兴趣。据说有一位女制片人要做子宫切除手术，而你让她把切除的部分留下。

林奇：完全不是这样！是她做手术时主动要求医生为我保留的，她觉得我会喜欢。那是一份礼物。

布雷斯金：类似情人节礼物。

林奇：对。我家里有很多各式各样的东西，不是吗？但有些事情——比如木桩女士——对某些人有特别的吸引力，给他们留下了深刻印象。我觉得这也是其中之一。

"David Lynch" from David Breskin, *Inner Views: Filmmakers in Conversation* (Expanded Edition) (Da Capo Press, 1997).

狂野世界中的温柔爱意

米歇尔·西芒和于贝尔·尼奥格雷/1990 年

采访者:《我心狂野》是怎么开始的?

大卫·林奇(以下简称林奇):从小说开始的。我的朋友蒙蒂·蒙哥马利(Monty Montgomery)是这部影片的制作人之一,他在读巴里·吉福德的小说《我心狂野:赛勒和卢拉的故事》(*Wild at Heart: The Story of Sailor and Lula*),当时这本书还没有出版。蒙蒂当时在物色尚未出版的故事,在他接触的作品中《我心狂野》比较突出,这是因为他见过曾在加州黑蜥蜴出版社(Black Lizard)工作的巴里·吉福德。蒙蒂想让我帮他写剧本,然后自己导演这部影片,因此让我先读原著。我半开玩笑地问他:"好,万一我特别喜欢,想要自己导呢?"他说那就让给我。最初的玩笑后来成了现实。小说的标题《我心狂野》(狂野、疯狂的世界)和中间的爱情故事(人物身上出人意料的温柔、爱意与平和)给我留下了很深的印象。我也喜欢倒叙这种相对曲折的手法。

采访者:你创作了影片的剧本,你是如何改编这个故事的?

林奇:我做了不少改动,因为小说偏重人物塑造,情节相对单调。有些任务和情节只是草草带过,但这些次要元素很吸引我,因此我将它们加入了主线故事。我也对倒叙做了一些改动。然后我发现自己遇到了一个令人郁闷的结局:赛勒和卢拉分手了。我希望我的剧本是狂野的,但第一稿的结局太暴力了。我将这一稿提交给了几家大制片厂,他们全都拒绝了这个项目,认为这个故事太过暴力,而且毫无商业潜力。后来我遇到了小塞缪尔·戈尔德温,只有他告诉我他不喜欢结局,还问我为什么喜欢。我尝试为它辩护,但失败了,最终我告诉他,无论他是否投资制作这部影片,我都会把结局改掉。他希望修改结局可能是出于商业考虑,但我真的认为原来的结局不合适。后来,我又把结局梳理了一遍,做了很多改动,这样一来,尤其是加入《绿野仙踪》的元素之后,影片的基调改变了。故事朝幻想的方向发展,我相信如果提交这一版剧本,制片厂可能会有不同的反应。我最终也是用这个剧本拍摄影片的。

采访者:在美国电影中,闪回①一般被用来表现人物心理或者制造戏剧性,但《我心狂野》中的闪回很有诗意,巧妙地运用了火焰等元素,歌曲《化为灰烬》("Up in Flames")中也提到了火。此外,尽管从标题判断,《蓝丝绒》应该是蓝色的,但影片其实是红色的。

林奇:红色和黄色。原著中没有火焰这个元素,是火柴的火焰。这个元素将赛勒和卢拉联系在了一起,但也毁掉了他们的关系。我想让它贯穿两人的关系,因此加入了那些香烟和火柴的特写。大多数与火有关的元素剧本里都有。我认为故事作为影片的基本结构是很重要

---

① 在英语中,"闪回"和"倒叙"是同一个词"flashback"。

的。但拍摄期间，有些元素会变得比在剧本中更重要。同一场戏，演员们每表演一次，结束时剧本都会有改动。有些部分效果不佳，我们也会添加新的对话。拍摄过程中，剧本还在不停地变化，剪辑过程中也是一样。《我心狂野》的第一版很长。承担剪辑工作的杜韦恩·邓纳姆（Duwayne Dunham）不得不构建全新的结构。我们必须想办法同时讲述多个故事。原著中的很多故事并不能推动主线情节的发展。把它们删掉很简单，但我不想这么做。所以我们非常努力地解决问题，想方设法地在不影响主线情节发展的前提下，收录更多的内容并确保过渡自然，最终我们经过反复试验完成了最后的版本，其中很多元素来自拍摄过程中的二次加工与创作。

采访者：创作剧本时，你是注重寻找赋予影片特色的具体元素，还是暂时只关注叙事？你是否也对影片的视觉风格进行规划？

林奇：是，不过是比较抽象的规划，在片场会形成更具体清晰的想法。艺术指导刚刚拿出来的灯就能激发你的灵感。比如说，尽管不常用，鬣蜥汽车旅馆（Iguana

Motel)里有一个小马收音机——一台很漂亮的皮面收音机,上面有一匹小马。它来自西部,得克萨斯州,因此被担任美术指导的帕特里夏·诺里斯(Patricia Norris)看中。后来它成了汽车旅馆的象征,一个独立的小角色。卢拉一碰到它,它就开始对她说话。只要看到那匹马,观众就会知道角色在什么地方。

采访者:你添加这种细节时,是不是已经考虑到剪辑了?

林奇:有时确实如此。比如一按按钮就会开始跳舞的裸体舞女:这个镜头是在场景外单独拍摄的,可以接在前一个场景的最后——赛勒按下按钮让舞女开始舞蹈的地方。剪辑时,这段非常流畅。一些其他的过渡也是这样构思出来的,比如赛勒说做好准备可以去跳舞的时候:他开始摇摆,卢拉也在床上动了起来,靠垫开始上下跳动,然后切到跳舞的场景。这个过渡是之前构思好的,但后来又有了其他的想法,有时候按照后来的想法处理效果很好。

采访者:你一开始就决定用楼梯上那个非常暴力的

场景开始影片吗？

林奇：一开始影片的开头不是那场戏，而是与故事没有直接联系的一场摩托车事故——也非常暴力。但我们拍摄进度落后，制作人那里资金也开始短缺。这个镜头原本应该由第二摄制组拍摄。我们的计划是推迟拍摄，先进行剪辑，等到我们知道什么是必需的、什么可以省略之后再恢复拍摄。但是，在剪辑过程中，杜韦恩·邓纳姆想到用鲍勃·雷·莱蒙（Bob Ray Lemon）这个角色开始影片。这是个不错的主意。这场戏拥有影片开头所需要的冲击力，与原来构思的版本相比，更贴近主线故事。我在美国电影学院师从弗兰克·丹尼尔时，这位捷克斯洛伐克教授曾说过，要尽早让观众知道他们即将看到的是一部什么样的电影，向他们展示影片会朝什么方向发展。

采访者：除此之外，全片只有一场赛勒打人的戏，而且那时他其实是受害者……

林奇：但是在开头那场戏中，他其实也是受害者。后来他去坐牢了。在故事的结尾，他也是受害者。如果没有很快意识到真正发生了什么，你可能会觉得一切尽在他的掌控之中，但他其实只是在不断应付玛丽埃塔·佩斯(Marietta Pace，戴安·拉德饰)而已。

采访者：尽管你没有拍原计划放在影片开头的事故，但影片中有两场完全独立于故事情节却很符合影片整体气质的事故。第一场非常惊人。

林奇：原著中没有这个情节，是标题中的"狂野"一词启发我设计了这个情节。我甚至想过插入更多的事故，但目前的比重似乎正合适。我想要加入行李箱全部坏掉、衣服散落得满街都是的一个事故。我觉得这个事故应该发生在晚上，那场景在我脑中挥之不去。夜晚开车，看到零零碎碎的衣服不断出现……这是影片中我最喜欢的场景，是逐渐成形的，最后加入的是音乐。观众会经历不同的情感——恐惧、好奇、震惊——然后突然冒出来一个女孩；对白是幽默的，一种恐怖的幽默，以及浸透一切的悲伤。音乐让这场戏有了质的飞跃。配乐其实很简单，就像孩子喜欢的音乐。这场戏将赛勒和卢拉的关系描绘得入木三分，展示了他们是如何越走越近的，因此对这两个人物而言非常重要。

采访者：你用了两种不同的音乐：有安哲罗·巴达拉曼提创作的浪漫抒情的音乐，像意大利的音乐，还有摇滚乐。

林奇：安哲罗·巴达拉曼提给《蓝丝绒》写的音乐更多，《我心狂野》用的多是现有的音乐。我们写了两首歌，但在最终版本中只出现了一首《化为灰烬》。来自芝加哥的布鲁斯歌手科科·泰勒（Koko Taylor）真是演唱这首歌的不二人选。她的歌声一响起，整个故事就活了起来。太棒了。

采访者：在这部影片的构想中，音乐扮演了什么样的角色？

林奇：还是紧扣影片的名字《我心狂野》。音乐非常重要。能体现这种气质的核心配乐是疯狂力量（Powermad）乐队的一首快节奏的歌曲《屠宰场》（"Slaughterhouse"），我喜欢其中蕴藏的非凡力量。还有我最早在德国听到的，理查德·施特劳斯①《最后四首歌》（*Four Last Songs*）中的片段，这段配乐在影片中营造了另一种

---

① 理查德·施特劳斯（Richard Strauss，1864—1949），德国浪漫主义作曲家。

氛围,让情节更具冲击力。不过音乐也是要用心搭配的,在影片制作过程中要进行很多试验。混音时往往会加入过多的音乐,导致最终的效果不够理想。后面还需要删除一部分配乐。影片有时特别安静,什么声音也没有,有时则音效特别丰富,很多声音重叠在一起。不过众所周知,对比是一种重要的表现手法。

采访者:你什么时候选择配乐?拍摄期间还是剪辑期间?

林奇:很多是拍摄开始之前选好的。未来我希望全部提前选好,因为音响师一般会把音乐"送到"我的耳机里,这样我就能同时听到配乐和对白。我可以分辨出对白的腔调和配乐是否相配。部分没有对白的镜头也是一样:听配乐能够帮助我判断一个镜头是否能用。

采访者:拍摄哈里·迪安·斯坦顿开着车上路的镜头时也是如此吗?

林奇:拍摄期间我听到了《宝贝拜托别去新奥尔良》("Baby Please Don't Go Down to New Orleans"),这首歌

我以前也听过。有些广播电台会播放五六十年代甚至三四十年代的老歌。有时候你会在对的时间遇见对的旋律。

采访者：大量使用特写镜头，比《蓝丝绒》中用得更多，是《我心狂野》的重要特点之一。

林奇：《蓝丝绒》中也有不少特写镜头，不过那个故事更加传统，在结局之前涉及的人物比较少。《我心狂野》的几条情节线相对独立，角色更多，平行的次级故事线也更多。我算不上资深影迷，但我很喜欢B级影片；尼古拉斯·凯奇和劳拉·邓恩从某种意义上来说是B级影片中的人物。

采访者：《我心狂野》融合了两种体裁。一方面它是黑帮电影，讲述一对没有未来的年轻爱侣的逃亡故事——类似《生存的权利》(*The Right to Live*)、《夜逃鸳鸯》(*They Live by Night*)和《雌雄大盗》(*Bonnie and Clyde*)。另一方面，玛丽埃塔、舅舅和父亲等角色的存在又赋予了这部影片家庭情节剧的特点。你对演绎传统题材感兴趣吗？略带讽刺的那种。

林奇：我没有思考过这个问题，但讽刺和幽默会让影片"比现实生活更加精彩"。这就是我对 B 级影片的看法："对现实的夸张"，不是非常现实。也许它看似贴近现实，但实际上与我们所知的世界相去甚远。

采访者：是黑色电影的世界吗？

林奇：是的。因为片名是《我心狂野》，但这不是唯一的原因。我知道只要把握好对比和张力，影片从头到尾都相对光明也是可行的。但如果运用令人惊悚的暗黑元素，影片就会既黑暗又激烈。

采访者：拍摄人手被狗叼走和人头在天上飞这样极端的场景，是为了给最后善良巫婆的出现［配乐是《温柔地爱我》（"Love Me Tender"），传达着回归真爱的讯息］做铺垫吗？是为了让观众做好心理准备接受最后的超现实结局吗？

林奇：必须先确定界限，后面才能够有所突破。短管猎枪（sawed-off shotgun）有可能把人头轰飞，狗可能会在建筑背面发现一只漂亮的手,然后把它衔走……

采访者:玛丽埃塔的角色让影片更具戏剧性,她有点像雪莉·温特斯①或者安吉拉·兰斯伯瑞②。这是一个典型的美国人形象。

林奇:欧洲人会这么觉得,但相信我,美国人并不认为她是典型的美国母亲。小说中有玛丽埃塔这个角色,戴安·拉德成就了这个人物。如果换一个人来演,可能达不到现在的高度。这是因为有的女演员会抓住机会,不遗余力地表演。和戴安合作非常愉快。

采访者:她和女儿一起演戏。

林奇:效果很好。劳拉·邓恩身上有一种与众不同的疯狂,但她知道她母亲也是如此。她们相亲相爱,是真正的演员。

---

① 雪莉·温特斯(Shelley Winters, 1920—2006),美国女演员,在影坛活跃六十余载,曾凭借在《安妮少女日记》和《再生缘》中的表演荣获奥斯卡奖。
② 安吉拉·兰斯伯瑞(Angela Lansbury, 1925—   ),美籍英裔女演员,从事表演八十余年,在国际上享有盛誉。

采访者:她是不是会即兴发挥?

林奇:拍摄第一个镜头时,她完全没有按照我写的剧本表演。她完美领会到了那个镜头的精髓,但什么台词也没背。所以我把她拉到一边聊了聊,后来我们的合作就很顺利了。她不擅长背台词,但很喜欢酝酿强烈的情绪并沉浸其中。能积蓄这么多能量很了不起。

采访者:威廉·达福也是一位很有能量的演员,他塑造的人物相当成功。

林奇:看他表演是非常棒的体验。他控制力极佳,非常精确,一点感情也不浪费。他的表演很精彩。如果换成另外两个演员,他和卢拉在酒店房间里的戏可能就出不了效果。我觉得假牙对他塑造人物(博比·佩鲁)有一定的帮助。一戴上假牙,他说话的方式就变了,他还设计了一种特别的微笑。

采访者:从某种意义上来说,博比·佩鲁这个角色是这部影片灵魂与风格的化身,集情感与讽刺意味于一身。

他极具戏剧性,你刚刚相信他的说辞,他却突然爆发出一阵大笑。这种平衡一定很难把握:接近嘲讽但仍然情真意切。

林奇:如果只从单一的角度——无论什么角度——看待问题,那么一部影片就是一个潜在的灾难,很可能在筹备阶段就遭到否定。我尽量忠实于最初的构想,随着时间的推移,又融入了新的感觉和画面。

采访者:《我心狂野》中的好几位"反派"从某种角度来看都是《蓝丝绒》中丹尼斯·霍珀饰演的角色的延伸:哈里·迪安·斯坦顿、威廉·达福、J. E. 弗里曼(J. E. Freeman)等。

林奇:哈里·迪安·斯坦顿不是"反派",他是一位侦探,是玛丽埃塔最悲惨的受害人,他其实人不错,因此也是片中最动人的角色之一。我们头天确定 J. E. 弗里曼饰演桑托斯(Santos),他第二天就完成了自己的第一场戏,他非常适合影片中的世界。我非常欣赏他的表现。威廉·达福我们已经聊过了。还有饰演雷恩迪尔先生(Mr. Reindeer)的摩根·谢泼德(Morgan Shepherd),拍摄《象人》时我曾经和他合作过,他当时在酒吧的一场戏中演一个小角色。他很疯狂,我希望再次和他合作。此前他很想参与的一个项目夭折了。他的样子很奇怪,英国口音很重,恶劣和可爱在他身上共存。

采访者:你是如何构建雷恩迪尔先生和女孩们相遇的情节的?

林奇:小说中没有这个情节。这一小段发生在优雅的场所,但你会一直感到有可怕的事情正在发生。尽管一切都很流畅和优美,你还是会不寒而栗。对于故事情节来说,这场戏不是必需的,但它在我脑中创造了另外一个世界,让我一睹雷恩迪尔先生那令人浮想联翩的生活。后来房子就着火了……

采访者:在《蓝丝绒》中,你已经重点探究了事物的表面和内里的紧密联系。

林奇:对,没错。但我的每一部电影都探讨这个问题。这大概是因为我痴迷于表面之下潜藏着的事物,一直以来对这一主题十分执着和专一。科学家和私家侦探每天观察这个世界并做出新的发现,但与此同时他们都知道自己不过是略知皮毛。

采访者:但你不赞成在电影中运用现实主义。

林奇:没错。就连相信现实主义的电影人也不会只关注表面,他们也会忍不住开始想象。比如拍摄某个情节时,一块阴影突然滑过一个女孩的脸庞,影片的大背景、前面的情节,以及声音都可能赋予这个细节超越表面现象的丰富意义。你的大脑会开始联想。只关注表象是不可能的。最近我在餐厅看到两个年轻的中国女孩并排——而不是面对面——坐在一起吃饭。那是一家很贵的餐厅,她们也很优雅。我一边看她们细嚼慢咽,一边想象。那画面就像一首诗,而我则开始想象她们的故事。她们的脸庞移动得也特别慢,让两人在那个环境中显得更加奇怪。有时,你会不由自主地发问和想象。我觉得看电影的体验也是如此。当你接近内心的感受时,会有神奇的事情发生。

采访者:《蓝丝绒》就是如此。一开始,影片讲述的是一个传统的调查故事,随着剧情的发展,主人公发现了一个又一个秘密,最终重新认识了自己。

林奇:拥有多个层次的故事往往更引人入胜和激动人心。很多影片,在我看来(但我不知道有没有资格去评论它们,我因为工作已经很久没有看过任何电影了)似乎只有单一的主题。但哪怕只是在键盘上弹奏一个音,我们也会听到和声。影片亦是如此——可以同时引起多种反应。

采访者:你不觉得现在的美国影坛在悬疑方面极度欠缺吗?没有几部电影能像你的作品一样展现镜子的另一面。

林奇:这种局面是这样形成的。比如一个办公室里有十个人,一个人从外面走进来,想跟他们讲一个非常抽象、有创意的故事。他开始讲述,听众开始问他问题。他发现要用具体精确的语言描述自己想要表达的东西,才能让听众理解。讲完之后,所有人都听懂了,但故事也变得扁平单一。和声没有了。通常只有这样,影片才能拿到投资。但悬疑已经被杀死了。我认为不要计划得那么具体反而是件好事。

采访者：有其他电影人让你心有戚戚焉吗？比如布努埃尔？

林奇：从别人的描述判断，我应该会喜欢他的作品，不过我并没有看过。我只知道他的《一条安达鲁狗》。我很喜欢费里尼、伯格曼、库布里克、希区柯克、塔蒂和《绿野仙踪》！

采访者：《我心狂野》的原著小说中并没有《绿野仙踪》的那些元素。

林奇：我想是和卢拉分手后被打的赛勒催生了这个想法。当时他选择顽固地相信自己可以随时脱身。即便现实并非如此，他也不愿回头。这是他自己选择的态度，所以最后他被黑帮殴打时，善良巫婆的出现是很自然的。他是一个很阳刚的角色，很酷，但对卢拉很好，与她平等相处。在举止上和语言上，他从不对卢拉颐指气使。和善良巫婆互动时，他也展现了同样的风度。我相信观众喜欢他性格的这一面。

采访者:从《曾经沧海难为水》(*Alice Doesn't Live Here Anymore*)到《萨杜斯》(*Zardoz*),《绿野仙踪》出现在很多现代电影中。你如何看待这个现象?

林奇:对我来说,那是一本很重要的书①。《蓝丝绒》中也有对它的致敬,比如多萝西这个名字和红色鞋子等。《绿野仙踪》是一部很有影响力的影片,我想马丁·斯科塞斯②与约翰·布尔曼③和我一样,童年时都看过这部影片并且印象深刻。这部影片对我们有着深远的影响,因此我们多年之后拍摄的影片都还有与之相关的元素。《绿野仙踪》像是一个梦境,很有感染力。

采访者:你有绘画的背景。这对你的导演风格有什么影响?

林奇:我一直在作画。需要考虑两个方面:第一,镜

---

① 林奇指的是 L. 弗兰克·鲍姆(L. Frank Baum)创作的小说《绿野仙踪》。
② 马丁·斯科塞斯(Martin Scorsese)是《曾经沧海难为水》的导演。
③ 约翰·布尔曼(John Boorman)是《萨杜斯》的导演。

头前是什么;第二,如何拍摄。我与艺术指导帕特里夏·诺里斯和摄影指导弗雷德·埃尔姆斯探讨过这个话题。一开始我们制订了一个理想的计划,想用某几种颜色,但很快就放弃了。你寻找拍摄地时,如果找到了拍摄某个镜头的场景,不可能把那个地方全部重新粉刷一遍。有时候你会发现新的方案比计划更好。总之要先动起来。我和弗雷德一起读剧本时,探讨了感觉、情绪,以及冷热、什么可见什么不可见等基本问题,讨论了荧光闪光、直接照明和白炽灯。我们的目标是突出每个镜头的气氛。

采访者:比如《蓝丝绒》开头出现的白色尖头栅栏和红玫瑰就营造了一种不自然的轻松气氛。

林奇:灵感来源于一本名为《我们街头的美好时光》(Good Times on Our Street)的书,美国学生人手一册。这本书的内容涵盖了幸福、日常周边环境,以及邻里亲善。对于来自富裕家庭的美国青年来说,天堂就是他居住的街道的样子。我就是在那样的环境中长大的:木栅栏和老房子。即便是这样的地方,也会有可怕的事情发生,但儿时的我感觉一切都是那么宁静美好。飞机慢慢划过天空,塑料玩具漂浮在水中,一顿饭好像可以吃上五年,美梦绵延不绝。一切都很美好,而《我们街头的美好时光》再现了那种场景。你一边读书中迪克(Dick)、简(Jane)及他们的狗点点(Spot)的冒险故事,一边学习阅读。当然,那个世界现在似乎很遥远,我肯定现在的学校也不会再发这本书了,因为其中描绘的环境很可能不会令任何人感到亲切了。

采访者:《双峰》的世界表面上看也是这样的。

林奇:没错。那是一个你想要进入的世界,尽管令人不安,给人的第一印象却很美好。这个主题最早是我的经纪人托尼·克兰茨(Tony Krantz)提出的,他也是马克·弗罗斯特的经纪人。他一直希望我和马克合作制作电视剧,此前马克写过很多集《山街蓝调》[①]。我们之前共同创作过一部喜剧,但我们对做电视电影都兴趣不大。我当时没什么灵感,单是因为这个就有些迟疑。马克则

[①] 《山街蓝调》(*Hill Street Blues*)是1981年到1987年间播放的一部以警察为主要人物的美国电视剧。

是因为清楚制作电视剧是什么样的噩梦,所以热情不高。即便一切顺利,时间也会非常紧张,必须争分夺秒。后来我们想到了一个结合警察调查和肥皂剧的故事。拍摄单集时长较长的电视剧的设想引起了我的兴趣。我们开始构思人物,并将他们一个个安插到故事当中,一点点搭建剧中的宇宙。我们就这样接了《双峰》这个项目,托尼特别高兴,安排我们和 ABC 见面。ABC 要求看剧本,我们花八九天时间完成了一稿,也就是第一集,试播集的剧本。我还没反应过来,就发现自己已经在西雅图拍摄这部电视剧了。我们冒着严寒争分夺秒地拍了二十一天,然后片子就杀青了!尽管每天的工作时间都很长,但我还是难以相信我竟然在这么短的时间内完成了九十三分钟的影像。ABC 喜欢我的作品,但他们也很担心。作为创作者,我难以从旁观者的角度察觉《双峰》与其他电视剧有多么不同,而且我其实很少看电视。"与众不同"的剧集的成败难以预测,而且以失败者居多。所以电视公司对他们播出的内容非常谨慎,但还好,《双峰》非常成功。

采访者：在《双峰》剩余剧集的拍摄中，你扮演了什么样的角色？

林奇：没有像自编自导电影那样深度参与。马克和我监控着故事的走向。我们读剧本，提意见，确保故事不跑偏太多。但我们的控制权也是有限的，最终还是要把影片交给导演。后期制作时，我在混音和配乐方面提了一些建议。

采访者：总共会有多少集？

林奇：今年，试播集之外，还有七集，每一集四十五分钟（加上广告的实际播出时长是一小时），明年还有十三集。

采访者：《双峰》开始的时候像传统的肥皂剧。小镇上发生了杀人案，海滩上出现了一具尸体，有人通知了警长。随后影片逐渐开始摆脱《朱门恩怨》(*Dallas*)和《豪门恩怨》(*Dynasty*)的套路，悬疑色彩愈发浓重，一些奇怪的角色开始出现，整体氛围越来越黑暗。在试播集的最后，我们进入了二十一年之后的另外一个宇宙。

林奇：这个结局是为在欧洲市场销售的录影带拍摄的，为故事画上了句号。签约时，合同很厚，我根本不知道自己还要拍这一部分。我没有仔细看合同就签了字，是我的问题！美国人还愚蠢地相信欧洲就像火星一样遥远，ABC认为没有人会发现这个"封闭的"结局。影片拍摄到一半时，有人提醒我还有这一段要拍。我的日程已经很紧张了，我觉得自己没有时间去拍摄结局，更别提构思结局了。后来我突然莫名其妙地有了灵感，制作公司又迫切地希望我拍摄结局，让整个故事有始有终，不过他们允许我自由发挥。最终的拍摄没花多少时间，回到洛杉矶之后，我们又额外花了一天时间拍摄侏儒、劳拉·帕尔默、梦境和舞蹈的镜头。我个人很喜欢那四分钟。它以另外一种形式在第七集中再次出现，还有第十三集。

采访者：你是怎么制造出那种听不懂但又有点像英语的语言的？

林奇：那一段我们是倒着拍摄的。演员倒着走路和念台词，直到他们回到镜头开始的位置，然后再倒过来播放。

采访者：对于像你这样会在配乐和视觉效果上下功夫的导演，电视"扁平的"声音和画质有限的画面一定会造成某种限制。

林奇：我认为《双峰》的声音已经达到了电视所能达到的最佳效果。我们是按照电影配音的标准去录制的。混音时，他们以为电视作品会比较简单。但事实上，我们交给他们的任务比为电影混音还要复杂！《双峰》如果能在一个好的影厅的大银幕上放映，会更有感染力。电视的声音和画面都很简陋，着实失色不少。录影带或者电视上播放的电影与原版有不小的差距，这一点我们在观看时不易察觉。有深度的电影会裹挟着你进入另一个世界，让你无从逃脱。但如果是坐在电视前，只要转过头去就可以脱身了。

采访者：据说你刚刚入行的时候和艾伦·斯普利特有很多声音上的合作。

林奇：声音非常重要，因为声音相当于半部电影。理想的声音、画面和镜头顺序能让影片有质的飞跃。制作声音时，我希望它能够支持影片和情绪，但如果可能的话，也希望达到某种更高的境界。声音处理好之前，你所看到的影片都是不完整的。声音调整好之后，就会有神奇的事情发生。

采访者：和《橡皮头》《蓝丝绒》《我心狂野》相比，《双峰》的场面调度①比较克制。在你看来，电影和电视作品的表达方式是不同的吗？比如说，在《我心狂野》中，你直接切入了核心动作场景，将你的想象呈现给观众。

林奇：确实如此。拍摄电视剧时，你会有不同的考虑，不会加入某些性爱或者暴力场景。你知道有些东西是碰不得的，有些底线不容挑战。但——这一点很奇怪——这样的工作也能带来幸福感和满足感。拍摄《双峰》时，我几乎没有自我提醒有些东西不能拍。这是因为我在一开始就给自己设定好了界限，但是在有限的空间中我也可以表达自我。传统上，电视重叙事轻画面，但我

---

① 场面调度最初指舞台剧导演对演员在舞台上的位置变化所做的处理，在电影制作中，指摄影机调度及对摄影机前一切事物的设计和调度，包括构图、场景、道具、演员、服装和照明等。

认为《双峰》完全可以媲美电影。

另一方面,电影录像带证明了没必要为小屏幕作品拍摄特写镜头。当然,电影一旦在电视上播放,质量一定会大打折扣,但如果做得好的话,还是会有不错的效果。但我在拍摄《双峰》时出现了一两次失误,把摄影机放得太远了,结果画面中的人物只有乒乓球那么大。

采访者:《蓝丝绒》和《我心狂野》之间的三年时间,你在忙些什么?

林奇:我在努力落实《罗尼火箭》和《一个口水泡泡》,其中后者已经是第二次尝试了。完成《橡皮头》之后,我写了《罗尼火箭》的剧本。我很喜欢那个抽象的构想。那是一部荒诞喜剧。其中奇怪忧郁的世界有点像《橡皮头》。我几次尝试拍摄这部影片都失败了,在弗朗西斯·科波拉(Francis Coppola)的公司西洋镜(Zoetrope)破产之前,我还尝试过和他合作。还有迪诺·德·劳伦蒂斯,后来他的公司也破产了!不过这一次合作破裂不完全是因为资金,更主要的原因是迪诺不太理解这个项目,因此对它不怎么上心。我觉得如果影片拍完和我的预想不同会很麻烦。我依然想制作《罗尼火箭》，但希望找到不期待获取巨额利润的合作者。尽管并不是发生在某个特定年代，但影片的故事和摇滚乐的缘起联系紧密。就像是拍摄有关50年代的电影，我说的是21世纪50年代……故事发生在另一个世界，那里像以前一样，有很多大型工厂。和过去相比，现在的工厂更小更干净，而且计算机化的程度很高。这令我感到恐惧。演员都已经选好了：伊莎贝拉·罗西里尼和饰演罗尼火箭这个人物的小迈克（Mike），也就是《双峰》中的侏儒。

《一个口水泡泡》是一部疯狂的电影，一部没有吓人的情节的家庭喜剧。有很多身份互换，有点像《颠倒乾坤》(*Trading Places*)，白人和黑人的身份互换。我是坐飞机时想到这个故事的，但我当时不知道类似的电影已经很多了，这也是我没有拍摄这部影片的原因之一。如果身份互换喜剧是一个类型的话，为什么不能再拍一部呢？史蒂夫·马丁对其中的一个角色很感兴趣。事实上，他要饰演两个角色。另外一个演员也要饰演两个角色，然后他们再互换，把身份互换做到极致！

采访者：参演你多部早期影片及《蓝丝绒》的凯尔·麦克拉克伦，难道不是你的翻版吗？

林奇：很多人这么说。但我从没有这么想过。那尼古拉斯·凯奇可能也是我的翻版。

采访者：《双峰》和《蓝丝绒》似乎是对弗兰克·卡普拉作品的一种颠覆。美国梦变成了一场噩梦。这与你的童年有什么关系？

林奇：我想我曾经——每个人可能都经历过这个阶段——相信人类能够建立理想完美的世界。但这样的想法慢慢失去了说服力，我目睹世界堕入邪恶的深渊。我父亲现在已经退休了，他以前为农业部做研究，进行森林病害、昆虫方面的实验，可以自由利用很大面积的森林。他对树林非常了解。我母亲是家庭主妇，但她也教一些语言。

采访者：你是在哪里出生的？

林奇：我是在蒙大拿州出生的，后来也在那里住过一阵，我父亲就是在蒙大拿州一个位于麦田之中的农场里长大的。我父亲的很多亲戚都住在蒙大拿。后来我在爱达荷州和华盛顿州生活过。我母亲来自布鲁克林。我父母都是杜克大学的学生，他们是一起上环境科学课时认识的。我是在弗吉尼亚州——离华盛顿特区很近的地方——上的高中。

采访者：你是在摇滚乐的鼎盛时期毕业的。

林奇：是的，可以这么说，因为1955年到1965年都可以算摇滚乐的鼎盛时期。我确实是那个年代的人。

采访者：艺术方面，最先令你产生兴趣的是绘画。

林奇：我年轻时很少想到电影，也没想过成为画家，因为在我看来绘画是一种属于过去的活动，我难以想象如何在现代社会成为画家。我从弗吉尼亚州搬到华盛顿州之后认识了一个朋友，其父是画家。我一开始以为他是油漆房屋的粉刷工。但事实并非如此，他是画家，名副其实的艺术家。我参观了他的工作室，然后相信自己未来也能像他一样。后来我前往波士顿和费城的艺术学院求学。在艺术博物馆学院学习的一年不是非常愉快。但

我在宾夕法尼亚美术学院遇到了很多优秀的老师和当时也是学生的詹姆斯·哈弗德①。每个人都很刻苦。

采访者：你现在还画画吗？主要画什么流派？

林奇：画。我认为我的作品主要是有一丝怪诞的表现主义②风格。完成《蓝丝绒》之后，一位记者——从电影评论转行做艺术评论的克里斯廷·麦克纳——看了我的部分绘画作品，鼓励我接触画廊，争取举办展览。我从没想过这么做，因为我对画画没有投入到要办展览的程度。但我的想法逐渐改变了，克里斯廷给我介绍了几个洛杉矶的艺术品商人。詹姆斯·科克伦（James Corcoran）为我组织了两场画展，因为他和利奥·卡斯泰利③是朋

---

① 詹姆斯·哈弗德（James Havard, 1937—　），美国画家、雕塑家，20世纪70年代抽象幻觉主义的先驱，80年代受美国原住民和部落文化影响，作品风格向抽象表现主义转变，1961年至1965年曾在宾夕法尼亚美术学院学习。
② 表现主义是一种现代主义运动，其典型特征是从主观角度呈现世界。表现主义艺术家试图表达情感体验的意义，而不是物理现实。
③ 利奥·卡斯泰利（Leo Castelli, 1907—1999），美籍意大利裔艺术品经销商，他经营的卡斯泰利画廊（Castelli Gallery）位于纽约，主要展示当代艺术作品。

友,所以我在纽约也举办了展览。我最近的一些绘画作品在达拉斯展出过。所以过去三年我一共举办了四次画展。

采访者:你是什么时候认识你的好友之一——艺术指导兼导演杰克·菲斯克(Jack Fisk)的?

林奇:我们是高中时在弗吉尼亚认识的,我们俩共用一个画室。后来我去了波士顿,他去了纽约的库珀联合学院(Cooper Union)学习。因为他在纽约和我在波士顿一样不如意,我们决定一起去费城上学。那是一座让我又爱又恨的城市。杰克是我最老的朋友,我和他的妹妹结婚并生了一个孩子,奥斯丁(Austin),不过后来我们离婚了。

采访者:看了你的作品之后,我们以为你会对泰伦斯·马力克(Terrence Malick)的作品感兴趣,杰克·菲斯克是他的艺术指导。

林奇:事实上,是我和艾伦·斯普利特把杰克·菲斯克介绍给我们在美国电影学院的同学泰伦斯·马力克的。两个拥有相关电影制作权的制作人希望我担任《白噪音》(*White Noise*)的导演,现在他们手头有泰伦斯·马力克的两个剧本,我相信泰伦斯会返回电影行业的。

采访者:你最早的两部短片作品《祖母》和《字母表》运用了像素化(pixilation)等动画技法。你在平面绘图(graphic art)方面的经验为你成为电影人打下了什么样的基础?

林奇:我想这对我影响很大,但我一开始没有意识到。一开始,我希望让绘画动起来,这一点用动画可以实现。我对电影一无所知。我以为16毫米摄影机是摄影机一种,而所有的摄影机都是差不多的。我去租的时候,才惊讶地发现价格相差特别大。和费城市中心一家小店的工作人员——他们懂得也不比我多很多——讨论过后,我决定租最便宜的。我一点点从他们那里学到了一些东西,自己做试验,最终拍摄了一部一分钟的短片,片中的影像是循环播放的,内容是六个人得病了。影片的名字就叫《六人患病》!片中有一块雕刻出来的挡板。

这部作品半是雕塑,半是电影,总体来说是一件会动的艺术品。我就是那时被电影的魅力所吸引的,此后一直在这条道路上走下去。

采访者:电影和绘画之外,你还从事音乐领域的艺术创作。

林奇:是安哲罗·巴达拉曼提将我引入了音乐的世界。他作曲,我写词。我们一起讨论歌曲的气氛,词和曲相互影响。那是我一生最快乐的经历之一,就像时间停止了一样。我们创作了四十首歌,和朱莉·克鲁斯(Julee Cruise)合作制作了一张专辑。这些活动——写剧本、构图、创作音乐——对我来说都是联系在一起的,在一个领域进行创作会让我产生其他领域的灵感。因此,进行音乐创作能够赋予我视觉上的灵感。

采访者:你为"他人眼中的法国(La France vue par les étrangers)"系列拍摄了一部短片,是法国电视台制作的。

林奇:是的。叫《牛仔和法国人》。我就是那时认识哈里·迪安·斯坦顿、特蕾西·沃尔特和迈克尔·霍尔瑟的,霍尔瑟是印第安人,后来在《双峰》中也饰演了一个角色。影片是在洛杉矶拍摄的。

采访者:在美国电影学院学习是一种什么样的体验?

林奇:他们为我提供了必要的工具和工作的场地。我的导师弗兰克·丹尼尔对电影的分析给了我很多启发。他向我们介绍了声音、背景声音和重复一些噪音的作用。为了帮助我们记忆,他还让我们做与各个场景对应的小卡片,然后在上面写上代号。做出七十张卡片时,影片也就完成了。这种方法很适合我。我在美国电影学院学习了五年,但其中三年都没有上课,处于自由状态。当时我在远离所有人的地方单独工作,但学校没有把我开除。那段时间我拍摄了《橡皮头》,之所以花了这么久是因为资金不足。美国电影学院一直支持我,给予了我很多帮助。锡德·索洛(Sid Solo,美国电影学院洛杉矶洗印厂的主任)免费为我洗印底片。很多学生都得到过类似的帮助。

采访者：学生之间会相互竞争吗？

林奇：不会。我在那里很少和其他人交流。和同行就创作进行交流对于现在的我都很困难。我记得我读过泰伦斯·马力克写的一个短片剧本并且非常喜欢。他是一位很棒的作家。美国电影学院可能有学习小组，但我没有参加。我做自己的事情，对其他人在干什么一无所知。总体来说那是个激动人心的地方。空气里有某种气氛。共招收十五个学生，学制是两年，我是学院创立后第二年加入的，因此那时总共有三十名学生。

采访者：当时我们在欧洲感觉好莱坞正在复兴。你知道吗？

林奇：不知道。一方面，我对电影非常无知，另一方面，我喜欢的电影有《日落大道》《后窗》（*Rear Window*）和雅克·塔蒂的作品，都是拍摄《橡皮头》的时候看的。我没有感受到好莱坞的复兴——恰恰相反，那里的一切好像都处于停滞状态！那期间打动我的只有库布里克和斯科塞斯的作品。

狂野世界中的温柔爱意

采访者:你曾说过亨利·金①的《新潮试情》(*Wait Till the Sun Shines, Nellie*)是你看过的第一部电影。

林奇:那部电影我再也不想看了。大概五年前电视上放过。我看了一会儿,觉得和我记忆中完全不同,简直不可思议。我很快就换台了。不过我还是想知道再看一遍能不能找回童年时的感觉。我小时候和父母一起在汽车影院看了这部电影。有一个场景给我印象很深刻,一颗纽扣卡在了一个小女孩的喉咙里。是一个很短的片段,没有太多内容,但我仍然记得当时看到纽扣卡在小孩食道里的感觉。总之,那是我记忆中看过的第一部电影。

采访者:你小时候常看电影吗?

林奇:看得不多。我住在爱达荷州时,因为街尾有一家电影院,周六下午有时会去看电影。我喜欢复述电影里的故事。那些故事在我看来非常真实,对于大多数人来说可能都是这样。但我并非命中注定要踏入这个行

---

① 亨利·金(Henry King,1886—1982),美国演员、导演,有七部导演作品获奥斯卡最佳影片奖提名。

业。我很喜欢亨利·曼西尼①的音乐,我记得桑德拉·迪伊(Sandra Dee)和特洛伊·多诺霍(Troy Donohue)的《畸恋》(*A Summer Place*)。这种肥皂剧很适合和女朋友一起看,在我们心中种下了梦想的种子!

采访者:与画作相比,你那时候更喜欢书吗?

林奇:不。我以前不看书,也不看画。那时候在我眼里,生活是特别近的特写镜头——比如唾液和血液混合在一起——或者表现宁静环境的长镜头。我不记得当时我在想些什么。无论如何都算不上什么创意思维。我不看电视,偶尔听听音乐。我真正坚持的大概就只有画画、游泳和棒球了,但这些事情对我来说都算不上特别重要。我喜欢我住的地方的整体气氛,脑中充满各种幻想,因为世界在我看来非常神奇。我印象中自己第一次生发创作灵感就是在回到费城之后。

---

① 亨利·曼西尼(Henry Mancini,1924—1994),美国作曲家、指挥家,因其为诸多电影电视作品创作的配乐而著称,曾四次获得奥斯卡奖。

采访者：你从画画和制作动画转行去做导演，与演员相处对你来说一定是全新的经历。多年来这方面有什么变化吗？

林奇：某种意义上说是有的，但我一直能够与人相处融洽。拍电影要和各种各样的人接触，如果个性特别难以沟通，会造成额外的问题。我从一开始就没有这个问题。我和他人在一起如果感到局促，就会从对方的角度思考，这很有效。我喜欢和演员合作。有时候，我一开始无法清楚地向他们解释我的想法，但我们会逐渐加深对彼此的了解。问题最终总是能够圆满解决。

采访者：编剧、导演、剪辑之中，你会特别偏好某一项工作吗？

林奇：在我看来，每一个阶段都很愉快，对最终的影片也都同等重要。每一个步骤都要全情投入，否则就会停滞不前。

"Interview with David Lynch" by Michel Ciment and Hubert Niogret from *Positif* (October 1990).

艺术家大卫·林奇的创作与人生哲学

克里斯廷·麦克纳/1992 年

1992年3月8日早晨,我在大卫·林奇位于好莱坞山的家中采访了他。采访当日,林奇刚刚从纽约回到洛杉矶,此前他一直在纽约和作曲家安哲罗·巴达拉曼提一起为即将上映的、以他的电视剧作品《双峰》为基础改编的影片制作音乐;次日他又要动身前往伯克利,在那里花几个月时间完成影片的混音。林奇长期在外奔波,他宽敞的多层别墅给人很少有人住的感觉。房子的布置很简单(几把50年代风格的椅子、一张低矮的沙发和一张咖啡桌),整体色调柔和,墙上什么也没有[林奇最近买了两幅他最喜欢的摄影师戴安·阿勃斯(Diane Arbus)的照片，但还没有把它们挂起来]。厨房里摆着林奇心爱的咖啡机与整齐堆放的剧本、录像带和书。这幢房子的主人一看就很繁忙，屋里没有任何休息或者放松的迹象。

尽管当天是周日，工作电话还是源源不断地涌入。我在林奇接电话的间隙与他交谈，逐渐意识到他的生活非常紧张，少有闲暇；他每天都要进行大量高强度的创造性活动。正如林奇在采访中所透露的，他的生活建立在哲学信仰构筑的坚实基础之上。可以说正是坚实的信仰基础赋予了他创作活力，让他创作出丰富多样的作品。

克里斯廷·麦克纳（以下简称麦克纳）：你的画作表现的似乎是一个内心充满恐惧的孩子眼中的世界。这么描述准确吗？

大卫·林奇（以下简称林奇）：差不多就是这样。我喜欢孩子的视角，童年生活充满谜题。对于孩子来说，树这样简单的事物也有神奇的一面，远看很小，越靠近就越大——孩子不懂其中的原理。长大后，我们以为自己弄懂了其中的道理，但事实上是丧失了丰富的想象力。

麦克纳：你是如何保有孩童的视角的？

林奇：我从小就对各种谜题特别感兴趣。我小时候觉得世界特别神奇——好似梦境一般。有人说，以为自己童年很快乐的人都刻意忽略了某些事情，但我真的觉得自己的童年很快乐。当然我也有害怕的事情，而且恐惧的对象和大多数人差不多，比如害怕上学——我知道在学校会遇到问题。这一点每个人都知道，所以这种恐惧是很常见的。

麦克纳：你提到了谜题和恐惧，这两者有什么关系？

林奇：只要有谜题，就有对未知的恐惧。人可能到达参透人生真相、不再恐惧的境界，很多人到达了这种境界，但他们大多都不在这个地球上。这样的人寥寥无几。

麦克纳：到达这种境界的人还有动力从事创作吗？

林奇：他们会进行另外一种完全符合自然法则的创作。他们创作的初衷是帮助尚未领悟的人和升华整个宇宙。

麦克纳:自然法则是残酷的吗?

林奇:绝对不是——我们认为其残酷正是因为我们知之甚少。我们身边的世界充满矛盾,暴力邪恶与和平善良共存。这种现状有其存在的理由,但我们总是参不透其中的奥妙。在寻找合理解释的过程中,我们认识了平衡的概念,在平衡点上有一扇神秘的门。我们聚在一起时随时可以穿过那扇门。

麦克纳:你觉得自己心理年龄多大?

林奇:大多数时候在九岁到十七岁之间,有时六岁左右。六岁时,你往街上张望,大概知道外面还有另外一个街区,但世界总共也就两个街区那么大。

麦克纳:你最近的一幅画《所以这就是爱》(*So This Is Love*)让人感觉你对爱的看法是消极黑暗的。画面的中心是一个孤独的小人,腿特别长,脑袋一直伸到空无一物的荒芜空间。一架飞机从他脑袋下面飞过,在夜空中喷出烟雾。你能聊聊这幅画吗?

林奇:这幅画是对我童年的一种消极的表现。现实中天空是蓝色的,颜色鲜艳明亮,而飞机则是一架发出嗡嗡声的大型军用飞机。飞机要花很长时间才能穿过天空,它发出的嗡嗡声让一切显得特别宁静。飞机飞过天空时,世界似乎会变得更加安静。

麦克纳:这对于你来说是美好的回忆,但你将其转化成了一幅黑暗的画作,为什么?

林奇:因为那之后黑暗就悄然到来了。带来黑暗的是我对世界、人性和我的本性不断加深的理解。

麦克纳:你的很多画作都集合了象征浪漫爱情、身体伤口和死亡的元素。疾病和衰败在你看来是色情的吗?

林奇:色情?不,但疾病和衰败是自然的一部分。生锈就是钢铁的疾病。如果你下雨的时候把一张纸放在外面,几天之后上面就会长霉,很神奇。生病是很不幸的,但人们为治疗疾病设计了大楼,发明了机械、各种管子等很多东西。因此,就像在自然界中一样,疾病能够催生新的事物。

麦克纳：你害怕人的身体吗？

林奇：不，但人体是很奇怪的。它最重要的功能似乎就是把脑子从一个地方带到另一个地方，不过用身体也可以做很多有趣的事情。当然有时也会造成痛苦。我不喜欢锻炼，所以会担心如何保持良好的身体状况来支持大脑的运转。

麦克纳：你家里什么最吓人？

林奇：家是很多可怕的事情发生的地方。我小的时候在家总有幽闭恐惧症发作的感觉，但这并不是因为我的家庭不幸福。家庭就像鸟巢——只是暂时停留，很快就会迫不及待地想要离开。说所有巢穴都是暂时的并不代表爱也会随着时间的推移消失，但爱会改变。我现在仍然爱着所有我曾经爱过的人。

麦克纳：有人说爱是怜悯和欲望的结合。你认同这种说法吗？

林奇：不太认同。失去爱就像失去光，没有爱才是问题。真爱是不求回报的，更像一种感觉或者震动，不幸的是大多数人不理解真爱。我们往往会把责任推给他人，最终的结果一般都不太好。

麦克纳：绘画方面，谁教你的东西最多？

林奇：我的第一位重要老师是布什内尔·基勒(Bushnell Keeler)，他是我的好友托比·基勒(Toby Keeler)的父亲。我十五岁时住在弗吉尼亚，布什内尔是我认识的第一位职业艺术家。那是我第一次听说这种职业，在我心中种下了希望成为画家的种子——他在我眼中就是一个奇迹。我觉得最最厉害的是，他有自己的工作室，每天画画。罗伯特·亨利(Robert Henri)的作品《艺术精神》(*The Art Spirit*)也是他推荐给我的，这本书介绍了艺术人生的规则，后来成了我的《圣经》。

麦克纳：第一件给你留下深刻印象的艺术作品是什么？

林奇：我十八岁时在纽约的马乐伯画廊(Marlborough Gallery)看的弗朗西斯·培根(Francis Bacon)作品展，是肉和香烟的画。令我印象深刻的是画面的平衡与反差。

十分完美。

麦克纳:艺术是不是也有丰产期和沉寂期?

林奇:对,肯定有的。现在就是相对沉寂的时期。80年代是个好时期,大量资金的注入催生了很多疯狂的作品,但画坛已经很久没有这么热闹过了。

麦克纳:从你过去八年的画作来看,你的作品似乎在向极简主义风格发展。这么说你同意吗?

林奇:同意,这是因为我渴望纯粹。随着生活日益复杂,我希望我的艺术趋于简单,因为维持平衡是生活的核心。

麦克纳:我还注意到你的画作的表面越来越立体、有雕塑感。你是刻意追求这种效果的吗?

林奇:是的,我希望能够更立体。现在在平面上作画对我来说不是很有吸引力。我喜欢被人倒了垃圾的空地的感觉——堆积的垃圾高出地面,我喜欢那种感觉。

麦克纳：你有没有和保存专家探讨过你使用的各类材料随着时间推移会如何变化？[1]

林奇：我一点也不在意。就应该让它们随时间自然变化——这些作品现在都尚未完成，五十年后会更好看。

麦克纳：如果你的画作有声音，会是什么样的声音？

林奇：不同的画作会有不同的声音。《所以这就是爱》是像嘴上蒙着手套说话发出的那种低沉的声音。《梦想天堂的虫子》(A Bug Dreams of Heaven)则是一万五千转的尖利声音。《她谁也骗不过，她很受伤》(She Wasn't Fooling Anyone, She Was Hurt Bad)则是特别慢的、沉闷的玻璃碎裂的声音。

麦克纳：我还发现你的画作越发粗暴凶狠。在你以前的作品中，暴力是相对隐晦的，现在则毫不含蓄。你意识到这种变化了吗？

---

[1] 林奇作画的材料包括硬纸板、棉、创可贴、药膏，以及一般画材。——原注

林奇：我想要咬我的画，但我做不到，因为颜料里有铅。这说明我很胆小。我觉得我的作品并没有变成那样，我的画还是平和宁静的——无论我怎么做，其中都蕴含着一种美感。

麦克纳：大多数人看了你眼中宁静美好的作品之后会感到不适，这说明你特别能接受自己精神世界中的黑暗面。为什么？

林奇：我不知道。我一直是这样的。我两面都喜欢，相信必须了解黑暗才能体味光明，反之亦然——越了解黑暗就越擅长寻找光明。

麦克纳：激发作画的灵感的是什么？

林奇：灵感就像毛絮——突然出现，引出画面，让我产生将其画下来的渴望。有时我在街上走路，突然看到地上有一个用过的创可贴，就是常见的旧创可贴的样子。边缘有点脏，橡皮的部分变成了一些黑黑的小球，有一点油渍，还可能沾着黄色的污迹。它掉在阴沟里，旁边是泥和一块石头，可能还有一个小树枝。如果给你看这个场景的照片，并且不告诉你照片上是什么东西，你会觉得特别漂亮。

麦克纳：你对颜色有什么看法？

林奇：我不喜欢颜色，这也许是因为我没有学会适当地运用颜色。出于某种原因，颜色不会让我感到兴奋——反而给我廉价而滑稽的感觉。不过我常用棕色，棕色也是一种颜色。我也喜欢大地色系，有时会用红色和黄色——红色一般表现血，黄色则是火。

麦克纳：你画作中的什么元素具有浓烈的美国气质？

林奇：主题。我的很多画作来自我对爱达荷州博伊西和华盛顿州斯波坎的回忆。

麦克纳：在你看来，未来最令人不安的是什么？

林奇：世界崩塌，陷入混乱。我以前认为美国总统能够对未来负责，可以控制我身边发生的事情，但如今我们都知道事实并非如此。在这个时代，夜晚似乎有高大的邪鬼在街头游荡、奔袭。它们受到的限制越少，就越是嚣张,现在无处不在。它们的数量不断增加,很快就会令人难以招架。现在真的是关键时刻。

麦克纳:是我们的文化中生出了更多的暴力,还是我们以前在这方面管控得更好?

林奇:是暴力在大幅膨胀。黑暗一直存在,但过去善恶相对平衡,生活节奏也比较慢。人们住在小镇上或者小农场里,身边都是熟人,人口流动相对少,因此生活相对平静。那时也有恐怖的事件,但现在已经发展到令人极度焦虑的程度了。电视加快了生活节奏,将更多的坏消息传递给人们。大众媒体传达的海量信息令人不堪重负,毒品也是主要诱因之一。毒品能够带来巨大的经济利益,可以令人精神恍惚,创造一个诡异的世界。这些事情在美国造成了一种现代恐惧。

麦克纳:这是不是也引起了家庭结构的崩塌?

林奇:是的。这些现象都是同样的矛盾引起的。如果把一台风钻放在桌子下面,桌上的东西很快就会全部开始震动、破裂、四处飞散掉落。人们对未来没有安全感。现在有工作的人过几天就可能被解雇。梅西百货(Macy's)都破产了,生活充满不确定因素。

麦克纳:当身边的一切都在崩塌时,我们应该怎么办?

林奇:改变心态就能改变一切。只要每个人都能意识到世界本可以很美好,下决心不做坏事——做一些真正有趣的事情——就可以了。

麦克纳:一百年后世界会变得更好还是更坏?
林奇:会比现在好很多。

麦克纳:最近几年,你生活中发生的最积极的变化是什么?

林奇:我感觉我可以自由地探索尝试我感兴趣的事情了。我记得以前我没钱买画布。有做雕塑的灵感却没有工作的场地。现在也没到什么都有的程度——我并没有暗室——但我已经不受外部障碍束缚了,我对不同领域的探索相互滋养。我现在唯一短缺的就是时间。

麦克纳:《双峰》让你成了家喻户晓的人物,声名大噪给你带来的最大困扰是什么?

林奇:挺令人头疼的。作品得到人们的喜爱是一件开心的事情,但这种喜爱让人觉得很无奈,因为人们对你感到厌倦后就必然会爱上新事物。你无法左右这个过程,它的存在令人感到隐隐作痛。不是剧烈的疼痛——有点像心痛的感觉,心痛是因为我们活在《小鬼当家》(*Home Alone*)这样的影片大行其道的时代。艺术影院在衰败。剩下的都是开在商场里、只放十二部电影的电影院,观众能看到的电影太有限了。电视进一步拉低了水准,有些电视节目很受欢迎,但更新换代很快,没有太多实质性的内容,会配观众笑声,仅此而已。

麦克纳:你曾说过:"世界就是课堂,我们应该学习。"我们为什么要学习?

林奇:这样才能毕业。人生就像上学。要毕业才能去现在还无法想象的神奇地方。人类有达成此项成就的潜力,它与帮派或汽车都无关,是远高于此的美好境界。

必须努力奋斗才能到达。

麦克纳:一方面,你有清晰而有序的信仰,另一方面,你也不否认黑暗的广泛存在,这很有意思。你如何解释这种差异?

林奇:这就像和十个疯子一起被锁在一幢楼里。你知道有门,对面还有可以救你的警察局,但你还是被困在楼里。只要还在楼里,了解其他地方的情况就无济于事。

麦克纳:你祈祷吗?

林奇:是的。

麦克纳:你有过神奇的宗教体验吗?

林奇:有过。几年前,我在洛杉矶县艺术博物馆(LA County Museum of Art)看一个印度砂岩雕刻展览。我是和我的第一任妻子及我们的女儿珍妮弗一起去的,但我逐渐和她们走散了。我周围一个人也没有,只有那些雕刻,特别安静。我一转弯,往走廊尽头望去,那里有一个展台。我顺着展台往上看,发现上面是一个佛头。那一刻,佛头突然绽放出白光,非常耀眼!我感到身心愉悦。我还有其他类似的经历。

麦克纳:你会在什么样的时候感到强大?

林奇:很少有这种时候。如果做某件事情很顺利,就会感到快乐,但我不知道那是不是强大的感觉。力量是令人畏惧的,我并不感兴趣。我有想做的事情,并且希望按照自己的想法把它们做好,仅此而已。在我看来,争取好评,寻找愿意放映或展示我作品的电影院和画廊,都与我对创作的认识不符。这些事务令我头痛。

麦克纳:你父亲给你留下的最美好的回忆是什么?

林奇:他穿着西装、戴着牛仔帽去上班。当时我们住在弗吉尼亚,他戴那样的帽子让我觉得很丢人,但现在我觉得那特别酷。那是灰绿色的、林业局的牛仔帽——但不是单位要求戴的——他会戴上帽子然后出门。他不坐车也不开车,坚持步行——戴着那顶帽子走好几英里,穿过乔治·华盛顿大桥到城里去。

麦克纳：我们会对自己的过去做多少修改？

林奇：我们会美化记忆中的自己。我们美化自己的行动、决定和待人接物的态度，夸大自己的贡献——我们为了继续生活而疯狂粉饰过去。真实的回忆恐怕会令人感到抑郁。

麦克纳：我们为何追寻人生的意义？存在可能就是毫无意义的，这为何令人难以接受？

林奇：因为这是一个待解的谜题，世界上有很多与之相关的线索和感觉。一旦踏上寻找意义的征程，我们就会从生活的方方面面找到细微的提示，相信总有一天能够解开谜题。我们找到的总是一些小线索——不是一下得到终极答案——但支持我们继续追寻的正是这些细微的提示。

麦克纳：终极答案是什么？

林奇：大彻大悟。

麦克纳：你认为死后会发生什么？

林奇：就像忙了一天之后入睡一样。睡着时也会发生很多事情，然后醒来开始新的一天——我是这么看的。我不知道人死之后会去什么地方，但我听过不少相关的故事，不可否认的是死亡确实是我们最大的恐惧。我们甚至不知道死亡的过程持续多长时间。如果一个人呼吸已经停止，他还在经历死亡吗？我们如何判断一个人何时彻底死亡，怎么知道何时可以移动遗体？东方宗教认为亡者的灵魂需要几天时间才能离开肉体。我听说那是很痛苦的，必须将自己从肉体上剥离，就像挖出青桃子的果核一样。乔治·伯恩斯[①]去世时已经是一颗老桃子了，他的果核不会卡住，会自己跳出来——那真是太美妙了。

"An Interview with David Lynch" by Kristine McKenna from *David Lynch* (Colección Imagen, 1992).

[①] 乔治·伯恩斯(George Burns, 1896—1996)，美国喜剧演员。

《双峰：与火同行》：
1992年戛纳国际电影节新闻发布会

S. 默里/1992年

参加戛纳国际电影节《双峰：与火同行》新闻发布会的有这部影片的导演兼编剧之一大卫·林奇、影片的另外一位编剧罗伯特·恩格斯(Robert Engels)、演员迈克尔·J. 安德森[Michael J. Anderson，饰演"来自另一个世界的男人"(Man from Another Place)]、作曲家安哲罗·巴达拉曼提和来自CIBY 2000① 的法国制作人让-克劳德·弗勒里(Jean-Claude Fleury)。

和往常一样，新闻发布会由法国记者兼影评人亨

---

① CIBY 2000是1990年成立的法国电影制作和发行公司。

《双峰:与火同行》:1992年戛纳国际电影节新闻发布会

利·贝阿尔(Henri Béhar)主持。贝阿尔不仅与戛纳电影节颇有渊源,还刚刚[与卡里·比彻姆(Cari Beauchamp)合作]出版了一本以戛纳电影节为主题、幽默好看的作品——《好莱坞在蔚蓝海岸:戛纳电影节内幕》(*Hollywood on the Riviera: The Inside Story of the Cannes Film Festival*)。

以下文字是对新闻发布会尽可能忠实的重现。用法语提出的问题均已注明,但只有亨利·贝阿尔所说的话配有英文翻译。为了尽量保留原味,我们对这些文字进行的编辑修改远远少于平常。显然,不以英语为母语的记者提出的问题在语法上不是很好理解。同样,大卫·林奇的语言表达也很与众不同。

所有新闻发布会都要求记者在提问前自我介绍,但他们经常不说自己的姓名;还有一部分人说得不清楚,以至难以记录。因此,为了前后一致,所有记者的姓名均已删去。(另外,采访中提到的澳大利亚记者并非本文作者,而是一位来自ABC电视台的记者。)

大卫·林奇进场时遭到了冷遇(嘘声一片),这可能导致了他回答问题时态度不是非常积极。不过,林奇似乎并不知道刚刚在影节宫①举行的媒体试映上,他的作品风评不佳。

采访者:大卫·林奇先生,我的问题分为两个部分。第一部分是:这部影片诞生之前,电视剧已经风靡全球了,拍摄这样一部影片,你想补充什么——或者说你认为电视剧缺少什么?第二部分是:你觉得对《双峰》电视剧一无所知的人能理解这部影片吗?观众必须从影片开始就认识各个角色。

大卫·林奇(以下简称林奇):我恰恰很喜欢《双峰》的世界和其中的人物。我想要在电视剧的故事开始之前重返那个世界,看看那里有什么,目睹那些一般(只)存在于传闻中的事件。

当然有风险,人对某物的欣赏程度和了解程度时常是成正比的。但我认为——尽管过去我的想法经常是错误的——没有看过电视剧的观众观看(这部影片)也能有

---

① 影节宫是位于法国戛纳的一个会展中心,是戛纳国际电影节的会场。

《双峰：与火同行》：1992年戛纳国际电影节新闻发布会

不少收获。

和看过电视剧的人相比，他们可能无法完全理解部分元素。但抽象是好事，广泛地在我们身边存在着，有时也能让人内心激动不已。

采访者：林奇先生，你现在要受（与CIBY 2000① 的）合同约束，我想知道：在你看来，现在的你还像拍摄《蓝丝绒》之前一样自由吗？你不是认为……

亨利·贝阿尔（以下简称贝阿尔）：你是在问CIBY 2000是不是暴君？

（观众发出了笑声，随后提问的记者和贝阿尔用法语对话，贝阿尔翻译了问题。）

采访者：我想请问的是林奇先生和弗勒里先生。众所周知，林奇先生，你和CIBY 2000签订了合约。这就意

---

① CIBY 2000和林奇签署了三部电影的合约[还投资了简·康皮翁（Jane Campion）的《钢琴课》(*The Piano*)，影片正在进行后期制作]。必须用法语读"2000"(deux mille)才能明白这个名字的典故[暗指导演塞西尔·B. 德米耶(Cecil B. DeMille)]。——原注

味着你要受到合同条款的约束,你觉得自己还和拍摄《蓝丝绒》时一样自由吗?弗勒里先生,你会赋予大卫·林奇绝对的自主权和创作自由吗?

(弗勒里用法语回答了这个问题:"当然会……"他的话没有被翻译成英文。他回答的大意是,林奇及所有和CIBY 2000合作的导演都可以自由创作。)

林奇:我法语说得不好,但我感觉非常自由。

采访者:大卫·林奇先生,很多电视剧中的角色没有在电影中出现,比如奥黛丽。为什么?

林奇:有很多原因。有些拍好的镜头因为不合适被舍弃了。部分角色,包括一些在电影剧本中出现的角色,在影片最终的版本中没有出场。我希望所有角色都能在电影中露面,因此感到有些遗憾,但他们对劳拉·帕尔默人生最后一周的生活没有影响。

采访者:林奇先生,我很喜欢你的作品,想问你两个问题。第一个是:在你看来,现实是什么?

(观众和林奇都笑了。)

《双峰:与火同行》:1992年戛纳国际电影节新闻发布会

贝阿尔:回答不能超过二十五个单词。

林奇:我完全不知道现实是什么。我相信答案一定会出乎我的意料。

采访者:我的第二个问题是:我们可以将你的作品看作禁毒电影吗?

林奇:嗯,如果你想的话,可以这么看。(笑声。)

采访者:(法语)林奇先生,有很多年轻人喜欢你的电影。你担心自己的作品会鼓励观众尝试毒品吗?片中有一句台词:"所有美国年轻人……"

林奇:一半!……是一半!(笑声。)

采访者:"一半美国年轻人都在吸毒。"

林奇:那其实是一个玩笑。

毒品很危险。但如果谁都不想得罪,就应该拍摄以缝纫为主题的电影,但那也是有风险的。(笑声。)

所以很难说。我认为影片最重要的还是平衡和感觉。

电影之所以存在，就是因为它能给予观众现实生活中危险或者诡异的体验。走进影厅就是走进梦境。观众不至于看完电影出门就开始注射海洛因或者吸食可卡因。这方面的担心确实存在。但我认为这些对比和重口味的元素对于影片的整体感觉非常重要。

采访者：我有一个问题想问林奇先生，可能还有一个想问巴达拉曼提先生。恭喜完成这部影片。我看完后感觉影片描述的是一场美国噩梦，而不是美国梦。你对此有何高见？

林奇：你的感觉很对。（笑声。）

采访者：美国梦的生活图景常常在电影中出现。我们对这幅图景非常熟悉。你在探索家庭和社会良知的概念。你是在抨击美国梦吗？

林奇：不，我只是在讲述特雷莎·班克斯（Teresa Banks，在影片开头被谋杀了）的故事和劳拉·帕尔默的最后七天。（掌声。）

《双峰:与火同行》:1992年戛纳国际电影节新闻发布会

采访者:巴达拉曼提先生,在我看来这部影片也有恐怖的元素,实打实的哥特式恐怖。创作配乐时,你有没有刻意营造这种恐怖的气氛?

安哲罗·巴达拉曼提(以下简称巴达拉曼提):事实上,我认为配乐的风格更偏向黑暗,而不是恐怖。我们通过黑暗的音乐增强影片的冲击力。至少我们是这么期待的。

采访者:大卫·林奇,作为电影人,你会因为向作品中加入大量暴力情节而感到愧疚吗?

林奇:刚才另外一位先生也提到了这个话题,我的答案不会变。我觉得攻击有暴力内容的电影,在现实中却对暴力漠不关心,这是很危险的。通过电影获取某些体验是安全的。如果(电影)宣扬暴力,那确实会造成问题,但我认为我的作品不是这样的。

我相信大尺度的电影,只要影片内容是平衡的,我就不会因拍摄这样的影片而感到抱歉。

采访者:(法语)我很喜欢这部影片,而且我没有看过电视剧。

林奇：太棒了。咱们过几天一起吃午饭。（笑声。）

采访者：（法语）请问编剧和大卫·林奇先生，用熟悉的人物创作对编剧、配乐和导演有什么样的影响？

罗伯特·恩格斯（以下简称恩格斯）：写电影剧本和写电视剧剧本区别不是特别大。电影时长一般是一个多小时，每一个场景的剧本不超过十四页，电视剧不受这些限制。但除此之外，电影和电视剧中的人物是一样的，写电视剧时可以用更多时间、更多笔墨去塑造这些人物。

巴达拉曼提：音乐这方面，电影配乐比电视剧配乐更宏大一些。但人物和风格上都很类似。

林奇：问题是什么？

（有人把问题重复了一遍。）

林奇：没有太多影响。有些无法在电视上放映的内容被我们纳入了电影，但电视的表达空间已经远超我的想象了。整个系列的拍摄、剪辑、混音都是按照电影的标准完成的，所以没有太大区别。

采访者：林奇先生，从今天早晨（你对）其他问题（的

《双峰:与火同行》:1992年戛纳国际电影节新闻发布会

回答),以及我和你过去在其他场合与其他影片的新闻发布会上交流的经验来看,一提到你作品中的象征主义,你就会闪烁其词。你巧舌如簧,非常精明。比如刚才那位来自澳大利亚的先生问你这部影片到底是美国噩梦还是美国梦的时候。在我看来,影片的最后表达了一种清教徒式的、笃信宗教的、右翼的态度,这令我感到十分不安。当然,这一切也可能是我想象出来的。我想说的是,我们似乎无法问你这些问题,因为你拒绝回答。我想知道你是不愿谈论这些问题还是不想去思考。

林奇:我不愿意谈论我的解读是因为……嗯……如果没有我的解读,观众就必须自己去解读他们在银幕上看到的东西。当然,我对一切都有自己的解读,工作时我会自己解答。但完成之后我就放手了,影片是独立的,每个人都可以享受自己解读的过程。我不喜欢只能有一种解读的电影。

采访者:我想除了少数家里有尼尔森盒子[①]的白痴,

[①] 尼尔森盒子(Nielson boxes)是尼尔森电视评分系统(Nielsen ratings)使用的一种收集家庭收视习惯的设备。

可以说大家都很喜欢《双峰》(电视剧版)。《双峰》的电视剧版未来会有怎样的发展？你能介绍一下《罗尼火箭》和《一个口水泡泡》的近况吗？

林奇：我可以比较肯定地说，《双峰》的电视剧版已经结束了。但是，就像我之前提到的一样，我热爱那个世界。也许未来我们还有机会再续前缘。对我来说还有未竟之事和未解之谜，我很期待探索未来的可能性。

另外一个问题是什么？

采访者：《罗尼火箭》和《一个口水泡泡》怎么样了？

林奇：我不会拍《罗尼火箭》，至少暂时不会。可能会做《一个口水泡泡》，但也不是百分百确定。《一个口水泡泡》是一部疯狂、幼稚的恶搞电影。

采访者：我想听一下安德森正常说话的声音。也希望你能介绍一下梦境片段是如何拍摄的。梦境的气氛非常神奇。

迈克尔·J. 安德森：这就是我正常说话的声音。(笑声。)

然后是问什么?你是说技术上吗?后台有一个人正着读台词,然后我倒着念,我们再倒着拍摄。最后正着放,负负得正。

(安德森演示了如何倒着说话。观众喝彩。)

采访者:(法语)林奇先生,你回收利用了以前电视剧作品中的角色,是因为灵感枯竭还是想要休息一下?

林奇:我认为影片中有很多新的东西,就像我之前提到的一样,我喜欢那些人物和那个世界。我们开始创作这部影片时,并不认为自己是在炒冷饭。我们的想法是重返一个我们热爱的世界,以其为背景创造一个新的世界。对于我来说,那是一个无与伦比的地方。

采访者:巴达拉曼提先生,你认为自己继承了莫里康内[1]的衣钵吗?

巴达拉曼提:这么说让我有点受宠若惊。

---

[1] 埃尼奥·莫里康内(Ennio Morricone, 1928—2020),意大利作曲家、指挥家,曾为四百多部电影和电视剧创作配乐。

采访者：你也会一年里为九十部电影创作配乐吗？

巴达拉曼提：我没有那么大的干劲。我倾向于一年做三部电影，再接一些电视剧和百老汇的工作。我接项目时偏谨慎。

但莫里康内真的很棒。

[听不懂的问题，内容大约是：林奇先生，鉴于微观宇宙是(?)宇宙，你从微观宇宙中学到了什么……]

（林奇看亨利·贝阿尔。）

贝阿尔：别看我呀！（笑声。）

林奇：问题是什么？

采访者：微观宇宙就是(?)宇宙，所以你从这部电影中为自己的(?)宇宙学到了什么？

林奇：不好意思，这个问题我无法回答。（笑声。）

采访者：换一个问题，你是如何选择合作的演员的？

林奇：我面对一个角色时，会想象他如何说话，长什么样，然后在选角会上寻找符合我的想象的演员。不适合的

《双峰:与火同行》:1992年戛纳国际电影节新闻发布会

会逐渐被排除,最佳人选就在眼前,然后选角就完成了。

我不会让演员读剧本或进行任何表演。我就和他们聊天。我还和一个名叫乔安娜·雷(Johanna Ray)的人合作,她会给我介绍优秀的演员。为每个人物匹配合适的演员是常识。

采访者:我在写一篇关于你作品的论文,在你的影片中,除了特雷莎·雷(Teresa Ray)[①]之外,母亲总是反派,《双峰》中的父亲亦是如此。这是因为他要和劳拉发生某种性关系吗?

林奇:这一次我和你的看法还是不太一致。

采访者:《双峰》中的哪一个角色和你最像?

林奇:嗯,我不知道……戈登·科尔[②]。

采访者:你并不耳聋(戈登·科尔是聋子)。

---

① 这里原文打了问号,因为不知道此人是谁,和林奇有什么关系。
② 戈登·科尔(Gordon Cole)是林奇本人在电影中饰演的角色。
　　——原注

林奇：对，但有时，就像后面那位先生所说的一样，我会装聋作哑。

采访者：我还有一个关于配乐的问题。《双峰》中的一个片段（性爱场面）的配乐和《我心狂野》（情色电影）中的很像。是一样的吗？

林奇：不一样。

采访者：吉他？

林奇：不一样。

贝阿尔：巴达拉曼提先生，你如何给性爱场面配乐？

巴达拉曼提：带着浓厚的兴趣。（笑声。）我们抓住场景的氛围，然后搭配适当的音乐。

采访者：林奇先生，我有两个问题。第一，暴力的电影在好莱坞越来越普遍。你的作品常常包含毫不隐晦的暴力，《双峰》尤其如此，因为影片似乎透出一种施虐的快感。我想知道你对暴力怎么看。

《双峰:与火同行》:1992年戛纳国际电影节新闻发布会

林奇:我不知道为何美国电影包含暴力,可能是因为暴力无处不在。我想大家构思故事时会从身边的事情取材,然后让故事慢慢在脑中丰满起来。

就像我之前提到的,我相信平衡。我相信暴力在电影中的作用,但并不宣扬暴力。我相信电影要有对比,能够赋予人某种体验,就像读书一样。

采访者:但你觉得影片有施虐狂的倾向吗?如果看过电视剧,观众就知道劳拉·帕尔默遭遇了什么,看电影的时候就一直在等待谋杀发生。影片的故事其实就是围绕她什么时候死这个悬念展开的。

林奇:其实还有很多其他细节。但观众确实能预感到她会死。

采访者:我的另一个问题是,你觉得美国B级电影——比如20世纪六七十年代的(?)电影和剥削电影[①]——对你

---

① 剥削电影(exploitation film)指通过利用流行趋势、小众体裁或重口味的内容获取经济利益的影片,一般指粗制滥造的B级电影。

启发大吗？在我看来，你似乎对那些作品进行了不少借鉴。是这样吗？

林奇：我不知道。不过我确实比较欣赏B级电影。

采访者：林奇先生，你具体喜欢《双峰》世界的哪个方面？

林奇：我喜欢氛围和人物，以及其中蕴藏的故事创作空间。一进入那个世界，我大脑中就会产生奇妙的反应，它能激发我的灵感。

采访者：（法语）林奇先生，影片的声效是在营造一种滑稽嘲讽的气氛吗？

林奇：嗯，不是。

采访者：在柏林有人问斯科塞斯这个问题。林奇先生，我也想听听你的看法。你更喜欢拍摄哪种情节，恐怖还是悬疑？

林奇：拍摄各种场景我都喜欢，呈现不同的质感和气氛。我喜欢沉浸在不同的场景之中，将其尽可能真实地表现出来。我不会对某一类情节更偏爱。我什么都喜欢。

采访者:之前有人问林奇先生具体喜欢《双峰》世界的哪个方面,我想追问一下。如果你确实热爱这个世界,为何其中的大多数人物都过着悲惨痛苦的生活呢?

林奇:我认为《双峰》的世界可以容纳奇怪的关系和有趣的人类行事动机。我也许得坐下来和心理医生聊很久,才能告诉你我为何喜欢这个世界,但我确实喜欢。

贝阿尔:林奇先生,你是不是因为对在电视剧中从头到尾都演尸体的女演员感到愧疚,才决定围绕劳拉·帕尔默拍摄一部电影?

林奇:不是。雇谢里尔·李(Sheryl Lee)的时候就是请她饰演躺在沙滩(实际上是河滩)上的尸体的。最终我们发现,至少在我看来,她是一位非常优秀的演员,在影片中有精彩绝伦的表演。能够进入角色并将其演得这么精彩的演员不多。所以对我来说最意外的就是,请来演尸体的演员竟然如此优秀、如此适合劳拉·帕尔默这个角色。

采访者:林奇先生,你显然是个大忙人,我想知道:你平常会抽时间看电影吗?你最近看了什么电影,会觉察有些电影受到了你作品的影响吗?

林奇:我不是真正的影迷。很遗憾,因为没有时间,所以不会去看电影。我看电影时会为导演感到紧张,以至于没法好好消化我的爆米花。(笑声。)

所以我不知道其他电影有没有受到我的作品的影响。

采访者:我想问的是林奇先生和罗伯特·恩格斯。20世纪后期的这一代人,不仅能阅读语言文字,还能阅读银幕上的电影。各种视频影像令人目不暇接。你们在编剧和导演影片时意识到这一点了吗?

恩格斯:我不太明白你的问题。

采访者:如今我们对影像的接受度更高。现在有很多对形式的研究。你可以欢快地说你要坐下来阅读一部电影,不会有人质疑:"你是不是有毛病?"你拍摄的影片信息量都很大。观众可以坐下来细细阅读一部大卫·林奇电影。我想知道:你是不是为了给观众品读的空间才这么做的,创作时有没有考虑到这一点?

林奇:我一直认为电影的语言是最为奇妙的存在。四十五年来,是戛纳电影节让影坛活力常驻,电影语言在这里得到了认可和欣赏,所以这是世界上最棒的电影节。

采访者:我们听说影片会在日本最先上映。这是因为电视剧在日本特别受欢迎吗?

林奇:我想这个问题应该由让-克劳德(弗勒里)回答。我知道电视剧在日本很受欢迎,但在很多地方都是如此。我不知道为什么最先在日本上映。

采访者:我的另一个问题是:你为何选择拍摄劳拉·帕尔默的故事?在你看来,将这个故事拍成电影会不会消解电视剧在世界各地营造的神秘感?

林奇:不,我认为不会。

(亨利·贝阿尔用法语问弗勒里影片为什么在日本最先上映。弗勒里用法语回答说没有特别的理由,影院正好有档期。)

采访者：林奇先生，我在其他报道中读到，凯尔·麦克拉克伦担心戴尔·库珀（Dale Cooper）成为他唯一著名的角色，因此不是很想参演电影。这是真的吗？另一个问题：你担心未来被称为《双峰》大师吗？

林奇：对于演员来说，出演一个受观众欢迎的角色之后，再刻意挣脱这个形象，证明自己也可以驾驭其他角色，这是一件很困难的事情。我想凯尔终于意识到只要他愿意，没有他演不了的角色。他饰演的戴尔·库珀得到了观众的认可，这是一件值得高兴的事。

一开始，他有些疲惫——因为我们已经拍了三十二个小时的电视剧——对于要不要再次参演有些犹豫。最终他决定加入，继续饰演这个角色。之前他也不想演《蓝丝绒》，曾经拒绝过，后来又反悔，反反复复了好几次。

为某事投入一年时间并且登上大银幕这样的决定不是轻易可以做出的。所以，他必须反复考虑。

采访者：（法语）很多人可能会认为你是一位非常变态的导演，你同意这种说法吗？这不是对你进行道德上的批判,还请见谅。

林奇:在我看来,变态和常态都很有意思。我之前也提到过,我喜欢对比。变态和常态,我两个都喜欢。

采访者:假设你是民主党或者共和党的竞选策略师,晚上抽出时间看了这部电影。看完之后,你会觉得这部影片对你的党派有利还是不利?换句话说,你认为美国人会如何从政治和社会的角度解读这部电影?

林奇:从这场新闻发布会就可以看出,人们对自己所看到的一切都有各式各样不同的解读和感受。不可能取悦所有人,每一个民主党人看完影片应该都会有不同的感受。无论在哪里都是如此。

采访者:林奇先生,我对你作品中故作严肃的幽默(dead-pan humor)感兴趣。电视剧中似乎比电影中更多。在电视剧中,你把观众变成了共犯,营造了一种参与感。这也是其受欢迎的原因之一。为什么电影中这种幽默反而少了?为什么你希望每个人都对你的电影有完全不同的看法?很少有导演这么想。

林奇:不是每个人都要有完全不同的看法,而是每个人都应该有自己的看法。

影片中幽默变少了,是因为故事很快就变沉重了。电影中可以有幽默的情节,但导演应该能够凭直觉判断放在哪里合适。但我和罗伯特创作剧本时经常一边写一边笑。

恩格斯:我想还是以故事为本。选择想要讲述的故事。电视剧中有些人物没在影片中出现也是同样的情况。影片反映了我们对如何讲述这个故事所做的选择。

林奇:我觉得幽默就像电。大家都会用到,却搞不懂作用原理。令人费解。

采访者:大卫·林奇,你能告诉我梦境情节在电影和电视剧中的作用吗?

林奇:不能,女士。(笑声。)

采访者:这是影片中不可或缺的一部分。你为何要创作一种(?)现实?

林奇:(长时间停顿。)嗯,我感觉世上有很多看不见的东西,比如亚原子粒子①和 X 射线等,可能存在某些通往另外一个世界的缺口,我想很多人都有这种感觉。这种可能性让我感到兴奋。

贝阿尔:女士们,先生们,非常感谢。

林奇:非常感谢。

(掌声。新闻发布会结束。)

"*Twin Peaks: Fire Walk with Me*: The Press Conference at Cannes 1992" by S. Murray from *Cinema Papers* (no. 89, August 1992).

---

① 亚原子粒子指小于原子或在原子内部发现的极小物质,例如质子、中子或电子。

赤裸林奇

杰夫·安德鲁/1992年

大卫·林奇身上充满矛盾。《橡皮头》《蓝丝绒》《我心狂野》《双峰》等作品让他被誉为美国最奇怪的电影背后的主脑,他本人却总是以凡夫俗子自居:他自视为有着极度平凡的习惯的普通人,表示自己的灵感来自无意识深处,不是才智的产物。但我怀疑一切并没有这么简单。就像《我心狂野》给人牵强的感觉(他出色的作品具有真正令人感到不安的诡异气质,但这部影片的怪异有些矫揉造作)一样,林奇平庸的人格可能也是为了与作品的诡异形成对比而精心设计的伪装。比如,我们在戛纳的卡尔顿酒店(Carlton Hotel)见面时,除了常穿的深色西装和衬衫（不系领带），他为何还要戴一顶棒球帽呢？毕竟，他来接受采访只需要从自己的套房往上走一层，而且在时长半小时的采访期间，他根本就没有把帽子戴在头上。这种打扮似乎是他的固定形象。程式化的外表背后到底是不是有血有肉的鲜活人物呢？

我承认我对林奇的印象受到了我对《双峰：与火同行》的看法的影响，这部影片正是这次采访的主题。影片在影节宫首次举办媒体试映会，然而人们激动的期待心情很快被失望所取代，片尾字幕出现时，影院中既有喝彩声又有嘘声。作品似乎只是林奇炫技的载体，这种倾向在《双峰：与火同行》中比在《我心狂野》中还要明显。影片讲述了劳拉·帕尔默生命最后一周的故事（前面还有一个很长的引子，介绍了一年前调查过的一起谋杀），似乎表达了一种极度愤世嫉俗的态度，让人觉得林奇厚颜无耻地想要借电视剧的成功再大赚一笔。影片不仅没有缜密的构思，更缺乏原创性和真情实感，让人感觉除了满足《双峰》剧迷之外，林奇对影片没有更高的期待。不幸的是，他即将播出的电视剧《正在播出》（*On the Air*）时长半小时的第一集似乎也是如此，这部情景喜剧以 50 年代一个小电视台为背景,不仅再次证明了林奇无法驾驭纯喜剧这个体裁,还让人不由怀疑他不幸进一步深陷自我重复的泥潭。

因此,当我请他向我解释并与我探讨《双峰:与火同行》时,他的态度和我预期的一样很不积极。这种缄默是他普通人的人设的一部分吗?也许是,但他的回答让人感觉他完全没有做准备,也没有能力去直面或者深度分析自己的作品。也许观众对他的狂热追捧让他变得懒惰,但我们仍旧可以问这个问题:他的不善言辞是否只是一种伪装?如果是,那真是无聊又愚蠢;如果不是……我还是让你们自己判断吧。

杰夫·安德鲁(以下简称安德鲁):为什么在电视剧的基础上再拍一部电影?

大卫·林奇(以下简称林奇):我渴望重返《双峰》的世界。电视剧完结时,我感到很难过。我没有将故事继续下去,而是迷上了回溯过去,讲述劳拉·帕尔默人生最后一周的故事。我一下就被吸引了,这就是影片的源起。

安德鲁：为什么选择拍电影，而不是继续拍电视剧呢？

林奇：一定得是电影的形式。

安德鲁：所以你认为电影和电视剧有内在的区别吗？

林奇：不，没有。在我看来，电视剧就是比较短的电影。令人郁闷的是电视剧的制作节奏很快，无法每一集都自己导演。主要的区别就是电视剧制作节奏更快、进度更赶；如果能够事先准备好几百集，那就不用愁了——但这只是美好的愿望。拍摄电影时，我的投入度和专注度更高。

安德鲁：拍摄同样的主题，你在后勤方面——选角、场景等——有没有遇到什么挑战？

林奇：很多东西都还在。西雅图及其周边地区都还在。因此很快便一切就绪了。

安德鲁：如果电视剧没有这么成功，你还会拍摄这部影片吗？

林奇：我不知道。我想我还是会拍的。我喜欢这个世界：树、汽车和小镇这个组合令我兴奋。

安德鲁：你为何这么喜欢这些东西呢？

林奇：我很喜欢这个故事的背景。它能在我脑中引发很多神秘的想象。我喜欢这个世界中的故事、人物和创作空间。

安德鲁：你会再拍一部《双峰》电影吗？

林奇：会。可以一直拍下去。我也想尝试其他的项目，但我在这个世界真的很舒服。

安德鲁：对于艺术家来说，感到舒适是好事吗？

林奇：舒适指的是创作的灵感不断涌现，而不是坐着不动凝视风景。这是一个令人灵感迸发的世界，有很多我感兴趣的谜题。

（林奇显然不愿过多谈论他创作的动机。我们看看他愿不愿意探讨影片的寓意。）

安德鲁：影片似乎在暗示我们的生活会受到神秘力量的影响，有神秘神灵的照拂。你是这么想的吗？

林奇：我不确定，但我相信世上有很多我们看不见的东西，我们可以通过某些感觉或者掠过脑海的奇怪想法感知它们的存在。比如莫名有某种感觉。走进一间发生过争执的房间，你就能感觉到气氛有点怪怪的。就像无线电波其实一直都在，只是需要接收器才能听到传送的内容一样——看不见，但有时候能够接收到。

安德鲁：你的很多作品似乎都在表现道德和社会的崩溃。这是你对世界的看法吗？

林奇：我不知道。但我相信每一个时代的人都会因当时发生的某些事情而感到震惊。这是相对的。但现在的状况可能格外糟糕。

安德鲁：什么样的事情会令你感到格外震惊或者不安？

林奇：其实是难过，大量陷入困境的人令人心痛。

安德鲁:经济上的困境,还是其他的?

林奇:各式各样的。人会陷入各式各样的困境。

安德鲁:你觉得这是为什么?

林奇:我毫无头绪。也许我们过度关注自己,相信一切都会好起来,对不断恶化的问题视而不见。

(所以他对探讨寓意也没有太大兴趣。我们再试试氛围与叙事方法方面的话题。)

安德鲁:尽管你的影片经常描绘苦痛的人生图景,但其中也有搞笑的片段。观众应该以什么样的心态观看你的作品呢?

林奇:每个人都有不同的看法。我从来不就应该怎么看发表任何意见。读书时,读者会形成自己的看法;观看电影也应如此。一百名观众看完会形成一百种不同的看法。非常奇妙。

安德鲁:但你会郑重对待自己的作品吗?

林奇:会,对我来说它们不是儿戏。但故事无法在某一个时刻突然跳转到幽默的情节。幽默可以被穿插在严肃的情节之间,但也可能被安置在错误的地方。这是人生最诡异的交点。性情迥异的人聚在一起,引发奇怪的对话和种种误解。常有这种事。

安德鲁:坦白说,我不是很能理解影片的引子——其中跳跃的叙事和有关谋杀的推论。这一切在你看来是合理的吗?

林奇:既合理又不合理。就像打开一扇窗,往外看一会儿;然后关上窗,让人在只看到片段的情况下描述前后一小时的情形。像侦探可能会有的感觉——某种似乎即将有所发现的预感、直觉。FBI对到底发生了什么一无所知,但他们在努力调查。

安德鲁:你会不会担心观众也看不明白?

林奇:我想有些人可能会有这样的感觉,但应该不至于从头到尾什么都看不懂。有些元素只是比较抽象。有人以分析梦境为业,但每个人对梦都可以有自己的解读。有一定的解读和发挥空间。

安德鲁:证明情节逻辑不重要是你的意图之一吗?

林奇:是,也不是。如果影片结束后能给观众留下模棱两可的感觉和一定的想象空间,那就最好不过了。在现实中,观众很少能体验到这种奇妙的感觉。这种不确定感能够激发我的想象,我喜欢这种感觉。伯格曼的作品中有很多我不懂的东西,但它们让我浮想联翩,灵魂激荡,为我打开了一扇想象之窗。

安德鲁:你认为你的作品中有个人化的元素吗?

林奇:不能这样解读。创作时不会这样思考。创作是找到一个方向,然后一路摸索下去。根据内心的某些标准做出判断,在整个过程中尽量忠实于自己的想法。作品中也许有我个人化的东西——很可能会有——但我不知道具体是什么。

安德鲁:所以你是直觉型而不是分析型的导演?

林奇:一点不错。

"Naked Lynch" by Geoff Andrew from *Time Out London* (18 November 1992).

随性创作,保持神秘

克里斯·杜里达斯/1997 年

克里斯·杜里达斯(以下简称杜里达斯):我是克里斯·杜里达斯,欢迎收听 KCRW 的《多彩清晨》(*Morning Becomes Eclectic*)节目。今天来到录音棚的嘉宾是大卫·林奇。欢迎。

大卫·林奇(以下简称林奇):谢谢。很高兴来到这里。

杜里达斯:《我心狂野》是根据巴里·吉福德的小说改编的,最近的《妖夜慌踪》也是如此,但好像只用了书中的几个词?

林奇:两个词……

杜里达斯:只有两个?!

林奇:巴里·吉福德写了一本书叫《夜行人》(*Night People*)。其中的两个角色提到走上迷失的高速公路(going down the lost highway),我读到"迷失(lost)"和"高速公路(highway)"两个词时,突然有了灵感,感觉到了创作的空间。我跟巴里说了这件事,他说:"那好吧,我们一起写个故事吧。"雪球就这样越滚越大。

杜里达斯:然后你们两人坐在一起,任凭想象自由驰骋?

林奇:对,我们坐在一起交流自己收集的点子,但一直无法达成共识。沉默了半天之后,我跟巴里分享了我在《双峰:与火同行》最后一个拍摄日晚上想到的一个故事。故事里有录像带和一对情侣。巴里喜欢这个故事,一个碎片可以引出很多相关的碎片,我们一旦专注于构建一个故事,它很快就会丰满起来。

杜里达斯：你所说的专注是指无论在家、工作场所还是路上，时刻放在心上吗？

林奇：是的。有的灵感极具魅力、令人着迷。爱上一个故事的感觉是很容易分辨的，一旦有了喜欢的想法就会自然地专注起来，令人着迷的灵感会像灯塔一样指引你找到创作的方向，拼凑出完整的故事。

杜里达斯：我一直想知道这部影片的创作是否带有一定的随机性。看来答案是肯定的——为了实现这个项目，你把两个无关的故事强行拼在了一起。

林奇：总是有部分奇怪的碎片让人不知如何处理。巴里和我没有规划好整体情节就一股脑儿地写了不少东西，故事最终的走向也令我们感到十分意外。就像沉浸在某种体验之中，被未知的力量所引导。

杜里达斯：我感觉这有点像鲍伊（David Bowie）提到的切碎单词和词组，然后再将它们拼装成歌曲的歌词。

林奇：对。很多东西源于机缘巧合。你可以为意外的发生创造条件，这么做时常能有新发现，意外对我的帮助很大。

杜里达斯：你用莫比乌斯带（Moebius strip）形容这种现象，这是我第一次对这个名词有所了解。

林奇：是的。

杜里达斯：就我个人理解，这是一个科学名词，来自数学，指一个反面逐渐变成正面的物体。有点像埃舍尔[①]，埃舍尔的画。

林奇：莫比乌斯带扭转之后首尾相接。我们一开始并没有想到类似莫比乌斯带的结构，这一切都是创作过程中逐渐显现的。

杜里达斯：明白了。影片的结尾会让人想到莫比乌斯带。

林奇：没错。

---

① M. C. 埃舍尔（M. C. Escher，1898—1972），荷兰画家，以作品中的数学性著称。

杜里达斯：和我们最终看到的影片相比，剧本的内容是不是更加丰富一些？

林奇：剧本一向只是蓝图。你真心实意地相信自己会按图施工，但创作的过程还在继续。新元素不断涌现，大小改动难以避免。你会不断有新的领悟，不断回顾自己最初的想法，但作品有自己的意志，在彻底完成前会不断发生变化。因此，只能跟着直觉走。

杜里达斯：对，直觉是一个很重要的关键词。我是说，在创作过程中，无论是自我评估还是回顾最初的设想，你都遵从自己的直觉，对吗？

林奇：没错。一种能够做出正确选择的感觉。听起来很抽象，但实际上很简单。

杜里达斯：如果拍摄了太多的素材，影片就可能承载过量的信息，一旦发生这种情况，可能就要对观众有所保留，并给出"影片不宜太过明确，应该给观众自由想象空间"的解释。你经历过这种情况吗？

林奇：剪辑完成之后，影片才真正成为一个整体，这时多半还有很多问题。此前一直在加工碎片,构成一个场景的几个片段,而不是完整的作品。后来,如果影片初步成形之后有很大的问题,就要再进行一系列的试验,将影片的整体尽量调整至理想状态,随后再进行混音、配音、配乐等工作,它们也会改变影片,然后……

杜里达斯:……可以亡羊补牢!

林奇:能有奇效。但也不是万无一失。要不断摸索。

杜里达斯:你最终在银幕上看到的成片和影片成形前你脑中最初的构想有几分相似?

林奇:很多方面都非常非常接近。但一般成片会更精彩,比最初想象的更好。有些场景几乎一模一样,有些因为拍摄场地和计划有偏差会与最初想象的不同。氛围和感觉——因为可以时常回顾最初的构思——会相当接近,但影片会逐渐形成自己的意志,因此总会与最初的构思有所不同。

杜里达斯:度的把控呢?你会自我约束吗?你会提

醒自己"这太过了,我不能完全随心所欲"吗?

林奇:这是直觉的一部分,是一个很复杂的试验,你能察觉到哪里不够、哪里过了、哪里正好。要找到自己的创作方法,利用意外,创造意外发生的条件,这样当你用某种媒介表现一个故事时,媒介就能够带来加成。电影在表现故事方面拥有巨大的潜力,这很棒,要不断摸索。

杜里达斯:媒介的角度。你跟着直觉走的时候会征求他人的意见吗?还是说只考虑自己的想法?

林奇:很多人都可以提供想法和建议,拒绝好的建议是很愚蠢的。也要否决馊主意。但这一切应该由同一个筛选体系来评判,这样影片的一贯性才不会受到影响。委员会电影——我确信一定有例外——常常是七零八落的。

杜里达斯:你会避免在叙事时为观众提供过多的信息。《双峰》就建立在一个巨大的谜团之上。谜团一旦解开,故事就黯然失色了。不应该向观众透露过多的内容,这算是从《双峰》中得到的教训吗? 不能……

林奇：可以透露信息，但必须是合适的信息。就《双峰》而言，我和马克·弗罗斯特无意解开劳拉·帕尔默的谋杀之谜——这个谜题会逐渐淡化为故事背景的一部分，但作为后面情节的诱因，它的存在还是必要的。这个谜题一旦解开，故事就结束了，整部剧也就逐渐失去了活力。因此，人类热爱悬疑。我喜欢直到最后仍旧能给人留下想象空间的谜题。可以一直自由想象下去。

杜里达斯：有很长一段时间，大家都以为你有童年阴影，成长的环境很糟糕，然而事实恰恰相反。后来我们才知道，你其实拥有相当完美的童年。

林奇：特伦特①应该给他的歌起名叫《完美童年》（"The Perfect Childhood"）②。当你……无论你的童年是什么样的，你总会感觉自己的视野有限，似乎错过了很多。我记得自己年幼时有这种感觉。很多信息不是以语

---

① 特伦特·雷兹诺（Trent Reznor, 1965— ），美国歌手、音乐人、电影配乐作曲家，工业摇滚乐队九寸钉（Nine Inch Nails）的创始人、主唱和主要创作人。
② 《妖夜慌踪》的原声带中有一首九寸钉乐队的歌曲，名为《完美毒品》（"The Perfect Drug"）。

言或画面的形式出现的,而是弥漫在空气中的一种感觉。

杜里达斯:你记得第一次有这种感觉是什么时候吗?

林奇:很早,大概是我住在华盛顿州斯波坎的时候。

杜里达斯:我记得你曾提到过学习科学。你说孩子学习科学之后,会开始发现人生中有很多无可避免之事。

林奇:科学……从某种角度来看,科学家就像侦探一样,我们其实都是侦探。开始探索之后,谜题会将你引入物质或情感世界的深处,我们会不断地搜集信息。人生就是这样的。

杜里达斯:我想到了某个阶段每个人都会长大,然后意识到事物的外表是极具欺骗性的,这是你作品中反复出现的主题。因为是拍电影,所以你对这个主题的表现可能有些夸张,但它确实一定程度上反映了人生的特点和本质。

林奇:完全正确。

杜里达斯：还有一点。你曾提到过你年轻时思维不怎么活跃，后来突然开窍，产生了很多想法。你开始留鸭尾头①，沉迷于，不，沉迷这个词不好，应该是开始探索绘画和艺术创作的世界。

林奇：对，我可能是在积累信息，但绘画方面我比较稚嫩。一直没有找到什么能够激发灵感的素材。我到费城才真正学会创意思维。我相信自己的想法是具有独创性的，是我独立探索得来的。当时的费城是一座奇怪的城市，有时人对环境十分依赖；有时环境会对人产生强烈的影响，成为灵感的源泉，恐惧也可能成为创作的动力。

杜里达斯：你曾有这样一句精彩发言："一旦接触到令人恐惧的事物，你就开始担心平静、美好的生活会消失或受到威胁。"

林奇：我想我们都明白这种感觉。

---

① 鸭尾头（ducktail）是50年代流行的一种男子发型，将两边的头发都向后梳，脖颈处的头发剃短。

杜里达斯：比如纯真无知和懂得太多之间那种迷人的反差。

林奇：没错。

杜里达斯：影片中一首致命线圈①的歌曲[《警报之歌》("Song to the Siren")]没有被原声带收录。我知道这首歌和你颇有渊源。

林奇：我第一次听到这首歌是 80 年代，可能是 1985 年，我很想用它做《蓝丝绒》的配乐，但没能落实，好像是遇到了法律问题，也可能价格过高。我当时特别伤心，但正是因为没有拿到致命线圈的《警报之歌》，我才认识了日后合作多年的安哲罗·巴达拉曼提。安哲罗将我引入了音乐的世界，让我领略了其中的精彩。

杜里达斯：因此，与《警报之歌》失之交臂后，你选择了另一条道路。

---

① 致命线圈（This Mortal Coil）是英国唱片公司 4AD 的创始人伊沃·瓦茨-罗素（Ivo Watts-Russell）领导的音乐团体。

林奇:没错,就是安哲罗创作的、我非常喜欢的《爱的奥秘》("Mysteries of Love")。我没想到自己会这么喜欢这首歌——我一开始认为音乐有这么多写法,安哲罗怎么能写出完美替代《警报之歌》的歌曲呢?结果他真的做到了。安哲罗写出了完美的替代品,而我此后和他紧密合作了很长时间。

杜里达斯:制作《妖夜慌踪》时,你再次得到了在影片中插入《警报之歌》的机会。

林奇:是的。我一直在等待这个机会,终于等到了,在我看来,这是有史以来最优美的歌曲之一。

杜里达斯:为何最终没有被原声带收录?

林奇:歌曲的创作者伊沃同意《警报之歌》在影片中出现,但由于这首歌对他来说有特殊的情感意义,伊沃不允许任何其他形式的利用。

杜里达斯:这方面你们很相似,歌曲在你心目中的地位也是很高的。

林奇：没错。

[中间休息，播放《警报之歌》和玛丽莲·曼森①的《你中了我的咒语》("I Put a Spell on You")。]

杜里达斯：玛丽莲·曼森的《你中了我的咒语》——翻唱得非常棒。

林奇：翻唱得很好。

杜里达斯：玛丽莲·曼森是特伦特·雷兹诺送给世界的另外一份大礼②。

林奇：没错。我认为玛丽莲·曼森极具现代性，影响力与日俱增。

杜里达斯：他在《妖夜慌踪》中客串了一个小角色。

---

① 玛丽莲·曼森（Marilyn Manson，1969— ），美国歌手、创作人、音乐制作人。
② 特伦特·雷兹诺与玛丽莲·曼森一度关系亲密，雷兹诺还担任过后者乐队的制作人。

林奇：是的。

杜里达斯：玛丽莲·曼森是特伦特·雷兹诺对世界的贡献，不过他也和大卫·鲍伊一起巡演过，还有这层关系。我认为他改变了电影文化的一个方面，在配乐媒介方面开辟了全新的领域，还能吸引十三四岁的少年。

林奇：很棒。

杜里达斯：是有不少新鲜事。我听说这部影片有一部分是在你名下一幢房屋里拍摄的，对吗？

林奇：对。

杜里达斯：你真的有三幢连在一起的房子吗？

林奇：是的，我很幸运。第三幢是后期制作时买的，我们拆掉了一部分，然后再按照影片的要求搭建。有点像摄影棚，但外面也可以拍摄。

杜里达斯：你住在那里？

林奇：对。

杜里达斯：已经住了一段时间？

林奇：是的。

杜里达斯：住在拍摄影片的布景之中对你来说是家常便饭。

林奇：你的心灵会一直停留在电影的世界里，身体也住进同一个空间是很棒的体验。

杜里达斯：拍摄《橡皮头》时，你曾经在布景里住过。

林奇：是的，我在亨利的公寓里住了好几年，在一日三餐、日常起居，甚至每一次呼吸中感受那种氛围，随着时间的推移，我对影片中的虚幻世界的想象日益丰满，这一切渗入影片当中，进一步烘托了气氛。

杜里达斯：你会对环境特别熟悉。

林奇：是的。

杜里达斯：可以去探索它，利用它。

林奇：没错。

杜里达斯：在一个没有日常生活造成的种种困扰的理想世界中，如果你手头有一部希望完成的电影，你会怎么拍？我的意思是，在理想世界中，你拍摄影片的一般流程是怎样的？

林奇：进入和体验另一个世界是绝妙的体验，因此，在理想的世界中，如果能像拍摄《橡皮头》时那样，稍微放慢拍摄节奏，住进布景或者拍摄场地去体验会很棒。有时候拍摄进度太紧张了，需要的素材都完成了，却没有机会在弗雷德·麦迪逊的客厅里闲坐静思一小会儿。其实我真的坐了一小会儿，但你应该明白我在说什么。

杜里达斯：弗雷德·麦迪逊是主人公。

林奇：弗雷德·麦迪逊是《妖夜慌踪》的主人公。因此我相信深度体验那个环境是很重要的。

杜里达斯：你认为大多数影片和最初的构思都相差很大吗？

林奇:这倒没有。我认为很多人实现了他们的构想,而且……

杜里达斯:将它们发挥到了极致……

林奇:是的,我认为,就像人们常说的,没有人一开始就想拍摄一部烂片。

杜里达斯:当然。

林奇:拍摄一部影片的工作量很大。任何经历过的人都知道。但我相信大家都明白,对片中的世界了解越深入,就越有希望拍摄出优秀的作品。

杜里达斯:你说过,拍摄电影的乐趣部分来自创造自己可以全权控制的环境和世界。可以暂时脱离现实,创造一个完全由自己支配的虚幻世界。

林奇:是的,与之紧密联系的是创作者用影像、声效和音乐展现发生在这个虚幻世界中的故事时享有的广阔空间。电影是一种强大的媒介,如同试验一样拥有无限的可能性,无比美妙。因此,用电影表达具体或抽象的概念是很有意思的。

杜里达斯：你现在就在做这方面的前沿探索……在当下这个人生阶段，你在挑战极限。

林奇：一切都源于各式各样的人类行为，众所周知，这其中的多样性是非常丰富的。世界上的人类行为是拥有无限可能性的美妙存在，值得慢慢探索。

杜里达斯：比如我们日常使用的只是大脑的一小部分，对吗？

林奇：没错。

杜里达斯：你还是这部影片的音响师。具体是什么意思？你都做了哪些工作？

林奇：经常要和他人合作。我们有一个优秀的音效团队。但每一件事导演都必须参与，必须在脑中提前构思好，这样不同的元素才能形成有机的整体。这很关键，取决于整体的氛围。我与不同的人合作，确保各种音效没有问题，利用各种机缘与巧合。我们是团队合作，一人把关。

杜里达斯：这好像一般不是导演的工作。你在这方面参与得比较多？

林奇：我就坐在调音台旁。事实上，我亲自进行混音。不过我认为一段时间过后，我们团队的每一个人都找到了我和巴里最初构想的感觉。很快，一切都朝着我们最初设定的方向发展，整个团队形成了合力。

杜里达斯：有一位给我们打电话的听众提到了艾伦·斯普利特，他是一名声音设计师。我们向你提到这个名字的时候，你露出了微笑。

林奇：艾伦是我最好的朋友之一，他已经去世了。我和艾伦是在费城认识的，我和他合作完成了《祖母》的音效，并成了好朋友，《蓝丝绒》的声音也是我和艾伦一同完成的，我甚至希望每部作品都和他合作。他是世界上最敏感的人之一，深爱声音和音乐。

杜里达斯：我想，你坐在调音台旁制作《妖夜慌踪》的声音时也一定受到了他的影响。

林奇:没错。

杜里达斯:现在我们对安哲罗·巴达拉曼提的作品已经比较熟悉了。你们长期合作,你刚才提到,是他将你引进音乐的世界。这具体是什么意思?

林奇:我一直对接近音乐的音效感兴趣,这种音效与音乐遵循类似的原则——可以说就是音乐。但我从来没有和作曲家进行过深度合作,从未有过在音乐世界中徜徉的体验。安哲罗将我领进了音乐的世界,给我鼓励,让我收获了很多美好的经历。

杜里达斯:你今天又与我们分享了一种新体验,你带来了一张试样唱片(demo)?

林奇:对,是一张试样唱片。

杜里达斯:这是一位女歌手……

林奇:她叫乔斯琳·韦斯特(Jocelyn West),来自英国,既会拉小提琴又会唱歌。

杜里达斯:所以你们,你和安哲罗,一起……

林奇:我们本来只打算和她交流五分钟,结果那个会开了七个小时,最终我们完成了这首《还是》("And Still")。歌词是我和阿蒂·波来米西斯(Artie Polemisis)的妻子一起写的。阿蒂是纽约录音棚的负责人,我和他太太埃丝特尔(Estelle)一起创作了歌词。

(中间休息,播放《还是》。)

杜里达斯:刚刚播放的是来自乔斯琳·韦斯特的《还是》。这是大卫·林奇和安哲罗·巴达拉曼提共同制作的一首歌曲的试样唱片。是安哲罗作曲吗?

林奇:是的。

杜里达斯:具体何时发售现在还说不准?

林奇:说不准。

杜里达斯:在录音棚里和音乐家及歌手合作与在镜

头前和演员合作一定有相似之处。

林奇：很相似，都是通过奇怪的对话，以及在空气中传递的其他信息，比如手势，寻找方向。这个项目缘起于我和安哲罗的对话，随后自然发展，好像连时间都消失了，最终突然就有了成果。

杜里达斯：和演员合作也是这样吗？给他们一些大方向上的指导？

林奇：先和演员沟通，然后彩排，再进行第二轮的沟通和彩排，一点点向最初的构思和方向靠拢，这样就能逐步走上正轨了。

杜里达斯：你为这部影片进行了多少彩排？

林奇：拍摄《妖夜慌踪》期间，我和巴尔萨扎·格蒂（Balthazar Getty）、比尔·普尔曼和帕特里夏·阿奎特进行了彩排——如果时间能宽裕一些就好了，但拍摄前我们的实际彩排时间只有两周。

杜里达斯：罗伯特·布莱克（Robert Blake）呢？

林奇：罗伯特·布莱克不需要彩排。

杜里达斯：他是最——我不知如何形容他在影片中有多么恐怖。

林奇：观众为罗伯特·布莱克而疯狂。

杜里达斯：你是如何发现他的？他之前在做什么？

林奇：他一直在这里，很有实力，可以说无出其右。

杜里达斯：从两岁开始！

林奇：我想他三岁就开始表演了。他很棒，有讲不完的故事。

杜里达斯：你还在做些什么？你的系列漫画《世界上最愤怒的狗》已经连载了很长时间。还在……

林奇：不，《世界上最愤怒的狗》已经被取消了。

杜里达斯：什么时候？

林奇：1992年！连载了九年，表现已经很不错了。

杜里达斯:我还以为它只是从洛杉矶的报纸转移到了其他地方的报纸上。

林奇:嗯……不是的,已经彻底死翘翘了。

杜里达斯:你还在利用其他什么媒介进行创作吗?

林奇:我还在画画。我一直坚持画画。我最近在巴黎和日本办了画展。

杜里达斯:什么时候来洛杉矶办画展?

林奇:我在这里有一家合作的画廊——科恩·特纳画廊(Cone Turner Gallery)。我一年半或两年前在这里举办过画展,目前我不知道何时举办下一场画展,但我深爱绘画的世界。

杜里达斯:动物套装是什么?

林奇:动物套装是我在伦敦时开始做的。我买了一条鱼,然后把它肢解成多个部件……就像买来可以拼成飞机的模型套装一样。

杜里达斯：你在哪里买鱼？鱼市？

林奇：去鱼市买。拿回家，然后……

杜里达斯：……把它肢解了。

林奇：……进行组装，拿回家先肢解，然后拍照，做成可以拼起来欣赏的样子。

杜里达斯：你称之为鱼套装？

林奇：鱼套装。后来我在墨西哥做了一个鸡套装。

杜里达斯：所以现在总共有两个套装。

林奇：对，还有鸭套装，但是做得不太好。

杜里达斯：嗯……什么叫不太好？

林奇：照片——部件太多了，没有展现出小部件的细节。

杜里达斯：鸭子的结构是很复杂的！

林奇：对，鸭子……是世上最美的动物之一。

杜里达斯：你是将电影艺术比作……

林奇：一只鸭子。自然是一位优秀的老师，人可以从自然现象中获得很多适用于其他方面的启示。

杜里达斯：我听说你在做一本大开本精装画册，里面收录的视觉艺术作品反映了你对——口腔卫生的兴趣？

林奇：我对口腔卫生感兴趣是因为小时候……我的牙不好，经常要去看牙医。现在我有固定的牙医——圣莫尼卡（Santa Monica）的金医生，我觉得他是世界上最棒的牙医。

杜里达斯：夹带广告了！

林奇：哦，不好意思，但他真的很棒。我喜欢看牙医——牙科涉及的不同机器和质感——所以我拍了一些照片表达这种喜爱。

杜里达斯：在电影方面你未来有什么计划？

林奇：很不幸，我正处于搜寻下一个项目的状态，就是等待灵感到来，这很痛苦，我也不知道灵感何时才会到来。我希望立刻开始下一部影片的制作。

杜里达斯：你的描述和很多来过这里的歌曲创作人很像，他们也像你等待电影灵感一样等待歌曲灵感的到来。有时（我以前引用过汤姆·威兹[①]的这句话，今天再引用一次），歌曲就像卡通人物，很难抓住，只能抓住他们的内裤——拽紧他们的内裤，不让他们溜走。

林奇：对……同样的意思可以用很多种方式表达。大家都依赖灵感。灵感非常重要。世界上所有人创造的东西都源于最初的灵感。因此找到精彩得令人爱不释手的灵感是非常美妙的体验，就像被电击了，突然醍醐灌顶一样。

杜里达斯：你在捕捉神出鬼没的灵感方面有什么心

---

① 汤姆·威兹（Tom Waits, 1949— ），美国歌手、创作人，以独特的深沉嗓音和关注社会底层的歌词而著称。

得吗？

林奇：我会进行冥想。冥想就是通过清空意识的载体，也就是神经系统，去拓展意识的边际，意识空间越广阔——用钓鱼来作比的话——鱼钩就可以沉得越深，钓到大鱼。沉入意识深处是很重要的。找一个舒适的姿势坐下，任思绪蔓延，不尝试控制它的走向，在意识空间中或下沉或上升——随便怎么理解都可以——探寻美景，捕捉灵感。

杜里达斯：你有什么尚未涉足但想要尝试的创作媒介吗？比如广播？

林奇：我从来没有接触过广播，但是今天在这里和你见面给了我不少启发。

杜里达斯：如果有灵感想在 KCRW 试验，务必联系我们。

林奇：就这么说定了。

杜里达斯：非常感谢你今天来到录音棚。

林奇:克里斯,很高兴和你交流。

杜里达斯:你收听的是 KCRW 的《多彩清晨》栏目对大卫·林奇的采访。这是你正在制作的另外一首歌曲。

林奇:是和唐·瓦尔佐恩(Don Valzone)、安迪·阿莫(Andy Armor)、戴夫·朱里克(Dave Jurike)与史蒂夫·霍奇斯(Steve Hodges)合作的试样唱片。

杜里达斯:我们用剩下的时间听听这首歌。

林奇:好的,克里斯,非常感谢。

杜里达斯:大卫·林奇。

"Interview" by Chris Douridas from the *Morning Becomes Eclectic* radio show, broadcast by KCRW (Los Angeles, CA) on 19 February 1997. Transcribed by Melissa Musser.

世界的真容

卡特林·施波尔/1997年

大卫·林奇用他充斥着性、暴力和疯狂的影片绘制了一幅神秘的美国图景。在他看来,《橡皮头》(1976)、《蓝丝绒》(1986)、《我心狂野》(1990)和他最新的作品《妖夜慌踪》都是"地狱游记"。他是最具争议的导演之一,也是为美国影坛注入最多活力的导演之一。艺术还是低俗?林奇不认为两者是对立的。毕竟,他喜欢打破边界:"设计与音乐,艺术和建筑——都是一体的。"多年来,他还私下从事家具设计。如今,他首次接受设计杂志的采访,开诚布公地探讨了这个话题。

《形式》:作为导演、演员和著名电视剧《双峰》的创造者,你在国际上享有盛誉。但你的爱好不仅限于电影和电视。你和安哲罗·巴达拉曼提合作作曲,还从事写作和绘画……近期在巴黎举办了画展。最近我们注意到你还设计家具,而且已经做了一段时间。你还有其他不为人知的爱好吗?

大卫·林奇(以下简称林奇):别担心,我无意为自己打造十项全能的形象。绝无此意。我只是不知不觉接触了不同的领域。

我最早主要是画画。和很多画家一样,我希望找到新的挑战。因为靠画画赚钱是很难的。毕竟光是搭建绷紧画布的画布框就需要用到不少工具。就这样,我逐渐开始制作一些小东西。

这是很特别的体验。建造自己的世界。我父亲在家一直有工作室,我小时候就学会了如何使用工具,常在工作室里制作东西,所以一切都可以追溯到多年以前。

《形式》:所以设计家具对你来说不是全新的体验?

林奇:对。我一直对这方面很感兴趣。

《形式》:有某种元素将你的各种创作活动联系在一起吗?

林奇:电影能够将各种媒介联系在一起。绘画、制作家具或者与安哲罗一起制作音乐,这些都像一条通向电影的通道,而它们本来是相互独立的活动。当然,你也可能完全沉浸在这些具体的事务当中。产生制作桌子或者其他家具的灵感时,心情是很激动的。

《形式》:4月,你将在世界上最重要、最著名的家具展——米兰国际家具展(Salone del Mobile in Milan)——上发布一套家具。这套家具会批量生产。你计划以设计为第二职业吗?

林奇:对……我有不少想法。

《形式》:你是什么时候开始设计家具的?

林奇:最初我并没有把自己看作家具设计师。我只是根据灵感制作物品。

上艺术学院时,我开始根据自己的设计制作东西,就这样一步步走到今天。

不过现在我希望找到愿意制造我设计的家具的公司。确定有人感兴趣之后,灵感才会日益丰满,渠道和他人的肯定都必不可少。

《形式》:你60年代还是学生的时候就开始制作物品了?

林奇:是的,没错。在那个风云变幻的年代……

《形式》:在米兰展出的那些桌子呢?是什么时候设计的?

林奇:"浓缩咖啡桌(Expresso Table)"是约五年前设计的。其他都要更新一些。

《形式》:人们常常将暴力、某些与众不同的欲望和噩梦同你的电影联系在一起。这一切似乎与设计相去甚远。

林奇:或许是这样,不过电影、绘画、家具等都源于灵感。产生灵感之后就入迷了。

别忘了,我喜欢制作的过程。制作过程和设计一样重要,因为设计常在制作过程中升级进化。

《形式》:很少有导演为自己的电影设计家具。

林奇:有可能。但是有时我需要在某个地方放一件特定的家具。寻找合适的东西要花很多时间。而且自己做一个要有趣得多。

《形式》:你尝试过出售你的家具吗?

林奇:多年前我把我的第一张小桌子卖给了贝弗利大街上的斯康克世界(Skank World)。斯康克世界是一家主要卖50年代的设计和家具的小店——我很喜欢。但人们很少去那里买新家具。所以我的作品也卖不出去。那之后我就没再尝试销售我的家具了。直到现在。

《形式》:你希望你的设计被大规模生产吗?

林奇:不。先做一个小的系列,但不是限量版。我希望这个系列能够成功实现销售,未来发展壮大。

《形式》：部分你设计的桌子特别小，似乎只能在特定的时间实现单一的功能。比如，钢块桌（Steel Block Table）看起来只能放下一个浓缩咖啡杯或者几个玻璃杯。还有一张桌子是放一个咖啡杯和一个烟灰缸的。这些迷你桌子背后有什么奥秘？

林奇：在我看来，大多数桌子都太大太高了。它们会让房间显得狭小，侵占空间，导致不快的心理活动。

《形式》：你想过米兰展会上的人会如何看待你的家具吗？

林奇：不，完全没想过。（笑。）

《形式》：你对木头的偏爱在你的影片中显露无遗。你的办公室里有一个设备齐全的木工工作室。在《妖夜慌踪》的洛杉矶首映礼上，你发表讲话时将电影内容的特征比作木头。你是怎么想到这种联系的？

林奇：木头是一种非常特别的材料。远古时期起，人们就伐木，利用木材。钉一个钉子进去，大多数木材也不会裂开。我们可以用锯子切割木材，用凿子在上面雕刻，还可以将木材表面磨光。木材还有美丽的木纹,有一种直击灵魂的力量。

《形式》:赞美木材和手工是不是有些与时代脱节?

林奇:我一直对工业结构和材料感兴趣。塑料也会被用到,而且很酷,但与天然材料相比还是有差距。木头可以用自己的语言与人沟通,是一种令人愉快的材料,对使用者非常友好。木头的种类很多——非常神奇。木头不仅仅是一种材料。

《形式》:建筑在你的影片中扮演了什么样的角色?

林奇:我们被建筑和空间所围绕。但以赏心悦目的方式展现空间也是一门艺术。能做到的人很少。通常,大部分房屋,尤其是现代美国风格的房屋,多少都有些煞风景。

它们缺乏设计感。我认为它们会吞噬快乐,住在这种房子里一定很痛苦。

我总是跟着感觉走。《双峰》中红房间的灵感就是突然出现在我脑中的。地板的花纹和《橡皮头》中亨利·斯潘塞所住的公寓楼的大堂是一样的。我喜欢那种花纹。

《形式》:我看《象人》时,象人制作一个精美的教堂模型的情节给我留下了很深的印象。那个教堂是你设计的吗?

林奇:不是,是艺术指导斯图尔特·克雷格(Stewart Craig)做的,参考了过去销售的维多利亚时代房屋纸板模型套装和伦敦医院附近的一座教堂。

《形式》:你和巴里·吉福德一同创作了《妖夜慌踪》的剧本。你说《妖夜慌踪》是"一个时间错乱的危险世界"。你是如何在布景设计中体现这个概念的?

林奇:时间是这部电影的主题:故事从某处开始,要么前进或后退,要么静止不动。但时间一直在流逝,电影会用不同的手法压缩或者延长时间。有些镜头,以及部分音乐,是围绕时间构建的。因此,与道具和布景设计相比,同这个概念联系更为紧密的可能是故事和剪辑。

《形式》:你的剧本完全不涉及布景设计。你一般什么时候将布景设计落在纸上？

林奇：从不写在纸上。一旦灵感闪现，很多——甚至可以说大部分——元素就都有了着落。脑中会浮现相应的画面，然后就尽量去实现这些画面，以及随之而来的氛围、灯光和能回忆起的种种细节。如果实际拍摄场地和你的设想完全不同，就四下观察，尽力营造最接近的效果。

《形式》：拍摄《橡皮头》期间，你就住在拍摄场地里；《妖夜慌踪》有一部分是在你家拍摄的。你为何偏好将自己的个人空间用于影片拍摄？

林奇：对电影世界的极致热爱会让人渴望身临其境。因此，在影片拍摄期间住在布景里，在那里停留尽可能长的时间，是很棒的，会让你对电影中的世界有更深的理解。

《形式》：据我所知，你的房子是劳埃德·赖特①——

---

① 劳埃德·赖特（Lloyd Wright，1890—1978），美国建筑师，主要在洛杉矶及南加州地区活动。

弗兰克·劳埃德·赖特①的儿子——设计的。

林奇：是的。我现在居住的贝弗利·约翰逊别墅（Beverly Johnson House）是劳埃德·赖特于60年代设计的。劳埃德·赖特的儿子埃里克·赖特（Eric Wright）替父亲担任了施工监理。二十五年之后，埃里克依照父亲的风格增建了泳池和池边小屋。

《形式》：你认为这幢房屋对你的作品有影响？

林奇：赖特是一位伟大的建筑师。这幢房屋给人一种纯日式建筑的感觉，但也融合了美国现代主义，是两者的结合。整个空间令人愉悦，给我很好的感觉。因此住在其中对我的整体生活都有影响。有时我会想到适合它的物件或者形状，这些想法可能会演化为家具或者电影的灵感。

《形式》：你家里的东西摆放都很讲究。你设计了隐藏电话和视频播放系统的盒子。为什么要隐藏这些设

---

① 弗兰克·劳埃德·赖特（Frank Lloyd Wright, 1867—1959），美国建筑师、室内设计师，主张设计与人类及环境和谐共存的建筑。

备？技术产品会让你感觉到威胁吗？

林奇：技术是一把双刃剑，一般不会让我有被威胁的感觉，但这是完全有可能发生的。这取决于技术如何被利用。我完全不反对任何提高生活质量的科学技术。

《形式》：那你为什么要把视频播放系统这样的设备隐藏起来？

林奇：为了尽可能地让房间显得清爽，我恨不得把所有东西都藏起来。有些电子设备功能出众，非常先进，但包装盒非常无趣。商家在产品上花了很多心思，却忽略了其他方面。

《形式》：也许正因如此，其他方面才更加有趣。进行此类设计时，设计师不会像设计产品那么用心。

林奇：但一般都相对乏味。

《形式》：你提到过你的灵感经常是以白日梦的形式出现的。贝弗利·约翰逊别墅是你梦想中的房屋吗？

林奇：那是一幢美丽的建筑。建筑值得反复玩味。

设计对我的生活影响很大。我需要愉悦的空间。我常常在不知不觉中思考这方面的事情,但我不是建筑师。不过我真的很欣赏优秀的建筑设计,相信优秀设计可以大大改善人的生活。

《形式》:你最欣赏的建筑师是谁?

林奇:包豪斯,包豪斯学校①的所有学生。皮埃尔·夏洛(Pierre Chareau),他设计了巴黎的玻璃之家(Maison de Verre)。路德维希·密斯·凡德罗②。赖特家族。鲁道夫·米夏埃尔·辛德勒③和理查德·诺伊特拉④。我喜

---

① 包豪斯学校,1919年到1933年运营的一所德国艺术学院,倡导工艺和美术相结合;包豪斯是现代设计的摇篮,其提倡并实践的功能化,理性化,单纯、简洁、以几何造型为主的工业化设计风格,被视为现代主义设计的经典风格,对20世纪的设计产生了不可磨灭的影响。
② 路德维希·密斯·凡德罗(Ludwig Mies van de Rohe, 1886—1969),美籍德裔建筑师,包豪斯学校的最后一任校长,现代主义建筑的先驱之一。
③ 鲁道夫·米夏埃尔·辛德勒(Rudolph Michael Schindler, 1887—1953),出生于奥地利的美籍建筑师,主要作品位于洛杉矶及其周边地区。
④ 理查德·诺伊特拉(Richard Neutra, 1892—1970),美籍奥地利裔建筑师,主要在美国南加州地区生活和工作,被视为最杰出的现代主义建筑师之一。

欢极具美感的极简主义设计。

《形式》：你梦见过家具吗？

林奇：有过，家具在我的白日梦里出现过。

《形式》：在你看来，所谓的"美国梦"精神有没有催生一种特别的家具？

林奇：不同的文化出于各种原因会催生某些东西。但是好的设计在任何地方都能得到认可。

《形式》：你说你受到了蕾·埃姆斯和查尔斯·埃姆斯①的影响。你最为欣赏他们作品的哪一方面？

林奇：设计。对，我很喜欢蕾和查尔斯·埃姆斯。

《形式》：他们所有的作品？

林奇：是的，我喜欢他们的设计。

---

① 蕾·埃姆斯（Ray Eames，1912—1988）和查尔斯·埃姆斯（Charles Eames，1907—1978）是一对美国工业设计师夫妇，为现代建筑和家具的发展做出了重要的历史贡献。

《形式》:你见过埃姆斯夫妇吗?

林奇:我曾和查尔斯·埃姆斯共进午餐,那是1970年或者1971年,他来美国电影学院和全体学生一起吃午餐。我和他坐在同一桌。他是我认识的最聪明、务实、伟大的人物之一。他纯真快乐,乐享生活,有时像孩子一样。见过他的人都会立刻喜欢上他。

《形式》:来自纽约的设计师弗拉基米尔·卡根①对你也有启发。

林奇:他现在年纪已经很大了,可能已经八十岁左右了。他在50年代有一定的知名度,他的作品最近又火了起来。夏洛特·贝里安②的作品也是如此,她是勒·柯

---

① 弗拉基米尔·卡根(Vladimir Kagan, 1927—2016),美国家具设计师,风格受古董、自然和包豪斯影响,强调舒适性和实用性。
② 夏洛特·贝里安(Charlotte Perriand, 1903—1999),法国建筑师和设计师,以创造实用的居住空间为己任,相信好的设计有助于创造好的社会。

布西耶①和皮埃尔·让纳雷②的合作伙伴。他们再一次得到了人们的认可。实至名归。

《形式》:顺便一提,埃姆斯夫妇的作品在欧洲比在美国更受认可。你觉得这是为什么?

林奇:因为欧洲人更有品鉴眼光。

《形式》:你喜欢德国设计吗?

林奇:喜欢。德国设计纯粹简洁的同时,又实在而实用。这些特点恰好都是我喜爱的。

《形式》:换句话说,你喜欢德国设计的技术层面?

林奇:不,很多时候我喜欢的是外形和材料。德国以工艺精湛而著称,因此做出来的东西都很好用。这一点是有保证的。

---

① 勒·柯布西耶(Le Corbusier,1887—1965),法籍瑞士裔建筑师、设计师、画家,现代主义建筑的先驱之一。
② 皮埃尔·让纳雷(Pierre Jeanneret,1896—1967),瑞士建筑师,与表兄勒·柯布西耶合作近二十年。

《形式》：你和帕特里夏·诺里斯已经合作好多年了。她担任你影片的艺术指导。她对你自己的设计作品有影响吗？

林奇：她是艺术指导，也负责服装设计。服装方面，我几乎不用给她任何提示，她总能自己搞定。但在布景设计方面，我们总是什么都探讨。

我尝试让她理解我的想法，这样我们才能往一个方向努力，然后我们依然会频繁沟通。为了保持影片整体风格一致，每一个设计都非常重要。

《形式》：还有其他建筑师或者设计师参与吗？

林奇：不，只有她。

《形式》：如果找不到符合你期望的外景或室内拍摄场地，你能做出妥协吗？

林奇：不能。妥协是不可能的。要继续搜寻，直到找到适合故事的地点。道具也是一样。经常要重新粉刷或者调整物品的摆放位置,还会加入新的家具。不能妥协。妥协会夺走影片的灵魂。

"The World Reveals Itself" by Kathrin Spohr from *Form* (no. 158, February 1997).

妖夜慌踪

斯蒂芬·皮泽洛/1997年

12月的一个晴朗的日子里,大卫·林奇坐在好莱坞山一幢现代主义二层建筑露天平台上的一张折叠躺椅上,这里是他的电影制作中心——名字十分贴切的不对称电影(Asymmetrical Productions)的所在地。林奇身边全是绘画工具:一个巨大的木画架、沾着油彩的颜料罐和散落的各式刷子。旁边的墙壁上靠着一幅他尚未完成的作品:一大块上了某种光面釉的烤牛肉被贴在了画布上,两侧是做了类似防腐处理的小青蛙尸体和麻雀尸体。林奇抓了抓布满灰白胡茬的下巴,评价了他的作品。"烤牛肉经历了奇特的形态变化,"他交叉着双臂说,"一开始比现在更大,但一天被松鼠拿走了一大块。我算是在和它合作。"

这是一句经典的林奇台词,前卫的古怪和接地气的好脾气在他身上共存。这样的话语导致媒体将林奇贬低为某种低能电影天才(cinematic idiot savant)——奇怪但是聪明的邻家孩子,偶尔向人展示他从后院里挖出来的令人作呕的东西。但我见到的大卫·林奇一点也不低能。他十分清楚自己的形象,甚至正是这种形象背后老谋深算的策划者。毕竟,他制作了终极午夜电影《橡皮头》;在《蓝丝绒》中让丹尼斯·霍珀化身精神错乱的弗兰克·布思,对毫无戒备的观众造成了不小的冲击;还凭一己之力入侵了全国观众的家,让《双峰》诡异的画面出现在城郊居民的电视屏幕上。简而言之,他是存在恐惧①的旗手,被所有感知到生活之诡异的人拥戴。

林奇在他的职业生涯中多次获得"怪诞之王""奇诡巫师""精神变态的诺曼·洛克威尔"之类的称号,但他本

---

① 存在恐惧(existential horror)指个人意识到自己的生存现状时所经历的恐惧。

人相当和蔼可亲。当被问及他独特的思维过程如何催生电影灵感时,导演露出了认真思考的表情。"一切都源于我最初的灵感,"他说,"一旦有了想法,我就能想象出画面和氛围,甚至可以听见声音。氛围和视觉风格都很明确。灵感总是与氛围和画面一同出现。从毫无头绪到灵感绽放往往只需要一瞬间。"

然而引发这种灵感涌动之状态的又是什么?"有时灵感会在听音乐时出现,"林奇表示,"就像音乐转化成了其他东西,会有画面在我眼前展开。有时我可能只是安静地坐在椅子上,然后'啪'——灵感突然出现。有时我在大街上的见闻也会演化为某个情节。一旦开始构思,灵感碎片就会像火车车厢一样连接起来。最初的灵感会像磁铁一样将你所需要的东西都聚集起来。会有合适的老想法重新浮现,也会有新的发现。最终不同的灵感会串联起来,形成一个整体。"

"产生某个想法之前,你面前是无边无际的宽广空间,"他总结道,"但一旦有了喜欢的灵感,面前的道路就会变窄很多。只要集中精神,更多的想法就会汇聚在这条道路上,形成完整的构思。"

截至目前,林奇作品为电影观众铺就的是一条相当崎岖难走的道路。这一次,他与摄影师彼得·戴明〔Peter Deming,作品包括《鬼玩人2》(*Evil Dead 2*)、《好莱坞洗牌》(*Hollywood Shuffle*)、《家庭聚会》(*House Party*)、《捣蛋鬼弗雷德》(*Drop Dead Fred*)、《我的表兄维尼》(*My Cousin Vinny*)和即将上映的喜剧《王牌大贱谍》(*Austin Powers: International Man of Mystery*)〕推出了《妖夜慌踪》,一部噩梦般的新黑色电影(neo-noir)——《体热》(*Body Heat*)和《灵魂大搜索》(*Altered States*)的诡异结合。这部充斥着暴力、非线性叙事,同时诡异至极的影片令很多观众感到困惑甚至被冒犯,但影片确实再度展现了林奇在视觉方面出众的才华。

影片讲述了弗雷德·麦迪逊的奇怪故事。弗雷德·麦迪逊是一位爵士乐萨克斯乐手,他的妻子一头黑发,不苟言笑但十分性感,两人的婚姻显然已经出现了严重的问题。有人闯进了他们的家,暗中拍摄他们睡觉的样子。不久之后,妻子被谋杀了,麦迪逊则被关进了铁窗酒店(Graybar Hotel)的一个简陋的房间(牢房)。

这是标准的黑色电影设定,但故事突然发生了超现实主义的转折。在牢房中苦熬期间,麦迪逊突然莫名其妙地变成了一个名叫皮特(Pete,巴尔萨扎·格蒂饰)的少年汽车修理工。困惑的警方释放了他,但严密地监控着他的一举一动。很快,皮特发现自己迷上了脾气暴躁的黑帮老大[罗伯特·洛贾(Robert Loggia)饰]的性感金发情人(仍是帕特里夏·阿奎特饰演)。这份迷恋让他与黑帮老大起了冲突,后者随即开始用各种各样的方法恐吓他——比如把一个特别怪异、没有眉毛、可以同时出现在两个地方的神秘人(罗伯特·布莱克饰)介绍给这位年轻的机修工认识。

故事的情节必须看过影片才能弄清,这无疑也正是林奇所希望的。早期关于这部影片的媒体报道将其称为"心因性神游症"①,导演本人不愿就影片的真正含义给出任何进一步的提示。"影片拍摄期间,剧组的宣传员读了一些精神疾病方面的资料,她发现有一种名叫'心因性神游症'的真实疾病。患有这种疾病的人会舍弃自己的

---

① 心因性神游症(psychogenic fugue)患者会失去身份感,意识会游荡到很远的地方。

身份、世界和家庭——一切——成为另一个人。"林奇说道,"这就是弗雷德·麦迪逊。我喜欢心因性神游症这个术语。我觉得赋格曲①这个词用在这里特别合适,因为影片最初有一个主题,然后被另一个所取代。在我看来,爵士乐是音乐中最接近疯狂的。"

看完《妖夜慌踪》,有些观众可能会想把林奇送进精神病院。但有冒险精神的观众则可以欣赏大量极具冲击力的精彩画面:黑暗深渊一般的漆黑走廊;普尔曼变成格蒂的镜头——模拟的可能是人嗑了迷幻药之后的体验;一座奢华的别墅被用作色情电影的拍摄场地;深夜在尘土飞扬的荒漠上,车灯照亮了一对交媾的男女。

这些场景和《妖夜慌踪》中的大部分画面一样,有一种梦境般的狂乱感。林奇曾评价自己"不是理性的思考者",而是依赖直觉的艺术家,驱动他创作的主要是氛围、质感和情绪。"黑色电影有一种人人都能感知的氛围,"

---

① 赋格曲(fugue)的主要结构是:首先在一个声部上出现一个主题片段(subject),然后在其他声部上模仿这个片段,这时演奏主题的声部演奏与新的声部相对应的乐句,形成各个声部相互问答追逐的效果。心因性神游症英文中的第二个单词与赋格曲的英文是同一个词。

他说,"麻烦缠身的人物、夜晚、一点微风,再配上适当的音乐。非常优美。"

为了弄懂林奇存在主义风格的要求,他的亲密合作伙伴必须努力理解他独特的思维。与林奇长期合作的艺术指导兼服装设计师帕特里夏·诺里斯表示,两人经过多年合作已经建立起了一种创作默契。"我们对什么样的环境和人物是'丑陋的'有相似的看法。"诺里斯说道,"房间的样子完全取决于人物,只要摸清人物性格,就可以想象他们的生活方式。大多数时候,室内环境的布置都是对剧本的补充,能够让人物形象更加鲜明。比如,在《妖夜慌踪》中,拍摄色情片的人的别墅就非常难看——风格过分夸张,毫无品位可言。所有东西都太大,让人感觉可能是找别人布置的。布置麦迪逊夫妇的房屋时,我们希望让他们的关系显得神秘而暧昧,因此采取了截然不同的策略。我们在他们的房间里零星放置了一些大卫喜欢的、色彩鲜艳的50年代'原子时代家具'[①];整体就

[①] 1945年第一颗原子弹试爆成功之后的时代被称为原子时代(Atomic Age)。90年代开始,家具商店会称50年代设计的现代主义风格家具为"原子时代家具"。

是'电话加烟灰缸'的感觉。"

摄影师戴明与林奇共事的时间没有诺里斯长，但他此前也与导演合作过电视广告、短命的电视连续剧《正在播出》和HBO的连播剧集（omnibus）《酒店房间》①。"大卫不怎么喜欢提前准备，他不愿受到束缚。"戴明说道，"开始拍摄这部电影之前，我们只具体讨论了两个场景：一个是弗雷德·麦迪逊家中走廊的镜头，还有一个是沙漠里的性爱场景。我们探讨了不同程度的黑——漆黑、'接近漆黑'等不同的层次。我会以我们之前合作的影片及他的其他作品为例，确认他想要的效果。大卫最喜欢的颜色是棕色、黄色和红色。我们最终用巧克力1号滤镜拍摄了很多画面，这个滤镜帮我实现了大卫想要的感觉。洗印厂认为这种滤镜很难通过配光②实现。"

"测试时，我在夜晚使用巧克力滤镜时遇到了一些困难。"戴明提道，"这个滤镜的滤光系数是一又三分之一

---

① 《酒店房间》（*Hotel Room*）共三集，1993年1月在HBO一次性连续播放。每一集的故事都是独立的，但均发生在同一个酒店房间中。
② 配光（timing）指在胶片冲印过程中通过不同的滤镜改变曝光时间，对画面的反差、饱和度等进行控制。

曝光量①，会导致阴暗区域失去细节，阴暗区域什么也看不清。我知道大卫喜欢什么样的阴暗画面，因此光线条件不好时，巧克力滤镜不是最理想的选择。我们试过在灯上加巧克力色的凝胶膜，但也有点太厚了。

"最终我请加州电影学院（CFI）的配光员（timer）罗恩·斯科特（Ron Scott）通过配光在胶片上实现这种效果。我给他两种灰度图②：一个正常的，一个摄影机加滤镜后的。他会对比正常拍摄的画面和用滤镜拍摄的画面，然后对整个画面进行不同程度的调整。我一般不推崇这么做，但从长远角度看，我认为这么做效果更好，因为夜晚场景给人一种不一样的感觉，甚至每个场景之间都有微妙的差别。大卫后来逐渐喜欢上了他看了六个月的工作拷贝（workprint），决定这方面不做调整。我尝试通过配光实现我们为白天的画面设计的巧克力色调，但没有采用这个方案，所以最终我们基本沿用了对工作拷贝的处理方式，主要调整不理想的区域。因此成片的各

---

① 滤光系数（filter factor）是一又三分之一曝光量（stop），指有百分之四十的光可以穿透滤镜。
② 灰度图（gray scale）用不同深浅的灰色表现画面的亮度。

个画面在色调上是不统一、有差异的。"

影片采用的是变形宽银幕格式(2.40∶1)①，戴明主要用伊士曼柯达的5293号和5298号胶片进行拍摄，还在镜头上蒙上芙歌(Fogal)的丝袜②。戴明说，他是从实用的角度以常识为基础选择胶片的。"哪怕是在室外，我们也经常在晚间或者树下进行拍摄，"他表示，"用了巧克力滤镜和85号矫正滤光片之后，就只能用5293号胶片了——不过没有关系，我很喜欢5293号。光线充足时我一般用5293号，夜晚的场景用5298号。如果不是变形宽银幕格式，我可能会选择其他的胶片，但拍摄变形宽银幕格式的影片时，为了保证画面质量，光圈值必须在2.8以下。有时候我们会把光圈值调到低于2.8，有一两次甚至使用了极大光圈。标准宽银幕格式(1.85∶1)可以用相对低的曝光值拍摄，夜间场景也可以用5293号胶片。"

戴明表示，影片拍摄期间最大的挑战就是实现林奇

---

① 变形宽银幕格式(anamorphic widescreen)指用变形球面镜头拍摄，把图像在水平方向挤压，使得画面能适合于长宽比更小的胶片。播放影片时，用带有变形镜头的电影播放设备，利用光学原理重新把图像拉宽放映，使图像回到原来的长宽比。

② 在镜头上蒙上丝袜可以制造柔光扩散(diffusion)的效果。

喜欢的黑暗的画面。"很困难,"他承认道,"我知道大卫喜欢什么样的效果。如果完全执行他的要求,所有画面就都是曝光不足且模糊不清的,简直要我的命。拍摄这部影片时,我常常用接近胶片宽容度极限的最低曝光值。我不想拍摄时过度曝光,然后再通过洗印调暗,这么做画面的对比度会过高。我希望夜间场景比白天在麦迪逊家拍摄的画面及影片所有其他画面的对比度都更低。"

在麦迪逊家(一座天花板高度偏低,只有七八英尺的真实房屋)拍摄时,剧组也遇到了不少实际操作上的问题。尽管剧组对房屋进行了大规模的改建(将客厅的大观景窗换成了两扇很小的垂直窗,还加了一扇天窗),这幢房屋狭窄的内部空间还是让戴明不得不尽量简化照明方案。"现场的条件导致能放灯的地方不多,尤其是白天的场景,"这位摄影指导说道,"拍摄白天的场景时,我们从外面向室内打光,主要用 HMI Par 灯(金属卤素抛物面镀铝反射灯),还从天窗往下送光。辅助光方面,我们用的主要是 Kino Flo 柔光灯,这样墙上不会有明显的阴影。卧室的照明方案与客厅略有不同。因为有一个相当大的窗户可以用,我们在外面用了一个架在升降台(Condor)上的 Dino 灯,不过卧室里只有一场日间戏。"

拍摄室内的夜间戏也给剧组带来了不小的挑战。"一般在这样的环境中可以用实用光源(practical light source)。"戴明说道,"大多数时候我们也是这样做的,但有的场景中没有可见的实用光源。这种时候我们就只能架设光源,尽量控制亮度,营造自然的感觉。拍摄夜晚场景时,我们用了很多纸灯笼。拍摄变形宽银幕格式的影片时,一般取景框下面是有很多空间的,取景框上面亦是如此,但我们拍摄的那幢房子不是这样。我们要把灯藏起来,或悬挂,或塞进角落。有时我们会钉上反射材料,在拍摄时送光;因为没有烟,所以观众是看不出来的。我的照明电工迈克尔·拉维奥莱特(Michael Laviolette)建造了一个硬质的室内灯笼挂架,灯笼里是两个五百瓦的超压溢光灯(Photoflood)。因此即便通过灯笼进行漫射,一千瓦对于小空间来说也已经非常亮了。灯笼是用相当厚的纸制作的。如果拍摄场地比较大的话,我们会用八英尺乘以八英尺的灯格架和十二英尺乘以十二英尺的平纹细布。"

拍摄部分关键镜头时,极简的照明方案取得了良好的效果。这一策略的成功范例之一是，影片成功表现了麦迪逊家走廊上弥漫的阴森气氛，那种不祥的感觉很像林奇最喜欢的画家弗朗西斯·培根的作品。实现这种效果多亏了多名剧组成员的默契配合。

"我们在真实的房屋中拍摄，但幸运的是，走廊的环境是可控的，"戴明说道，"帕特里夏·诺里斯和她的团队调整了结构，尽可能延长走廊的长度。她还给比尔·普尔曼安排了黑色的服装，把墙刷成了一种不怎么反光的颜色。最后，我们还在走廊尽头的窗户前挂了黑色的窗帘。"

因为房屋的天花板很低，戴明选择用一个直接悬挂在摄影机上方、轻微漫射的两千瓦 zip 灯照亮整个空间。他用美工刀和黑色遮挡材料调整光的角度，然后用感光度高的 98 号胶片进行拍摄。"98 号胶片可以捕捉到黑暗环境中的细节，因此我知道走廊的尽头必须消失，否则我们就麻烦了。"戴明说道，"大卫觉得模糊的黑比纯色的黑更吓人。他希望走廊黑中带棕，逐渐吞噬人物。拍完把胶片送到洗印厂之后，我给配光员打了电话，对他说：'比尔·普尔曼走到走廊尽头时要完全消失，否则我会一直被念叨的。'"

在其他室内场景中，剧组用 Kino Flo 灯营造了一种诡异的气氛。在一个镜头中，比尔·普尔曼走进了一个特别黑暗的走廊，看起来像穿墙而过一样。接下来的场景是，普尔曼在一个逼仄如坟墓的小屋里凝视自己的镜像。"大卫挂镜子的地方大约只有六英尺，"戴明描述道，"我们在上方用了一盏 Kino Flo 灯，在灯上加了巧克力色的凝胶膜，又对其做了很多切割。只有这么做，才能让比尔看起来不过于恐怖嶙峋。我们头天拍摄了这个镜头，看样片（dailies）时我觉得有些曝光不足。放映室亮灯之后，我对大卫说：'镜子那个镜头要重拍一下。'他像看疯子一样看着我，答道：'决不！我很喜欢那个镜头！'"

在销售色情电影的骗子〔迈克尔·马西（Michael Massee）完美地演绎了这个油腻的人物〕的奢华别墅里，剧组在拍摄一个走廊场景时采用了截然不同的影像风格。晕头转向的巴尔萨扎·格蒂沿着走廊跌跌撞撞地往前走，两个巨大的老式碳弧闪电灯[①]制造出的闪电效果

[①] 碳弧闪电灯（carbon-arc machine）指将两根碳棒对碰产生弧光以模拟闪电效果的设备。

充满画面，整个走廊像万花筒一样旋转了起来。"闪电是大卫很在意的元素，"戴明说道，"他不喜欢电子闪电机，因为它们制造的闪电是很清晰分明的。碳弧制造的闪电则会有颜色变化，先变暖再变冷。拍摄这个场景时，我们用两面对着走廊尽头的镜子反射一台机器发射出的光线，另一台机器则放在天窗外。我们把摄影机和另一个小闪电盒（lightning box）装在一个小型移动升降摄影车（doorway dolly）上，在巴尔萨扎向我们走来时后退拍摄。我给他打了一点眼神光[①]，摄影机后面连着倾斜荷兰头[②]。

"我们用了一个 Mesmerizer 透镜实现旋转效果。Mesmerizer 透镜是一个可以卡在镜头末端的非球面透镜，可以旋转，配合平面镜头一起使用，旋转时画面会被挤压和拉伸。推拉移动车时，我同时倾斜摄影机，并旋转 Mesmerizer 透镜。同时，大卫播放这个场景的配乐，我们

---

① 打眼神光（eyelight）指把较小、可聚焦的光源放置在摄影机旁，与演员眼睛的高度保持齐平，可增加演员眼睛闪亮的感觉。
② 倾斜荷兰头（tilting Dutch head）是一种可以实现"荷兰倾斜（Dutch Tilt）"构图的摄影器材。"荷兰倾斜"指摄影机在横滚轴上进行一定角度的倾斜后拍摄的画面，一般用来表现迷失、不安的气氛。

直接根据音乐的提示进行拍摄。"

后面的深夜荒漠性爱场景也很精彩,格蒂和阿奎特的身体被现场唯一的光源——车灯——射出的炙热白光照亮。"拍摄那个场景运用的手法——正面打光和过度曝光——都是按照惯例应该避免的做法。"戴明说道,"前期我们讨论这个性爱场面时,大卫说他希望演员是发光的。除了眼睛、鼻子、嘴和头发,他不需要任何细节。我们用钨丝 Par 灯模拟车灯的效果,把曝光量调到了正常水平的 6.5 倍,以实现过度曝光的效果。最终的画面给人超现实的感觉。大卫知道这种做法'在技术上并不合理',但它无疑适合这部电影。"

戴明表示,林奇的很多奇思妙想都是在拍摄现场——有时甚至是实际拍摄的过程中——产生的。"很多想法都是他在拍摄当日见到演员,完成演员走位调度之后产生的。"戴明说道,"总是需要临时准备一些物料,但和大卫合作就是得学会随机应变。"

林奇说,他确实鼓励剧组成员不要在技术和后勤方面被电影拍摄传统所束缚。为了拍出具有原始冲击力的电影,他任由想象自由驰骋,常常通过临场发挥在影片中实现自己的构想。"灵感刚刚到来时,一切都只存在于想象之中,但最终要来到真实世界,"林奇说道,"想象总有漏洞和模糊之处,是不完整的。但是,当女演员穿着戏服来到片场时,突然出现的具体元素能够引发很多新灵感。你可能会痛苦地发现需要修正的错误,也可能被凑巧发生的怪事深深吸引。比如工作人员挂灯时,灯突然翻倒了,光出现在原本不该出现的地方。我看到这场景后可能会把皮特叫来,对他说:'快看。'哪怕并不适合我们当时拍的场景,这些灵感也可以存储起来以备不时之需。这样的事情经常发生,积累灵感非常有用。"

据导演回忆,拍摄弗雷德·麦迪逊恐怖变身之前发生在牢房里的一场戏时,就有灵感到来。"我希望弗雷德·麦迪逊的脸完全失焦。"林奇说道,"我们在比尔·普尔曼身后挂了一块黑屏,拍摄这个场景时摄影机是不能移动的。我让皮特开始离焦,但画面失焦的效果达不到我的要求,已经达到镜头的极限了。我说:'好吧,我们遇上难题了。'他回答:'只能把镜头拿掉拍了。'我说:'好,那就拿掉吧。'拍摄这个场景时,他对镜头进行了拆卸,最终的效果很棒!我们将这种技巧命名为'瞎搞(whacking)',那之后我就开始放飞自我——不过只有适合影片的尝试才会被采用。"

令人意外的是,普尔曼变身成格蒂的迷幻场景不是用计算机生成的特效制作的,而是通过对摄影和剪辑技术的巧妙运用实现的。影片的剪辑师玛丽·斯威尼(她也是《妖夜慌踪》的制作人之一)透露,一位特效化妆专家特制了一个上面满是人造脑浆的"假弗雷德脑袋",然后用假脑袋拍摄的画面和真比尔·普尔曼的镜头被巧妙地混剪在一起。她解释道:"那个镜头完全是大卫设计的,我们在剪辑室用他胶片上拍摄的内容就将其构建了出来。"

对摄影机的巧妙运用也让影片的其他一些画面更加惊险刺激。拍摄小屋燃烧的镜头时,剧组用了四台摄影机:主摄影机(A-camera)是潘那维申(Panavision)Platinum 摄影机,全片均是如此;副摄影机(B-camera)是潘那维申 Gold II 摄影机;还有林奇的一台米切尔(Mitchell)摄影机[加了适配潘那维申 Primo 镜头的卡口适配器(mount)]和一个额外的斯坦尼康(Steadicam)摄影机机身。摇摇欲坠的破屋在火焰中化为灰烬的镜头是用四种不同的速度拍摄的：24帧（fps）①、30帧、48帧和96帧（用米切尔摄影机反向拍摄）。"我们把所有摄影机打开，然后点燃了小屋，"戴明回忆道，"我想用48帧的速度拍摄的部分高速影像在后期制作时被放慢了，不过我们拍摄的很多素材在影片中都是慢速倒放的。"

汽车修理工格蒂初遇黑帮老大的丰腴女友，看到她走出车库来到阳光灿烂的室外的镜头，也是用林奇的米切尔摄影机拍摄的。这个场景同样是用96帧的速度拍摄的。"拍摄那个镜头对我来说有点困难，"戴明表示，"操作米切尔摄影机时，摄影师看到的画面是压缩变形的，因此人物看起来全都特别细长。为了在使用滤镜的情况下以这么高的速度拍摄，我用了感光度更高的胶片。我知道胶片有限的宽容度会导致镜头最后的室外场景严重曝光过度。我向大卫解释了这种情况，结果他说：'很好，你拍得越迷幻诡异越好。'最终那个镜头中的室外画面特别亮，我想我们甚至在洗印时通过配光进一步提高了亮度。另外，影片最终采用的画面因为光的跳动而有

---

① fps即每秒显示帧数（frame per second），俗称帧率。用24帧的速度拍摄指每秒拍摄24幅画面。

一点闪烁——摄影机不是同步款式（sync model）。看样片时，我说：'这个镜头要重拍。'但大卫再次否决了我的提议。我跟配光员说同样的话时，他答道：'重新拍绝对是一个错误。'他知道现有的画面适合这部电影。"

剧组后来用慢转①的摄影机拍摄了两场"超高速"的追车戏：一场是黑帮老大埃迪先生（Mr. Eddy）追车，另一场则是影片的高潮——弗雷德·麦迪逊开着车在荒漠上被一队警车追赶的场景。"第一场追车戏，我们先拍摄了所有演员的镜头，然后在拍摄的最后一天再回头拍摄第二工作组②负责的画面。我们试验了不同的速度——从20帧到6帧甚至4帧。我不希望让玛丽·斯威尼把所有胶片复制一遍然后加速播放，我和大卫都希望尽量避免使用光学印片机③。事实上，影片中大量的叠化④和淡入

---

① 慢转（undercranked）指摄影机用相对低的帧率进行拍摄，这样拍摄的画面如果用正常帧率放映，则会显得比实际快。
② 第二工作组（second unit）是一个编制完整的摄制团队，通常负责拍摄不需要导演或主要演员在场的画面，如动作场景或补拍镜头等。
③ 光学印片机（optical printer）是一种可以将胶片上的画面曝光到另一条胶片上的设备，一般用于制作特效或者复制、修复旧胶片。
④ 叠化（dissolve）指上个镜头消失之前，下个镜头已逐渐显露，两个画面有若干秒重叠的转场效果。

淡出（fade）都是通过 A/B 卷（A/B roll）[①]而不是光学印片技巧实现的。如今愿意这样做的人很少，但大卫认为这样制作的画面质量更好，这让我感到十分开心。

"最后的追车戏我们一共拍了三次，用了两台安装有不同的镜头、帧率也略有不同——一台 24 帧、一台 12 帧——的摄影机。这一次，我们在后期制作时对部分片段进行了加速和放大的处理。我想，为了让色调更具冲击力，玛丽和大卫可能还对部分画面进行了二次甚至三次洗印。拍摄这场追车戏时，我们把弗雷德的车放在合成式拖车（process trailer）上，前面用半挂式卡车发电机牵引。车内的灯光布置比较普通，光源不多——可能是 Kino Flo 灯。我们还用了两个调成剪刀弧[②]的碳弧闪电灯、两盏朝向麦拉膜[③]的四千瓦的氙灯（Xenon）、两个频闪闪光灯（strobe），以及一些小的照明单元，比如明暗闪

---

① 线性剪辑系统（linear editing system）无法只用一卷录影带实现叠化效果，需要两台放机，因此需要在剪辑决策表（edit decision list）上标明 A 卷和 B 卷以区分片段来源于哪一台放机。
② 剪刀弧是指让两根碳棒接触，然后手动分开，造成一连串的闪光。
③ 麦拉膜（Mylar）是一种拉伸聚酯薄膜。

烁的抛物面镀铝反射灯。我们在沙漠中开车沿着道路行驶,所有的灯都在闪光。从一英里外看一定相当壮观。"

林奇清楚《妖夜慌踪》中感性抽象的影像会让观众挫败甚至反感,但他常说希望观众能对他的作品有多样的解读。"故事是多元开放的,可以容下不同的解读,"林奇坚称,"有结构的同时也应该留有想象的空间。如果坚持自己的想法,拍电影就是一个由内而外、诚实表达的过程。如果你忠于自己的想法,即便作品是抽象的,观众也有可能感受到其中的诚实。"

"Highway to Hell" by Stephen Pizzello from *American Cinematographer* (March 1997).

偶像略传:大卫·林奇

克里斯·罗德利/1997年

从《橡皮头》到《象人》,他完成了从怪人到艺术家的转变。《沙丘》让他的成功看似一场意外。《蓝丝绒》让他影史留名。《双峰》让他成为传奇。《双峰:与火同行》让他声名扫地。大卫·林奇四年来的第一部作品《妖夜慌踪》可能是重生的奇迹,也可能彻底葬送他的电影事业。

"要的,夫人!"这是大卫·林奇对一个重要问题——"要不要再来一杯咖啡"——的热情回答。林奇有自己的咖啡理论:"只要一秒钟不看着,立刻就凉了。"这样的话语幽默、迷信,还有点阴险,指出了生活中不难发现的真相,是典型的林奇风格。发掘熟悉事物及平凡生活中的潜藏含义似乎是林奇的本能,在他人看来多么奇怪,对他来说就多么自然。梅尔·布鲁克斯称林奇为"来自火星的詹姆斯·斯图尔特",这个著名的绰号是对林奇谜题般复杂人格的精准概括。林奇接地气、朴实、利落的典型美国人形象让他的作品(既有令人深感不适的元素,也有令人发笑的黑色幽默)显得更加诡异。

1990年,林奇的疯狂公路电影《我心狂野》获得了国际影坛的最高荣誉——戛纳电影节的金棕榈奖。当时,林奇在媒体面前形容自己是"来自蒙大拿州密苏拉的鹰级童子军"。同年,全球电视观众都被《双峰》中谁杀了劳拉·帕尔默的谜题所深深吸引。林奇和马克·弗罗斯特共同创造了这部电视剧集。该剧共获十四项艾美奖提名,让林奇登上了《时代周刊》和《纽约时报杂志》的封面。

"在我看来,大卫就是来自蒙大拿州密苏拉的鹰级童子军,他在父亲的车库里找到了一些工具。"曾出演《我心狂野》和《蓝丝绒》的劳拉·邓恩说道,"他就是那种经常问'嗨,你在做什么?'的邻家男孩。他开始画画,然后相信自己能在摄影机前画画。"托比·基勒儿时和林奇住得很近。两人于1960年相识时,林奇正在收集成为鹰级童子军所需要的荣誉勋章(merit badge)。"那些奖章不容易拿到,"基勒说道,"我觉得大卫应该达到了最高等级,但他不喜欢谈论这些。如今他在创作的过程中也总能克服有限的客观条件,这种精神可能正是源于那句'时刻准备好(Be Prepared)'的老口号。"尽管与林奇已经相识三十七年,但基勒表示:"我不知道大卫的阴暗面从何而来。他总说自己是世界上最简单的人,但他显然不是。"

林奇坐在他喜爱的工作室里,被重机械、工具和一堆准备装箱的作品(他的画作和照片即将开始巡展)所围绕,看起来十分自在。然而,谈论他的作品总是令他感到不安。他担心自己的话语成为对影片单一、具体的解读,局限作品的丰富内涵。从用四个单词自我介绍这一点可以看出,林奇的性格其实是顽皮而内敛的——相当难以描述。

演员伊莎贝拉·罗西里尼曾是大卫·林奇的女友。两人恋爱时,美国的每一本杂志都希望名气大、身材好的大卫·林奇登上封面。在《蓝丝绒》中,林奇安排罗西里尼饰演心神不安的多萝西·瓦伦斯——丹尼斯·霍珀饰演的施虐狂弗兰克·布思的受害者，有受虐狂的倾向。"很多人认为《蓝丝绒》是病态的，但在我看来，影片是大卫对善与恶的探索，"罗西里尼表示，"影片特别温柔，他心中善与恶的矛盾格外动人。这是他创作的核心，也展示了他内心对道德的重视。他也很有趣。特别特别幽默！和他在一起的那几年，我总是被逗笑。他没有刻意扮演某个角色，就是一个来自蒙大拿州的普通人。"丹尼斯·霍珀颇为欣赏林奇充满矛盾的人格。"常人难以想象看似特别正统的他内心有病态扭曲的一面，"霍珀带着邪恶的笑容说道，"亲爱的大卫！"

林奇对常人眼中的悖论很感兴趣："我们至少都有两面。我们活在一个充满矛盾的世界里。诀窍是调和这些矛盾。"林奇坚定地在作品中探索自己内心的阴暗面，对于一个性格内敛的人来说，这种行为似乎十分冒险和高调。然而，矛盾的性格背后是一种奇怪的纯真。"我两面都喜欢，"他说，"必须了解黑暗才能体味光明，反之亦然——越了解黑暗就越擅长寻找光明。"他的自画像《凝视自我》(*I See Myself*, 1992)描绘了一个奇怪的、一半白一半黑的人。如果说坐在画室里喝咖啡、抽美国精神牌(American Spirit)香烟的林奇是白色的一半,他黑色的一半就不这么亲切友好了吗?"必然是这样的,"他说,随后笑了起来,"我不知道原因,但,嗯,我也不知道该怎么说。"

林奇四年来的首部电影作品《妖夜慌踪》即将公映,此刻导演正在为此做心理准备。影片上映必将引发的媒体关注令他感到不安,因为他既有被追捧的经历,又有被口诛笔伐的回忆。"我喜欢电影被外界关注,但不喜欢自己被关注。"他承认道,"影片得到尊重——在我看来就是成功了。"

玛丽·斯威尼[林奇多年的爱人,他五岁儿子赖利(Riley)的母亲]是《妖夜慌踪》的剪辑师和制作人之一。她很了解困扰林奇的心魔。"他想要和成功保持距离,因为一旦开始在意,好评和差评都会对创作者造成极大的伤害。"她说,"上了《时代周刊》的封面之后,需要两年时间才能恢复。"伊莎贝拉·罗西里尼认为这正是林奇人格两面性的又一例证。"我认为大卫很在意成功,但又因此痛恨自己,"她说道,"他钦佩艺术家的独立,但也知道如果不取得一定的成功,他就会失去创作自由。但他不会为了成功不择手段。他希望凭借自己的电影语言取得成功。我认为大卫生来脑中就有很多生动的图像。如果在办公室里工作,他恐怕会一直盯着窗外,沉浸在自己脑中出现的画面之中。他做不好任何其他事情。他的想象力太丰富了。"

拥有如此想象力的大卫·林奇1946年出生于蒙大拿州一个名叫密苏拉的山谷小镇。小镇被湖泊、山脉和印第安人保留地所环绕,总共三万人口(比双峰镇人口更少)。他的父母唐纳德和桑尼是在杜克大学上室外生物课时相识的。桑尼做过语言老师,唐纳德则是农业部的研究员,两人对林奇的影响都很大。

林奇很多作品的剧情都是黑暗的家庭噩梦触发的,这难免令人浮想联翩,然而,林奇的童年回忆是无忧无虑、恬静美好的。"唯一令我担忧的是,很多精神变态者也说自己的童年是快乐的,"他说道,"我在某处读到过渴望找回被遗忘的童年美梦的欢愉。确实像一场梦。飞机慢慢划过天空,塑料玩具漂浮在水中,一顿饭好像可以吃上五年,美梦绵延不绝。世界很小。记忆中我只看过几个街区。但那几个街区很大。所有细节都被放大了。蓝天、尖头栅栏、绿草、樱桃树。典型的美国中部风貌。"

林奇描述的美好过去是浪漫化、理想化的,然而他在很久之前就清楚地知道事物还有另外一面。"但是会有树液从樱桃树中渗出——有的是黑色的,有的是黄色的,上面爬着无数只红色的蚂蚁,"他描述道,"我发现只要凑近一点仔细看,就会看见美丽的世界里藏着很多红蚂蚁。"

佩姬·雷维1967年和林奇在费城结婚,当时两人都是宾夕法尼亚美术学院的学生,她对年轻时的林奇印象很深。"我第一次见到他是在学校餐厅,"她说,"我觉得他特别英俊,在我看来像天使一样。"但是雷维——也是一名画家(林奇买了好几幅她最近的作品,并用在了《妖夜慌踪》之中)——很快就得以一窥林奇英俊外表之下的内心世界。"他对一切黑暗的事物着迷。他常讲童年住在公园环形大道(Park Circle Drive)时的事情——猎野兔的田园故事。但他似乎又志在戳破表象,揭露黑暗。"

决不只看外表,这是林奇世界观的根基之一。他最初是在自然界感受到事物外表下隐藏的黑暗的。"我父亲可以自由利用很大面积的森林做实验,因此我在一个原生态的世界里接触昆虫、病害和生物的生长,"他说,"这一切令我感到兴奋。《国家地理》上的花园照片非常漂亮。但有很多东西在攻击花园。很多杀戮和死亡,蠕虫和蛆虫。一刻都不停歇。那是痛苦的折磨。"

林奇一家——他还有一个弟弟和一个妹妹——时常搬家。政府调令让他们不断迁居:离开密苏拉之后,他们在爱达荷州桑德波因特、华盛顿州斯波坎、北卡罗来纳州达勒姆、爱达荷州博伊西都停留过,最终搬到了弗吉尼亚州亚历山德里亚。当时林奇十四岁。父亲戴着牛仔帽去上班的样子是他珍贵的回忆。"当时,他戴那样的帽子让我觉得很丢人,但现在我觉得特别酷。"他说,"那是灰绿色的、林业局的牛仔帽,他会戴上帽子然后出门。不坐车也不开车,坚持步行,戴着那顶帽子走好几英里,穿过乔治·华盛顿大桥到城里去。"

林奇的回忆——比如他对妹妹玛格丽特(Margaret)的描述——很有意思,令我们一度偏离主题。"她害怕青豌豆,"他说,"我想可能是因为青豌豆表皮强韧均一,弄破外膜后内里却很柔软,这在我们家是一件大事。她得把豌豆藏起来。"

这种解读或许正是林奇的看法,但这个故事中可能有杜撰的成分。他对过去进行加工,通过分享回忆传达更重要的讯息,也让人忍不住想要追问下去。他的父母为何要给玛格丽特吃青豌豆？"这个嘛,"他说,"涉及吃蔬菜的问题。"多吃蔬菜对身体好？"对。"但如果害怕蔬菜就另当别论了。"是的,那就算不上有益健康了。应该尝试不同的蔬菜。总有合适的！"

林奇作品所传达的对人与环境的关系的看法是成熟而古怪的,林奇本人在影片中的化身总是纯真的边缘人物。这一切都可以追溯到他们家经常迁居的生活方式。"一旦告别一个地方,就必须从头开始,"他说,"如果与外界联系紧密就会很痛苦。这样的经历会让你更内向,会对人产生很大的影响。但有时这种震动是好的。你会变得更加敏锐。我有很多朋友,但我喜欢一个人在花园里看一大群蚂蚁爬来爬去。"

林奇儿时经常画画。"我很感谢我的母亲,她从不给我涂色书,因为涂色书会限制想象力。"他说,"'二战'刚结束不久,战争的气氛还没有完全消失,所以我总是画弹药、手枪和飞机。我最喜欢的是勃朗宁自动水冷冲锋枪。"但他没想到自己未来会从事艺术创作。事实上,他说自己那时候没有太多想法:"我那会儿不怎么思考——没有任何独创性的想法。"

然而林奇在亚历山德里亚上初三时,变化突然发生了。"我在我的女友琳达·斯泰尔斯(Linda Styles)家的前院里认识了托比·基勒。"他说,"托比做了两件事:他告诉我他的继父(布什内尔·基勒)是一名画家,这彻底改变了我的人生,他还抢走了我的女朋友。"

认识托比的继父之后,林奇就全身心地投入"艺术人生"。他周六在科克伦艺术与设计学院上课,基勒则成了他的导师,还将画室租给他用。"他真的很酷,"林奇回忆道,"算不上画坛的一员。但他确实对画画倾注了很多心血,令我心潮澎湃。他还向我推荐了罗伯特·亨利的《艺术精神》一书,这本书后来成了我的《圣经》。正是它促使我全身心地投入绘画事业。"托比·基勒说,林奇确实发生了改变。"接触艺术和绘画之后,大卫就像着了魔一样,"基勒表示,"他和布什内尔非常亲近。他是艺术家,而我不是。在很多方面,当时他和我继父的关系比我和我继父的关系更好。"

林奇为了艺术几乎辍学,时常逃课,在画室里画画。幸运的是,他的父母对此似乎不是特别介意。不过,当林奇的成绩落后于弟弟妹妹时,布什内尔·基勒挺身而出为他辩护。高中毕业后,林奇在位于波士顿的塔夫斯大学艺术博物馆学院学习了一年,随后为了和同学杰克·菲斯克前往欧洲旅居三年而放弃了学业。他们计划师从奥地利表现主义画家奥斯卡·科科什卡(Oskar Kokoshka)。"我当时十九岁,没有自己的想法,"他说,"总是听别人的。那所学校没有问题,但学校就像房子一样——问题往往出在里面的人身上。我在那里找不到创作的灵感。事实上,留在那里对我来说是一种折磨。"

然而科科什卡没有出现,林奇最终只在欧洲停留了十五天。林奇回国之后,他已经迁居加利福尼亚州核桃溪(Walnut Creek)的父母决定不再补贴他的日常开销。林奇回到亚历山德里亚和布什内尔·基勒一起住,为了赚路费,他同意帮基勒粉刷房子。"大卫从二楼的洗手间开始粉刷,用的是一个刷头只有一英寸的刷子!"托比·基勒说道,"那刷子特别小。他花了三天时间才刷好一个洗手间，可能光刷暖气片就花了一整天。任何角落都没有遗漏，刷完比新的都漂亮。但他动作实在太慢了。我妈妈现在想到大卫粉刷洗手间的样子依然会笑。"

林奇的父亲和布什内尔·基勒最终串通起来，哄骗林奇申请宾夕法尼亚美术学院的奖学金。"他们联手让我过不下去。"林奇说道。他记得布什内尔突然变得很忙，没空理会他。"我提交了申请，直到最近我才知道，布什内尔给学校打电话，大力推荐我。他说我有'艺术才华'。"后来，林奇被录取了，进入宾夕法尼亚美术学院成了他绘画事业的转折点。"我不知道是什么促成的，但他的创作突然变得很黑暗。"佩姬·雷维说道，"巨大的黑色画布。"她对一幅名为《新娘》(*The Bride*)的作品印象尤为深刻。"在我看来，那幅画是一个重大突破。听起来很可怕，是一个在给自己堕胎的新娘的抽象肖像。作品很美，并不恶心，会令人感到不适并久久不能忘怀，但画得很美。"

住在费城对于林奇来说既神奇又恐怖，那段经历似乎给他带来了长远的影响。城市好像总会让他感到不安。"我小时候去布鲁克林时被吓坏了,"他说,"在地铁里,我记得进站的列车掀起的风,还有地铁站的味道和声音。我每次去都会感到恐惧。"林奇的城市恐惧症不是在媒体面前信口胡编的,而是一种他成年后也无法摆脱的生理上的恐慌。"他特别害怕纽约,"雷维解释道,"我得陪他去。他不愿一个人去。"但林奇确实喜欢故事,喜欢荒诞和超现实主义意象的力量。"我去纽约拜访祖父,他拥有一座没有厨房的公寓楼,"他说道,"一个女人在熨斗上煎鸡蛋。那场景让我深感不安。"

"费城是我创作的起点,它足够古老,空气中有足够丰富的东西,这形成了一种风格。它衰败的同时又梦幻般美丽,充斥着暴力、憎恨和污秽。"林奇如此形容这座见证了他从画家向电影人转型的城市。林奇是一天在学院学习时产生拍摄电影的想法的。"我注视着一幅画里的人物,听到了温柔的风声,看到了微小的动作,"他说,"我希望它真的能动起来,稍微动一动。就是这样。"

这个玄妙时刻最终成就了林奇的毕业项目《六人患病》。这是一部将时长一分钟的动画在饰有雕塑的银幕上循环播放的作品,银幕上的雕塑是林奇自己的六个石膏头像。林奇对电影和摄影一无所知，但这并没有让他停下脚步。"他很大胆。"雷维回忆道。林奇曾经认为自己可以造出永动机，还跑去通知富兰克林研究所①。"他就径直走进去说：'我想到如何制造永动机了。我是一名艺术学生。'"雷维描述道，"当然，哪怕是爱因斯坦也做不出永动机，但人们从不拒绝大卫的要求，他因此进入了富兰克林研究所！他特别认真。一位工作人员非常和善地解释了他的想法为何是错误的，然后我们离开那里去喝了杯咖啡。"

林奇在物理方面没有获得过任何奖项，他的会动的画作却得到了认可。他是当年宾夕法尼亚美术学院大奖的获奖者之一，一位有钱的同学——H. 巴顿·沃瑟曼（H. Barton Wasserman）——还拿出一千美元，请林奇为他制作一部类似的作品。这个项目最终在技术上出现了严重的问题，但沃瑟曼慷慨地让林奇用剩余的钱创作其他作品。

---

① 富兰克林研究所（Franklin Institute）是一家位于费城的科学博物馆及科学教育和研究中心。

林奇随即拍摄了他的第一部电影《字母表》。这是一部时长四分钟、动画和真人结合的短片，表现了学习和不善言辞的恐怖。"他讨厌语言，"伊莎贝拉·罗西里尼说道，"大卫不是很喜欢语言表达。他拍摄电影时也不注重语言表达，他的作品更像是一场感官体验。"想到林奇偏爱的、弯弯绕绕的沟通方式，佩姬笑了起来。"我和大卫在一起时，他很不爱说话，"她说，"他不会像其他导演那样讨论自己的作品。他会制造噪音，张开双手，发出像风一样的声音。"

林奇后来所取得的成功让他不得不与人交流，但他依然认为语言可能杀死作品的奇妙魅力，会阻碍真正的理解。托比·基勒很了解他的套路："我曾经问过他：'大卫，《我心狂野》是关于（about）什么的？'他回答：'大约（about）一小时四十分钟。'"

对于在费城求学的年轻林奇来说，事业上最重大的突破尚未到来。他是雷维的丈夫，还要抚养意外到来的女儿（珍妮弗）。经济压力很大，未来颇为暗淡。他全身心地投入电影创作，将希望寄托在申请美国电影学院的小额资助上，想用那笔补助制作他的第二部短片《祖母》。

"我收到了第一批获奖者的名单,包括斯坦·布拉克黑奇(Stan Brakhage)和布鲁斯·康纳(Bruce Connor)等当时已经小有名气的电影人,"他说道,"他们都很有实力,是独立、前卫、走在影坛最前沿的电影人。'肯定没戏了!'我当时觉得,所以就不再期待了。但每天离开家时,我还是会对佩姬说:'如果有好消息就给我打电话,如果我收到好消息就给你打电话。'"

后来,林奇真的收到了好消息。美国电影学院向林奇提供了五千美元的资助。"我接到了这个改变我人生的电话,"他说,"然后开心得仿佛飘浮在空中,紧贴天花板!每个人都应该体验那种感觉。唯有绝望沮丧过才会珍惜那种感觉。"

林奇表示,获得这笔资助给他带来的改变,以及对他的重要性,是后来发生的任何事件——包括通过电话得知有人出四千五百万美元请他拍摄《沙丘》的经历——都无法比拟的。如果将后来发生的事情简单地概括为"他的事业从此有了起色"(或者用林奇的话说①,一切都是

---

① 原文是"in Lynch's world",但似乎应该是"in Lynch's word"。

命中注定),就忽略了才华往往无法保证成功这一现实。林奇搬到洛杉矶,成为刚刚建立的美国电影学院的一名全职学生。他花了五年时间制作《橡皮头》——一部以他刚刚逃离的城市为灵感来源的影片。"它是我的费城故事,"林奇说道,"只是里面没有詹姆斯·斯图尔特。"

听林奇描述这部影片中迷惘的男主人公亨利(约翰·南斯饰,南斯1996年12月30日去世)是十分不可思议的体验:他的描述像一幅自画像,令人忍不住浮想联翩。"亨利明确地感受到有什么事情正在发生,却压根儿想不明白。"林奇说,"为了弄清楚这一切,他极其仔细地观察事物。他可能会观察某个派盘的一角,仅仅因为它在视线范围内。他可能会思考自己为什么坐在这儿。一切都是新的。这也许令人感到恐惧,却可能是某种暗示。"

林奇当时(和现在)都与亨利有明显的相似之处。在影片中,亨利突然发现自己成了一个早产婴儿的父亲,只得努力面对成为父亲所引发的种种困难与恐惧,林奇的朋友和电影评论家都认为这样的情节是自传式的。"我想,最近流传的误解之一就是,"林奇的女儿珍妮弗说,

"我的出生是《橡皮头》的主要灵感来源,因为大卫——曾明确表示过——不想组建家庭。"

林奇全身心地投入"艺术人生",用他的话来说,"负担越少越好,因为一开始要向上攀登"。或许《橡皮头》的独创性让人们得出了影片改编自个人经历的结论。"我出生时是马蹄内翻足①,"珍妮弗解释道,"因为《橡皮头》中的婴儿是畸形的,有人暗示两者之间有联系。但我认为大卫不会说这是《橡皮头》的直接灵感来源。"

制作这部电影的五年期间,林奇又开始打零工,做过送报员,还兼职水管工,而且逐渐喜欢上了修理水管。"成功引水很有成就感。"他表示。雷维对那段时间印象深刻。"他很投入。这有时很累人。他总是觉得万事皆有可能——坚信自己能够做到。"林奇热忱地投身于新爱好,但与此同时,他的婚姻走到了尽头。"和大卫·林奇在一起很辛苦,"雷维说,"我们还是朋友,我只是辞去了妻子的工作!"

---

① 马蹄内翻足(club feet)是一种先天性缺陷,指新生儿的一只脚或两只脚朝内并向下扭旋。

尽管和雷维分手了,林奇还是有很多美好的回忆。"我喜欢土堆,"他说,"真的特别喜欢。制作《橡皮头》时,我和佩姬、珍妮弗住在洛杉矶的一幢独栋房屋里,我们有一张圆形的木质餐桌。佩姬生日那天,她出门了,我和珍妮弗搬运了很多土回家。在餐桌上堆了一个四英尺高的土堆,把整个桌子都盖住了。然后我们在土堆里挖出小小的隧道,把小小的抽象黏土人像放在隧道前面。佩姬——上帝保佑她的美好心灵——回家之后很喜欢这个土堆,所以我们把它保留了好几个月。它腐蚀了桌面,因为其中发生了一些自然的生化反应。餐桌表面几乎彻底毁了。"

《橡皮头》终于公开放映后,林奇记得当时约翰·沃特斯还想办法帮他宣传。"他的一部影片正在上映,而约翰已经确立了他地下反叛者的地位,"林奇说,"他去参加访谈,但不聊自己的电影,一直鼓动观众去看《橡皮头》。"林奇的首部长片在十七座城市进行了常规放映。洛杉矶的努阿特电影院(Nuart Cinema)连续四年每周晚间放映《橡皮头》一次。也就是说,影片的名字在影院入口的招牌上挂了四年。《橡皮头》这个片名逐渐为人们所熟知。

在林奇取得认可和成功的过程中,起决定性作用的外部因素是斯图尔特·科恩费尔德——梅尔·布鲁克斯手下的一名年轻制片人——对他的关注。科恩费尔德在努阿特电影院观看了《橡皮头》在那里的首场放映,向他推荐这部电影的是美国电影学院的一位老师。时隔二十年,他仍对当天的观影体验津津乐道。"我被震撼了,"他说,"我认为那是我看过的最伟大的电影。简直净化心灵。我特别期待他的下一部作品。"

完成《橡皮头》之后,林奇与玛丽·菲斯克结婚,并育有一子,名叫奥斯丁。当时请他拍电影的人并不多。但他在创作一个名为《罗尼火箭》的剧本("关于电和一个三英尺高的红发人的故事"),同时建造小屋("遇到建造小屋的机会,就不能错过"),每天下午两点半去鲍勃的大男孩餐厅喝巧克力奶昔和咖啡。"我发现糖让我快乐,给我灵感,"他说,"有时创作的欲望如此强烈,我会冲回家写作。糖是颗粒形态的快乐,是我的朋友。"然后,林奇接到了一个来自科恩费尔德的重要电话,请他拍摄一部新作品——后来荣获多项奥斯卡提名的《象人》。"我在房间里打转,嘴里喋喋不休地重复着他的名字:斯图尔特·科恩费尔德,斯图尔特·科恩费尔德,斯图尔特·科恩费尔德。光是念他的名字就觉得很开心。"林奇说道,"现在回首,我觉得确实值得开心。"

通过科恩费尔德的运筹帷幄,梅尔·布鲁克斯的公司布鲁克斯影业成了这个项目的制片方,不过布鲁克斯最初提出的导演人选是艾伦·帕克①。布鲁克斯看过《橡皮头》之后,立刻就接受了林奇。布鲁克斯说《橡皮头》是他"看过的讲述为人父母经历最好的影片!"但由于这是他的制片公司第一次独立制作电影,布鲁克斯必须向他人推荐《象人》的故事和林奇。

"梅尔言辞十分激烈,"科恩费尔德回忆在 NBC 和弗雷迪·西尔弗曼②的见面时说道,"弗雷迪问:'那么大卫·林奇是谁?'梅尔说:'这恰恰证明了你是个无知的白痴。'就连西尔弗曼问能否让他读一下剧本时,布鲁克斯也丝毫不愿让步。"科恩费尔德当时十分震惊,他描述

---

① 艾伦·帕克(Alan Parker,1944—2020),英国电影人,他风格和题材多样的作品曾获六项奥斯卡奖。
② 弗雷迪·西尔弗曼(Freddie Silverman,1937—2020),美国电视制作人,曾于不同时期作为高级管理人员任职于美国三大电视台 ABC、CBS 和 NBC。

道:"梅尔说:'让你读剧本?你什么意思?你是说你比我更懂什么样的电影能够取得成功吗?'他拒绝向西尔弗曼提供任何材料。"最终 NBC 以预售①的方式为影片提供了四百万美元。

布鲁克斯对林奇的信心保护了林奇,为最终发行方派拉蒙影业放映这部影片时也是如此。"当时迈克尔·艾斯纳②和巴里·迪勒③在派拉蒙,"科恩费尔德回忆道,"他们的反应是:'天啊,这是一部很棒的电影,但我们建议删掉开头的大象和最后的女人。'梅尔说:'我们合作了一个商业项目。我们放这部电影给你们看,只是为了让你们知道项目的最新进展,别以为我们在征求原始人的意见。'然后他就挂断了电话!"

《妖夜慌踪》的主演帕特里夏·阿奎特认为林奇的电影"在当时不被理解。大多数人制作电影时主要考虑的

---

① 预售(pre-sale)指根据剧本和演员表,在电影制作完成之前出售在不同地区发行电影的权利。
② 迈克尔·艾斯纳(Michael Eisner,1942—),美国商人,曾任派拉蒙影业和华特·迪士尼公司的首席执行官。
③ 巴里·迪勒(Barry Diller,1942—),美国商人,美国媒体及互联网公司 IAC 的董事长兼高管,福克斯广播公司的创始人。

是当下的观众——顺应当下国内的风向。大卫的作品则是超前的,观众或许要五年之后回头看才能跟上他的脚步"。被问及灵感从何而来时,林奇笑了。"我就像一台收音机!不过是一台有问题的收音机,有时零件之间接触不良。"他随后变得严肃起来,说,"灵感是最美好的东西,就像礼物一样,有时会突然出现在眼前、脑中,仿佛触手可及,令人心潮澎湃、坠入爱河。灵感的存在,以及有人愿意出钱请你拍摄电影的事实在我看来都很不可思议。"

"他坐在椅子上凝视空白的墙面,"罗西里尼说,"大卫就是这样获取灵感的。我知道灵感来自他内心深处。很多人看心理医生。他时常冥想。"据玛丽·斯威尼说:"故事都源自他的头脑。他喜欢创造新事物。敢为人先。这是他主要的动力。幸好他拥有丰富的想象力。他很明智,对大制作敬而远之——因为《沙丘》,也因为他个性十分谦逊。"

从同意执导《沙丘》开始,这部影片的阴影就一直笼罩着林奇的事业。开始这个风险高、规模大的项目时,林奇三十五岁,此前只执导过两部电影。制作的规模(七十五个布景、四千套戏服、三年的制作周期)远超林奇过去的作品。

"那个项目简直要了我半条命,可能还不止半条,"谈到为迪诺·德·劳伦蒂斯的公司 DEG 制作这部最终一败涂地的科幻电影的经历时,林奇说道,"拍摄期间,我很崩溃,一点一点做了很多妥协。当时的气氛是:'我们要注意大卫。如果拍成《橡皮头》的风格,我们就完了。'我因此受到了很多限制,坠入了中庸的世界。那是一种糟糕的境地。"这个项目,以及其中的男主人公保罗(Paul)——"一位必须醒来,成为他应该成为的人的沉睡者"——对林奇很有吸引力。然而根据合同规定,林奇对影片没有最终剪辑权,这个项目对于他来说是一个很好的教训。

从个人和事业的角度来看,《蓝丝绒》都是林奇的救赎之作。"《沙丘》上映之后,人们对我的评论几乎完全毁灭了我的自信和快乐,"他说道,"要快乐才能创作。"拍摄这部被很多影评人誉为他的杰作的影片时,林奇回到了现实中,更重要的是,重新开始探索自己内心的渴望。深刻全面的《电影传记字典》(*Biographical Dictionary of*

Film)一书的作者大卫·汤普森(David Thompson)这样描述他第一次看《蓝丝绒》的经历:"那是我最后一次看电影时有超验的感觉——直到观看《钢琴课》。"

撇开优秀的艺术表现手法,《蓝丝绒》是理解林奇对人类和自我的看法的关键。在影片中,善恶极端对立,建立平衡的过程或痛苦或困难。杰弗里(还是由麦克拉克伦饰演,他在剧中穿衬衫,扣子一直扣到最上面一个,着装风格和林奇很像)与丹尼斯·霍珀饰演的笨口拙舌的弗兰克·布思(他只会用"他妈的"一词表达自己)之间带有俄狄浦斯情结色彩的对抗,显然是同一个人两个不同侧面之间的矛盾。这样的矛盾是林奇性格的一个重要方面。"他有自己的信仰,"罗西里尼说,"精神世界很丰富。冥想赋予了他认知世界的特定方法,他的思想多半来源于此。大祭司才会有的内心挣扎也困扰着他。"

斯威尼记得,有四位心理学家曾以《蓝丝绒》为基础对林奇进行分析。"有些人说他小时候一定被虐待过,我认识大卫的父母,觉得这么说非常过分。"林奇显然能够借用或体会他人的体验,并赋予其一定的内涵。"他和所有人一样,童年时都经历过痛苦和恐惧,"佩姬·雷维总结道,"这些故事尽管没有真实发生过,却表现了那种感觉。"

想要了解林奇,就要看到他在生活和工作中对独立的坚持。《蓝丝绒》的资金来自迪诺·德·劳伦蒂斯的公司。从某个角度来说,这是对《沙丘》的补偿,但为了实现这个项目,林奇不得不将预算和自己的报酬压缩到原来的一半。"我相信如果不能按照自己的想法拍电影还不如不拍。"林奇严肃地说,"作品都死亡了,还有什么意义?"在这方面,林奇影响了一代年轻导演。"他特立独行,找到了适合自己的环境,"《双峰》(电视剧和电影)的主要编剧之一罗伯特·恩格斯说,"他不会重回主流了。如果好莱坞认为能请到他导演《纳瓦隆大炮》(*Guns of Navarone*),他们一定会这么做的。老故事会被拍出全新的感觉。但大卫不会愿意拍摄这种老套的故事。"

《双峰》(罗伯特·恩格斯将其形容为"一部表现愧疚情绪的电视剧,这种愧疚感没有明确的对象,却能够打动观众")进一步印证了林奇的特立独行,也见证了林奇和作曲家安哲罗·巴达拉曼提重要合作关系的开始。巴达拉曼提以劳拉·帕尔默的主题音乐为例,介绍了他们的创作方法。"大卫说音乐开始时要黑暗而缓慢。他让我想象自己夜晚一个人在树林里,只能听到风声和动物轻柔的叫声。我开始演奏,然后大卫会说:'就是这样!先这样弹一分钟,做好准备,马上就要变了,你看到一个漂亮姑娘。她从树后走了出来,她孤独又不安,现在来一段优美的旋律,慢慢爬升,直到高潮。要令人肝肠寸断的那种。'这样创作出的配乐一个音符都不用改就可以用在影片中。"

林奇认为,他之所以在1990年凭借高涨的创作活力和作品的成功成为媒体竞相报道的对象,是因为他"时来运转"了。"但也有时运不济的时候。项目推进不下去。如果有机会接一些别的项目,你也不会拒绝。但日后可能会为此摔大跟头。"

1992年上映的《双峰:与火同行》就让林奇摔了大跟头。林奇为当时已经被取消的《双峰》电视剧拍摄的这部前传电影在戛纳电影节(两年前《我心狂野》才在这里获得大奖)放映后恶评如潮,口碑和票房成绩都很糟糕。"那年都没有人愿意逮捕我!"林奇笑着说,"我身上有一种恶臭。肯定有什么行星逆行了。"

在工作和生活中，林奇安然面对人生的起伏。"就像人们常说的：'一切都会过去。'"他说，"从某种意义上说，这是美好的经历。如果你摔倒了，如果你在街上被人打倒在地，血肉模糊，牙齿脱落，爬起来是你唯一的选择。你会重生，而且人们对你的期待也降低了。经历低谷不是坏事，是好事！"

大银幕上整整四年没有出现林奇的作品，这期间他很忙，但直到最近才获准拍摄一部长片。《奶牛之梦》(Dream of the Bovine)是这期间被搁置的剧本之一。编剧之一罗伯特·恩格斯这样描述这个故事："三只奶牛变成了人，住在范努伊斯(Van Nuys)，努力融入社会。"最终，总部设在欧洲、和林奇签约合作三部影片的制作公司CIBY 2000同意林奇拍摄《妖夜慌踪》。

别忘了林奇最初是一位画家，他一直对绘画充满热情。他黑暗躁动的画作会让人联想到童年的画面（创可贴和棉球），最近开始出现的更黑暗的主题反映了他内心的挣扎。"我迷失于黑暗和迷惘之中。"他说。和"来自蒙大拿州密苏拉的鹰级童子军"一样，这样的概括简洁而准确。"我想他永远都会迷失于黑暗和迷惘之中，"罗西里尼表示,"这种状态令他又爱又恨。""他这么说想要表达的是,"斯威尼解释道,"世界疯狂至极。我们与真善美渐行渐远,愈发蒙昧无知。""他阳光乐观,但对一切黑暗有一种自然的、奇怪的敏感。"雷维满怀爱意地笑着说。"上帝保佑他,"她说,"我喜欢他的这些话语。"

"The *Icon* Profile: David Lynch" by Chris Rodley from *Icon* (April 1997).

地狱之路

多米尼克·韦尔斯/1997 年

"天啊,"大卫·林奇在巴黎走进酒店房间时感叹道,"看你们这游手好闲(lollygagging)的样子。"

游手好闲?

比这过时的土话更奇怪的是林奇震惊的语气,他听起来就像十岁的小朋友不小心看见自己的姐姐在和橄榄球运动员上床一样。一群电影公关、林奇十四岁的儿子、本文作者和低成本搞笑片艺人亚当[Adam,也可能是乔(Joe)]窝在床上,一边吃零食一边看这对邪典二人组搞笑的恶搞版《猜玩具火车》①。这场景确实非同寻常,但比这糜烂的狂欢聚会数不胜数。作品中不乏电影史上最吓人的场面的大卫·林奇竟会如此大惊小怪,颇令人意想不到。

林奇的长片处女作《橡皮头》之所以叫这个名字,是因为片中的主人公被斩首后,大脑被做成了铅笔。他的首部商业大片《沙丘》中有一个臃肿的、满脸脓包的变态——哈肯尼男爵(Baron Harkonnen)——他强奸其他男孩时,会在达到性高潮时拔掉连接男孩心脏的插头。《蓝丝绒》以一只被割下的耳朵开场,后面的剧情更加恐怖。《双峰》则是一部涉及超自然的邪恶、连环杀人案和乱伦的黄金时间肥皂剧。《我心狂野》试映时,有一百人中途离场,那之后林奇才剪掉了露骨的虐待镜头。不过,大多数时候,林奇通过看不见的东西、对日常生活的加工和对声音的巧妙运用,制造未知的恐惧。没有《双峰》就

---

① 《猜玩具火车》(*Toytrainspotting*)是英国搞笑电视节目《亚当和乔》(*The Adam and Joe Show*)的一个片段,在其中,节目的两位主创亚当和乔用毛绒玩具与硬纸板重现《猜火车》(*Trainspotting*)的情节。

不会有《X档案》(*The X Files*)。

因此,四年来一直"游手好闲"地等待着他的新作的观众对《妖夜慌踪》的期待是很高的。影片独特非凡,几乎汇集了林奇痴迷的所有元素,但也非常难以理解。看完之后,与"是谁干的?"相比,观众可能更想问:"这到底是什么意思?"但惊人的画面背后,似乎还是有一条若隐若现的情节线。我会想办法探探林奇的口风,但问题是,林奇接受采访时是以神秘著称的。他不愿谈论他的私人生活,也不愿谈论他的作品。鉴于我们俩都不喜欢看橄榄球,此刻我们就只能聊聊吃喝了。"那么大卫,"我问道,他刚刚给我倒了一杯很棒的咖啡,让我一下大胆了起来,"你在巴黎找到好吃的甜甜圈了吗?"

"我戒甜甜圈了,"他的回答恐怕会让《双峰》的粉丝瞠目结舌,"我不吃面包和土豆。对,在节食。我吃蛋白质、蔬菜、水果和很多健康食物。但是不能和刺激胰岛素分泌的食物混吃。胰岛素水平一旦上升,就会变成一只手,把它捕捉到的脂肪统统塞进你的身体里。"他边说边比画,吓得我至今不敢再吃甜甜圈。他减掉了二十二磅,这对于一个曾经称糖为"颗粒形态的快乐"的人来说,着实不容易。

接下来的话题是孩子:他的小儿子今年四岁半;大儿子十四岁,就在隔壁的床上;大女儿珍妮弗今年二十八岁。没什么特别的。不过,林奇花七年时间制作的长片处女作《橡皮头》讲述的是畸形的婴儿令父亲惊恐不安的故事,其中的婴儿哭起来像羊叫,襁褓打开之后就溶解消失了。"影片完成时珍妮弗八岁,"林奇说道,"她看了那部影片。她就在那里。我觉得她看懂了。"

珍妮弗·林奇后来自编自导了《盒装美人》(*Boxing Helena*),影片讲述了一个男人为了将自己深爱的女友永远留在身边,将她的四肢陆续砍下的故事。金·贝辛格(Kim Basinger)临时改变主意,拒绝出演这部影片,为此打官司输了好几百万美元。这钱花得绝对不冤枉。据说,珍妮弗曾提到她父亲认为这部电影令人不快(是的,真有那么重口味),但林奇拒不承认:"它本可以是一部慢慢发酵的小众电影。但从最终的影片看,这注定成为她的一次失败的尝试。"

林奇对失败也不陌生。《我心狂野》在戛纳大放异彩并获得金棕榈奖两年之后,《双峰:与火同行》在戛纳招来了嘘声与谩骂。同时,他执导的第二部电视剧《正在播出》仅播出了几集,就因为无趣至极被取消了。《妖夜慌踪》能让他东山再起吗?

林奇一般不太在乎评论家和外界对他作品的看法。他剑走偏锋,拍摄了他奇怪黑暗的职业生涯中最奇怪、最黑暗的作品。影片的前三分之一节奏缓慢、气氛忧郁,给人危机四伏的感觉:比尔·普尔曼和帕特里夏·阿奎特饰演一对隔阂很深的夫妻,他们每天早晨都会收到匿名录像带,有人似乎在逐渐侵入他们的家,拍摄他们的私密生活。随后的剧情仿佛突然跳转到了另外一部电影:比尔·普尔曼因残忍杀害自己的妻子而被判死刑,在牢房中变成了年轻的巴尔萨扎·格蒂,并被一头雾水的警方释放;出狱后,格蒂来到了一个50年代风格的光明世界,在这个世界中,帕特里夏·阿奎特变成了一个黑帮老大的金发情人,格蒂被她深深吸引,陷入险境,最终再次被卷入谋杀案之中。在字幕中被称为"神秘人"的人物让故事更加令人迷惑。这个人物是继《蓝丝绒》中丹尼斯·霍珀饰演的角色之后林奇创造的最可怕的角色,他经常同时出现在两个地方。最终,影片的故事形成了一个循环,在哪里开始,就在哪里结束。

这便是《妖夜慌踪》可以用语言描述的全部剧情了。其间穿插着或激烈或冷淡的床戏;还有一个大得惊人的头部伤口的镜头;以及一个诡异而搞笑的片段,在这个片段中,黑帮老大用手枪殴打一名开车时与前车距离过小的司机,给他讲高速公路的行车规则。若是有兴趣,你可以花几个小时和你的观影伙伴探讨到底发生了什么,也可以从下文中寻找一些线索……

如果你尝试问林奇他的影片是什么意思,他就会这么说:"有些事情适合讨论,有些不适合。与理智分析相比,我更倾向于通过感受去理解。"对。非常感谢,大卫。如果你不愿透露的话,我们就这么做:我告诉你我认为影片表达了什么,你告诉我,我说得对不对。可以吗?可以。

先说个重要的。凯尔·麦克拉克伦曾经说过,饰演戴尔·库珀探员时,他觉得这个人物很像《蓝丝绒》中的杰弗里长大后的样子。也许比尔·普尔曼饰演的人物和格蒂并不是两个不同的人;也许他只是多年后的格蒂?

因此影片后半段是50年代的风格,这种变化暗示着时光倒流。格蒂和杰弗里都为神秘不幸的女人着迷,普尔曼则与她结为夫妇,但他发现与这样的女人一起生活并没有想象中那么美好,因为婚姻有时会让两人变得疏远而不是亲密。

林奇像把头伸出汽车后窗的狗一样不住地点头,在我提到和神秘女人结为夫妇时更是动作幅度极大。我们似乎都想到了林奇和伊莎贝拉·罗西里尼现在已经结束的关系——当然这也可能是我的错觉——林奇是在为《蓝丝绒》中杰弗里的苦命情人一角挑选演员时认识罗西里尼的。但他惜字如金,只回答道:"很好。"我说得对吗?"嗯,说得很好。"你没有什么要补充的吗?"没有。"我的老天啊!

再回到分裂的人格这个话题。俗话说,恶魔会通过镜子来到人间……(林奇毫无反应。)在《双峰》中,死亡就是穿过镜子,那个世界中的人都是倒着说话的。你的所有作品都探讨善和恶的对立,常常是人物的内心挣扎。《妖夜慌踪》中的神秘人和《蓝丝绒》中的弗兰克·布思,都是邪恶或者说阴暗面的直接象征。(林奇像小鸟一样把头一歪,看来我说得不对。)嗯。或者说他是"来自本我的怪物",源自比尔·普尔曼的潜意识?(林奇终于点头了。)我说得对吗?"对。"

我很喜欢的一个片段是,男女主人公在车灯发出的明亮白光的照耀下做爱,然后格蒂变回了普尔曼,很像《双峰:与火同行》最后天使降临的场景。这个情节也是暗喻天使降临吗?(他点头,嘴里随便地答应了几声,似乎还想听更多。)然后我就不知道了……(林奇笑了,什么也没有补充。)

你以前提到过你相信转世轮回。影片与善恶报应、轮回和重生有关吗?"或许。"然后他又模棱两可地补充道,"象征美好转变的现象很多,比如毛虫破茧成蝶。这让人不禁发问:我们在经历什么样的转变呢?"

林奇在尝试转移话题,所以我可能说到点子上了。所以人死后会重生吗?"啊,我觉得会。我认为生生世世是连续的过程。"死后的世界是什么样的?(林奇笑了。)不会是挂着红窗帘的房间和倒着说话的人吧?"这画面在我看来倒是挺美好的。"

但是《妖夜慌踪》的黑暗和压抑之处在于,比尔·普尔曼无法死去。他被困在不断循环的时间之中,只能一遍遍重复他犯下的谋杀和错误。"嗯,可能不是永远重复,但你也能感受到个中不易。对,就是这样。"(大卫看起来有点不安。他透露得太多了!)

所以这是佛教中轮回转世的概念,几千年之后才可以跳出轮回进入涅槃?"没错。"所以还有希望?如果影片继续下去,普尔曼可以解脱?"对。当然。这只是一个故事的片段。与其说像圆环,不如说像漩涡,每一圈都会比之前一圈高一点。"

这就是林奇的解读了。或许不是你想要的,这取决于你想从林奇所称"思想的海洋"中钓什么样的红鲱鱼。但是,林奇的头脑就像一座有无数故事的大都会,或许就连他也不知道哪个才是真的。他作画时,显然是闭着眼睛的……

但我还是想就几个引起他人质疑的问题获得林奇明确的答案。为什么请不幸罹患肌肉硬化的著名喜剧演员理查德·普赖尔(Richard Pryor)饰演坐轮椅的修车厂老板,将他塑造成林奇怪人库中的另外一位成员?这是林奇第一次也是唯一一次被激怒。"我为什么要取笑理查德·普赖尔？他为什么不能出演这部电影？理查德·普赖尔很棒。他只能坐轮椅，不能演主要角色，但我真的很想和他合作。我在一个节目中看到他之后就非常喜欢他。他只是在介绍自己和他的生活，我当时就说我想和他合作。完成剧本上有的场景之后，我又请他来到修车厂办公室的电话边，向他描述了我的想法，然后让他进行了九分钟的表演。他很棒。影片中最终收录了那段表演的一个片段。这就是我的初衷……外界的那些质疑病态而扭曲。都是他们凭空想象的，能想出那种难听话的人才是病态而扭曲的。"

《蓝丝绒》之后，林奇一直无法摆脱厌女和色情的指控，在他看来，这种批评也是病态而扭曲的。我有一本巴里·吉福德——《我心狂野》原著小说作者和《妖夜慌踪》编剧之一——所著的黑色电影评论集（1980）。吉福德在其中这样描述《蓝丝绒》："与虐杀电影①仅有一线之隔，是一种学究气的色情片。我对人类的堕落相当了解，但影片还是让我大开眼界。而这种类型的情色令我感到乏味。因此，这部影片不适合我，但它似乎相当重要，而且

---

① 虐杀电影（snuff movie）指宣称展现真实杀人场景的电影体裁。

值得讨论。"对于林奇来说，这样的朋友简直令敌人自愧不如。

"他说不适合他？"听了我读的这段话后林奇说道，"我再也不和他合作了……"当然，他是在开玩笑……

《妖夜慌踪》一定会再次引起争论。其中有男人从帕特里夏·阿奎特身后与她性交的场面，以及她被枪指着被迫脱衣的情节，而且她其实乐在其中。林奇会反驳说只是角色恰巧如此而已。当然，他作品中的男性角色更加被动，在性方面的问题也更加严重。50年代对林奇似乎很有性诱惑力，脚踩高跟鞋、涂鲜红如血的口红、穿着毛衣的女孩最能满足他的幻想。一个"离开"英格丽·褒曼的女儿的男人几年之后又请娜塔莉·伍德①的女儿出演《妖夜慌踪》（让她身着50年代风格的紧身毛衣，然后在汽车后座上张扬地脱掉），确实显得有些可疑。林奇这么做是因为他过去喜欢她的妈妈吗？

---

① 娜塔莉·伍德（Natalie Wood，1938—1981），美国女演员，从小就开始从事电影事业，年轻时成为好莱坞影星。代表作包括《无因的反叛》《34街奇缘》《天涯何处觅知音》等。

"我确实喜欢娜塔莉·伍德,但这并不是我请娜塔莎①出演这部影片的原因。我和她初次见面时突然想到,我十八年前见过她。不过当时娜塔莎还在她怀孕八个月的母亲的肚子里。那时我刚刚进入美国电影学院。一天晚上,学院举办了一场盛大的派对,娜塔莉·伍德出现在游廊上。"

所以还是和你提到的生死轮回有关?

"没错。"

后来,我参观了林奇在一家时髦的巴黎美术馆举办的画作和摄影展。他的画布上混杂着词语、图像、木头和被颜料覆盖的昆虫,但真正令人感到不适的是他的摄影作品。大量高跟鞋、腿、臀部和胸部的特写;与面容分离的女性身体部位。有一张一个躺在沙发上的女孩的全身照,然后在下一张照片中女孩消失了,只剩一缕青烟。是魔法还是绑架?展览让我有某种感觉,一段时间之后我才想起来:连环杀手家中的墙壁就是这样的——林奇的

---

① 娜塔莎·瓦格纳(Natasha Wagner,1970—),美国女演员,娜塔莉·伍德和电影制作人理查德·格雷格森(Richard Gregson)的女儿。

作品正是电影中杀手即将在秘密地点对最后一个受害者下手时,冲进他卧室的警察会看到的那种东西……

还好林奇只是一直在拍摄他特立独行的电影。

"The Road to Hell" by Dominic Wells from *Time Out London* (13 August 1997).

漫步电影梦境

迈克尔·斯拉格/1999年

我知道大卫·林奇住在哪里——一幢位于好莱坞山、由三部分构成的混凝土建筑——但我无法描述那幢房屋的结构。我周五早晨前去拜访时,不小心走了后楼梯,然后在厨房里撞上了林奇——正在给自己倒生活所必需的咖啡——和他的两位助理。我们很快转移到另外一个房间——露天画室隔壁一个拥挤的办公室,这里不是用来停放汽车的汽车棚(carport),在我看来应该叫"艺术棚(art-port)"。他正在绘制一幅双联画,用到的材料包括踩蹦过的婴儿娃娃。

林奇给人的第一印象是专注、和善与热情。他的手指像蚂蚁的触角一样不停地颤动(就好像他的身体在由内而外地不断震动),与此同时,他立刻开始谈他对极简主义的偏爱,以及电影中的抽象能够增强观众的参与感的看法。这种观点渗透进他的谈话风格,他喜欢用"东西"这样简单的词语和"优美"这样宽泛的词语。我不认为他是在故作神秘或闪烁其词,无论是一个晴朗的日子还是一杯新鲜的咖啡,他会为任何让他开心的事物发出"太棒了"的感叹,而这并不是某种伪装。他想要保护自己神圣的感受,在不玷污它们的前提下将它们传达给他人。林奇说话时用手比画的动作就像卡尔顿·菲斯克①在1975年棒球世界大赛(World Series)的第六场比赛中向左外场打出全垒打一样精彩。

同样,林奇经常穿白色开襟衬衫和裤脚卷起的休闲裤,这并不是为了打造什么招牌造型,而是为了尽量不要分散自己对艺术及潜在的艺术创作素材的关注。对谈话的内容感兴趣时,他就像一个人形音叉——当我告诉他,

---

① 卡尔顿·菲斯克(Carlton Fisk, 1947—),前美国职业棒球选手,1969年至1993年作为捕手效力于波士顿红袜队(Boston Red Sox)。

我喜欢这次采访的主题、他最近的作品《史崔特先生的故事》时,他一定感受到了我的真诚。影片改编自阿尔文·史崔特的真实经历:1994年,这位七十三岁的艾奥瓦州劳伦斯居民在骑乘式割草机的后面挂上一个简易拖车,向三百英里外的威斯康星州锡安山(Mount Zion)出发,去看望他久未联系的兄弟。林奇对这个故事的表现是开放而多层次的。他与主演理查德·法恩斯沃斯(Richard Farnsworth)合作默契,心意相通。他们共同创造了一部难得的"适合所有年龄层"的作品,这也是一部适合老人观看的电影。影片强调了积累智慧比对他人指手画脚更加重要——这道理亦适用于已经活了七十三年的阿尔文·史崔特。

现年八十岁的法恩斯沃斯赋予了"颜值(face value)"这一说法全新的含义:他的眼中流淌着沉默的史诗。林奇现年五十三岁,曾经的少年电影奇才已经长大,知道如何在影片中展现演员表演的精彩。像林奇更黑暗、更奇怪的梦境——比如《蓝丝绒》或电视剧《双峰》——一样,《史崔特先生的故事》从一开始就散发着探索的激奋。如果你对气氛、声音和触觉敏感,能感知到法恩斯沃斯饰演的人物、茜茜·斯派塞克(Sissy Spacek)饰演的阿尔文的女儿罗丝(Rose),以及哈里·迪安·斯坦顿饰演的阿尔文的兄弟莱尔(Lyle)的复杂性,就会被这部影片打动,感受到一种鼓舞。《史崔特先生的故事》表现了不懈追求光明的精神——林奇也是本着这种精神拍摄这部影片的。

当然,有很多关于林奇热爱流浪的个性的传闻。这些传闻包括:他儿时不断搬家(林奇的父亲是农业部的一名研究人员),在很多州都住过,年轻时在好几所艺术院校之间跳来跳去。林奇在宾夕法尼亚美术学院求学期间,城市生活似乎给他留下了精神创伤,这段经历对他的影响就像做童工对查尔斯·狄更斯的影响一样深远。他将美国电影学院位于洛杉矶的马厩改造成了他的住所及他的长片处女作《橡皮头》(1976)的拍摄场地,在其中生活与工作了五年。林奇后来执导了《象人》(1980)、《蓝丝绒》(1986)和《双峰》(1989)等一系列影片,这些广受欢迎的作品融合了奇幻、情色、恐怖和放肆,让他成为目前在世的最有个性的电影人之一。

但是林奇会说,他的创作灵感时常来自与他人的合作。"很多时候,还是众人拾柴火焰高。"他追忆已经去世的合作伙伴艾伦·斯普利特时说道。这位天才声音设计师与林奇合作制作了《蓝丝绒》及林奇此前所有主要作品的音效。《史崔特先生的故事》也离不开团队合作。举个最显著的例子：最先发掘这个故事，参与编剧、制作，并最终完成影片剪辑的人是林奇的长期伴侣玛丽·斯威尼。鉴于这是一部家庭主题的影片，林奇开心地邀请了自己的父母和在加利福尼亚州科罗纳多担任金融顾问的妹妹参加首映式。（他的弟弟是做监狱电路的，出于工作原因未能从华盛顿州赶来。）"我的大部分作品都不适合我父母观看——但我觉得我父亲全都看过，最近的《妖夜慌踪》让他很不舒服。"

鉴于原计划与 ABC 合作、讲述发生在洛杉矶的狂野故事的黑色电影《穆赫兰道》暂时搁浅，林奇近期在忙着画画，以及和《史崔特先生的故事》的混音师约翰·内夫（John Neff）一起，在距离他画室不远的一间优雅的录音棚里做音乐。对于林奇来说，画画和做音乐都是催生灵感、振奋精神的活动，不一定会产生供大众消费的作品。"我不是音乐人，但我喜欢音乐的世界。我会弹吉他，不过是倒着弹的，方法不对。"他说，"然而音乐会对我说话，对我有好处,和约翰合作也很顺利,我们已经完成近十首歌了。和画画一样,可能会有一些成果,但那并不是我所看重的。"

林奇不怎么看当代电影——"有时它们真的,就那样"。但他正在读《马丁·斯科塞斯的私人美国电影之旅》(*A Personal Journey with Martin Scorsese through American Movies*,这本书衍生自斯科塞斯的同名系列纪录片),以及安东尼·德贝克(Antoine de Baecque)和瑟奇·图比亚纳(Serge Toubiana)撰写的特吕弗①传记("这本书很不错——特吕弗的早年经历令人难以置信")。他还曾说过:"如果有时间,有些电影我隔一天就想看一次:《八部半》(*8½*);库布里克的《洛丽塔》;《日落大道》;伯格曼的《豺狼时刻》(*Hour of the Wolf*);希区柯克的《后窗》;雅克·塔蒂的《于洛先生的假期》(*Mr. Hulot's Holiday*)和《我的舅舅》(*My Uncle*);以及《教父》(*The Godfather*)。我渴望在电影中漫游梦境。看了《八部半》之

---

① 弗朗索瓦·特吕弗(François Truffaut,1932—1984),法国著名导演,法国新浪潮电影运动的代表人物之一。

后,我一连一个月都在做梦;《日落大道》和《洛丽塔》亦是如此。其中抽象的元素令我灵魂激荡。电影可以用一种独特的语言去表达难以名状的东西,电影语言所描摹的,都是用一般语言难以形容的东西。"

迈克尔·斯拉格(以下简称斯拉格):在最近刚刚出版的《史崔特先生的故事》的剧本中,很多显然十分适合拍成电影的场景并没有在最终的成片中出现,比如阿尔文被警察拦下,或者因为身体疾病行动困难。

大卫·林奇(以下简称林奇):电影创作是一个不断修改的过程。影片会不断与你对话,总体是一个互动的过程,直至得到完美的校正拷贝①。如果加一小段,其他的部分也会突然受到影响。最初看似必不可少的东西到最后时常无法保留;一开始看似无足轻重的东西——或许只是一个小细节——说不定能起到关键的作用。

宣布影片大功告成之前,每个人都应该和二十名或

---

① 校正拷贝(answer print)是一部影片完成校色及声画同步后的第一个拷贝。

者更多的观众(不过有时候只需要一个人)一同观看影片。通过他们的双眼去审视影片能够召回你的理性,这说不定能拯救你的作品。这样的试映非常重要,是对影片的检测——不一定要让观众填反馈卡,只要坐在影院里用心感受,你就会知道该怎么做。这就是初次剪辑版试映。放映可能一直颇为顺利,然后形势急转直下。只要是与一屋子人一起观看,哪怕周围都是与你一同制作影片的同事,你也能感受到他们情绪的起伏。

令我难以释怀的是——我一直在思考这个现象——影片一旦完成就不会再改变。当然,每个影院在音响效果和图像亮度方面(放映机的灯泡造成的)都有些微不同,但每一帧影像及与之对应的声音都会出现。然而每一场放映都是独一无二的。观众与影片的互动令人着迷。两者之间似乎有一种平衡。影片越抽象,观众参与得就越多——他们填补空白,加入自己的感受。不同的观众组合会对同一部影片有不同的反应。从这个角度看,影片永远都在变化。

斯拉格:阿尔文最终到达兄弟家的时候,大喊了两声

"莱尔"——第一声只是普通的呼唤,第二声则听起来颇为焦急,他似乎担心自己来晚了。听到第二声呼唤时,我的情感瞬间就失控了。我感觉这样的灵光一闪应该是导演和演员在拍摄时碰撞产生的。果然,剧本上只有一个"莱尔"。

林奇:从某种意义上说,这样的时刻是上天赐予的礼物。这样自然的细节实在太美了。让我招架不住的是影片结束之前理查德这样的抽泣。(林奇突然深吸一口气,发出一声哽咽的哭声。)我一听就失控了,在剪辑室里哭了起来,当时我正站在玛丽身后与她一同工作。我认为这部影片更能打动男人。祖父和父亲——还有兄弟——的影子在其中依稀可见,格外动人。我深受感动。

斯拉格:你父亲是农业部的一名研究员。你出生于蒙大拿州密苏拉,曾在爱达荷州桑德波因特、华盛顿州斯波坎、北卡罗来纳州达勒姆、爱达荷州博伊西和弗吉尼亚州亚历山德里亚生活过。从地理上看,你长大的地方与片中这些人物的所在之地相距不远。

林奇:影片首映时,我父亲和理查德聊天,发现有很多人他们都听说过,其中一部分甚至是共同的熟人。理查德曾经是冰川国家公园①的常客,我小时候也常去那里,并跑遍了太平洋西北地区。父亲那一代人与我不同,对于他们来说,这就是牛仔生活的一部分。他以前骑马去上学——学校是只有一间教室的那种。我祖父穿牛仔靴,是一位种植小麦的农场主,他是我心目中最酷的人,特别厉害。他会穿那种帅气的西部西装——戴波洛领带②,穿擦得锃亮的牛仔靴。他总是开别克车,开车时会戴一种特别的手套,特别薄的皮手套。他总是把车开得很慢——我特别喜欢这一点。我讨厌坐开得很快的车。坐在祖父身边时,我产生了很多难以名状的感觉。小孩子的感受是很丰富的,而且从不遗忘。这一切都会被储存起来——这样的关系从不被我们谈起,却对我们产生深远的影响。

---

① 冰川国家公园(Glacier National Park)是位于蒙大拿州西北部、加拿大与美国边界的美国国家公园。
② 波洛领带(string tie)是一种由绳子或编织皮革带和金属装饰物制成的领带,一般用装饰扣或滑扣固定。

斯拉格：你祖父对别克情有独钟，阿尔文·史崔特对他的瑞兹牌（Rehds）和约翰·迪尔牌割草机也很有感情——这两种感情并不完全相同，但有某种联系。你提到过这部影片有关人与自然，但它也表现了男人与机器之间的关系。

林奇：我有我祖父和拖拉机的合影，那些拖拉机有巨大的金属轮子和尖刺，我祖父和他的人戴着巨大的帆布手套，手里拿着油桶，那场景像机械工厂，而不是农场或者牧场。那些机器对于他们来说特别重要。

斯拉格：而且这些机器，比如电影中那一台，是有性格的。这种特质在如今的产品设计中已经找不到了，现在的东西看起来都差不多。

林奇：是的。有性格的机器已经消失了。我不知道具体是什么时候发生的，可能可以追溯到电脑的运用——制造商在设计产品时追求空气动力学性能，用真空成型的模具之类的。他们这么做的原因不难理解——这样更合理，在某些方面更加安全，可能是出色的设计。但如果面前有一辆1958年的雪佛兰魔鬼鱼跑车（Corvette Sting Ray),你一定会极度渴望了解它的来龙去脉。现在坐进一辆车时已经没有愉悦感了,至少不像以前那么兴奋。现在可能也有设计得很酷的车,但数量很少,难得一见。我有一辆1971年的双门奔驰,非常漂亮。我一直在物色让我心动的美国车,但至今尚未找到。

斯拉格:影片中不仅有汽车和阿尔文的割草机,还有阿尔文和他的女儿罗丝夜晚坐在耸立于夜空下、仍隆隆作响的谷仓塔①边的优美场景。你描绘的乡村场景没有我们习惯的那种悠然闲适。

林奇:并不是匹兹堡那种工业发达、烟囱林立的感觉——没有喷火的大烟囱。但这些人很依赖机器,而他们使用的有些机器非常大。去约翰·迪尔的专营店转一圈,你就会发现那里的产品都相当壮观。还有超大的谷仓塔和很多并排排列的铁道——有一种工业感,但与此同时又和自然联系紧密。一望无际的田野人烟稀少,会

---

① 谷仓塔(grain elevator)指可以从较低的高度铲起谷物,通过提升机或传送带,将谷物运进谷仓或其他存储设施的机器。

让你思考人与自然的关系。

斯拉格：你提到影片会与你"对话"。剧本是怎样与你对话的？

林奇：阅读剧本或者书时，你会想象、感受，会跟着剧情走。阅读在你内心引起的波澜起伏正是值得记录并转化为电影的东西。一开始你的头脑或许还是一片空白，但灵感随时可能出现，在你脑中爆炸，让你茅塞顿开。1994年，玛丽读到了有关这场旅行的媒体报道。无数人读过这个故事，但她对它念念不忘。她一直和我说起这件事，我知道她想以此为素材进行一些创作，觉得没什么问题。四年之后的1998年，她拿到了这个故事的改编权，当时我还只是单纯地觉得玛丽的项目有了进展。她和约翰·罗奇（John Roach）开始共同创作剧本。他们亲自重走了那段旅程，与阿尔文的家人及很多相关人物见面。他们一完成剧本就把它交给了我。我知道玛丽希望我导演这部影片，但我没想到这个项目真的能够做成。后来我读了剧本，然后瞬间就决定了。让我下定决心的不是某个单一事件，而是整体的感觉。产生灵感或者读到我喜欢的剧本或书之后,我会自然而然地"感知空气"。《史崔特先生的故事》的剧本得到了空气的支持,我决定拍摄这部电影。

斯拉格:在将影片看了两遍的基础上,我倾向于认为你所提到的"感知空气"就是字面上的意思,指的是你对故事气氛的理解。

林奇:是一种对世界上正在发生的事情的感知——一个音符或一个和弦之类悬浮在空气中的东西。看似准确却无法证明。很重要,却又很微妙。可能就是有些人口中的"核心精神(zeitgeist)",是时代的精神,不断变化,每个人对其都有所贡献。读到或者喜欢上某个故事时,要看它与时代精神是否相符。这不一定能够保证商业成功,仅仅意味着在你看来推进这个项目的时机是适当的。

斯拉格:据说,你在戛纳说自己有潜力拍也需要拍更多温和的电影,这是真的吗?

林奇:不,不是需要——出于需要去拍摄一部电影这种做法是错误的。我只是喜欢剧本,想要趁空气中气氛正好的时机拍摄这部影片而已。

斯拉格：影片对空气的表现给我留下了很深的印象——比如开头风吹过田野和树叶的场景。你在所有作品中都通过声音让观众对画面有更加直观的感受，在这部影片中，声音还帮助我们理解人物。

林奇：话语就像冰山一角。人的内心有很多东西是难以用语言表达的。我希望用电影语言将这些东西描摹出来。故事可能会与你对话，但也要相信自己的直觉。和演员交流，有时不用说太多话。你看着他们的眼睛，一边说话一边用手比画，对方可能突然就明白了。之后把同样的场景再拍一遍，效果就不同了，会更接近那些难以名状却更加重要的东西。但没人知道这一切到底是怎样发生的。

斯拉格：剧本与你的经历——不仅仅是你的祖父或者慢慢开车——之间的诸多联系让你本能地知道应该怎么做。我甚至读到你喜欢像片中人物那样坐在椅子上。

林奇：我喜欢坐在椅子上！

斯拉格：坐在洛杉矶恐怕感受不到什么丰富的天气变化！

林奇：对，洛杉矶的天气变化不大，但总是好天气。那里有一种光。我1970年从费城来到洛杉矶，到达洛杉矶时是晚上十一点半。我的目的地在日落大道和圣维森特大道(San Vicente)附近。威士忌加油酒吧(Whiskey a Go Go)就在那里；我左转顺着圣维森特大道走了两个街区，找到固定住处之前就住在那里。早上醒来，我第一次看到了那种光线，特别明亮，让我满心雀跃！明亮到难以置信！我大概就是在那一刻爱上洛杉矶的。在洛杉矶，离开室内来到室外不会有明显的温差，我很喜欢这一点——室内室外无缝对接的生活。

坐在椅子上任由思维漫游，这是有意义的。现在要这么做越来越难了，但这很重要，因为你不知道自己在想象的空间中会有什么样的际遇。而且不能刻意控制思维的走向。要花时间思考一些或平凡或荒诞或没有太多价值的主题，才会找到可能有用的东西。不是每次都会有收获，但不尝试就绝对不会有收获。

斯拉格：我估计拍摄电影期间无法这么做。

林奇：对，拍摄是一种完全不同的模式，更快，需要行动并及时应对新的情况。就某问题进行沟通的过程中，一旦有新的灵感产生，就一定要在开始新的讨论之前找到合适的感觉。非常紧张，和不拍摄时完全是两种状态。

斯拉格：是什么让你选择理查德·法恩斯沃斯饰演这个角色的？

林奇：他的气质在我看来很特别。他很神奇，聪明又纯真，是成年人，但又像个孩子。他心口如一，而且善于表达，总是能让交谈对象准确地理解他想表达的意思。

斯拉格：他的情感反应会在身体语言上有所体现，比如，将约翰·迪尔牌割草机卖给他的人说他一生英明毁于一旦的时候，他爆发出一阵大笑——那一瞬间他的庄重以幽默的方式崩塌了。

林奇：没错。可以看到某事发生后他的反应。理查德对这个角色和他的台词的理解比常人想象的更加透彻。这是我能想到的人物与演员最完美的匹配之一。

斯拉格：你考虑过可以饰演比自己年龄大很多的人物的性格演员（character actor）吗？

林奇：有些演员可以做到，但那么做风险比较高。年长的演员饰演年长的人物是有优势的，他们从业的时间比年轻人长十五年、二十年甚至三十年。他们也不用通过化妆扮老。理查德就是完美人选。

斯拉格：这是1984年《沙丘》完成之后，你第一次与摄影指导弗雷迪·弗朗西斯合作。此前你尝试过与他再次合作吗？

林奇：没有，不过我们一直是朋友。我常说："弗雷迪就像我的父亲。所以我要离家出走！"（笑。）弗雷迪脾气很臭，但很有幽默感，他常常奚落我，但其实和我感情很好。他在拍摄《象人》时给了我很多支持。拍摄《橡皮头》时，剧组不过三五个人。《象人》是我执导的第一部一般意义上的长片，弗雷迪给了我很大的支持。总之，完成《沙丘》之后，他在英国活动，我则开始尝试不同的方向，和《橡皮头》的摄影师弗雷德·埃尔姆斯等人合作。确定拍摄《史崔特先生的故事》之后，我觉得这部电影特别适合弗雷迪。我这么想的原因有三个：第一，他是世界上最伟大的摄影指导之一；第二，我想再次和他合作；第三，他的年龄在我看来也很合适。他八十二岁。一开始，弗雷迪有点担心工作时间过长，因此问我能不能把拍摄时间控制在十小时之内。只算拍摄时间，不包括路上花费的时间。这算不上魔鬼日程——但事实上，哪怕不算车程，我们的净拍摄时长也常常达到十二个小时，如果拍摄地点距离大本营比较远的话，在路上也要耽误很长时间。但弗雷迪从来没有放慢过脚步。我们经常加班加点地拍摄，反而是年轻人先撑不住。

我希望弗雷迪和理查德能在拍摄过程中建立一种情同手足的友谊，结果我的愿望真的实现了：两人一直相互鼓励，相互扶持。如果请一位三十五岁的年轻摄影指导，理查德的感觉一定会完全不同。我更希望剧组能像家庭一样共同前进。

斯拉格：不知道你们用了什么手段，反正最终的影片令人惊艳。

林奇：摄影机只是捕捉了镜头前的画面。在路上的时候只有太阳一个光源，但是朝东南西北任意一个方向行进都可以。地势很平坦，尤其是影片刚开始时，横平竖直的道路环绕着面积为一平方英里的正方形土地，没有沿对角线斜穿的。我们尝试向南、向北或者向着太阳行进，光线的效果会随方向变化，特别美。可以给面部补一点光，但绝对不可能消除阳光的影响。和搭建布景、设计灯光相比，我们的选择更少。只能尽量利用现场的条件，根据想要的气氛做一些微小的调整，然后镜头就拍摄完成了。

斯拉格：某种美国个性是整部电影的中心。用一个加州流行的说法形容，阿尔文无论身在何处都自带一种气场。在赖尔登一家（Riordans）的院子里等他们帮他修理割草机时，阿尔文拿出一把椅子请男主人坐下，并对他说："这样你就是在自家后院做客了。"你让我们感受到了在那样宽广荒凉的野外造访一户陌生人家所需要的勇气。阿尔文在一个废弃的谷仓或者粮仓里等待暴风雨结束的镜头也非常精彩，他似乎躲过了暴风雨，又好像被裹挟其中。

林奇：我喜欢探讨人与自然的关系。我喜欢天空乌云翻滚，人和房屋被广阔的荒野环绕的景象。这可以说是影片的主题。一个画面就是对很多剧情的概括。

斯拉格：你严格按照剧本拍摄，但似乎也会受到外景地环境的影响——比如阿尔文在路上遇到的女商人抱怨总是撞到鹿的情节，她环顾四周，和我们一样想知道鹿是从哪里来的。

林奇：那场戏的拍摄地点是我们特地挑选的，那个地方很有超现实主义的色彩。结果我们拍摄时，天气突变，刮起了奇怪的大风，进一步丰富了那个场景——这一切是无法策划的，只是恰好在我们拍摄时发生了。在让一个房间变整洁方面，摄影机比吸尘器厉害多了——一个房间必须特别乱，观众才会在观影时感觉到。同样，只有特别糟糕的天气才会在电影中有存在感。那天的气氛，云的样子，让那里的景色更具超现实主义的色彩。

斯拉格：你对抽象表达情有独钟，影片中的情感因此非常内敛。罗丝注视着小男孩在她的院子里追着球跑这个场景，对于观众来说只是一个普通的画面——观众完全不知道她失去了自己的孩子。那个孩子没有看她，但极简主义的画面和剧情，以及茜茜·斯派塞克失魂落魄的表情拨动了观众的心弦。这似乎代表了你心目中理想的电影表达方式。

林奇：这与我之前提到的电影和观众的互动是同样的道理。看电影时观众就像侦探一样——只需一点线索就可以将故事补充完整，没有问题。罗丝的形象类似于音乐演奏到一定节点会出现的主题，尽管很优美，但后面的旋律似乎与之没有联系。随着乐曲的发展，主题再度回归，并与其他的元素混合在一起，往往一下就能打动观众。

斯拉格：这也是你初次和茜茜·斯派塞克合作——她的丈夫杰克·菲斯克是影片的艺术指导——不过他们都是你的朋友。

林奇：杰克是我最好的朋友。我们是初三时在弗吉尼亚州认识的，那之后一直是朋友。我们那一届共有七百五十名学生，只有我和杰克上了艺术学院。杰克和茜茜是1972年或1973年拍摄《穷山恶水》(Badlands)时认识的。我开始制作《橡皮头》时,他带茜茜来过我当时正在布置的马厩。我一直认为茜茜是最优秀的女演员之一,但拍摄《史崔特先生的故事》之前,我的作品中一直没有适合她的角色。她的参演让我十分感激,她是我心中最理想的人选。这一次我们终于有机会合作了。杰克以前没有以艺术指导的身份与我合作过。我一直和帕特里夏·诺里斯合作。除了《蓝丝绒》之前的作品,诺里斯一直既做服装设计又做艺术指导,但这一次她同意只负责服装。这对她来说是一个不容易的决定,对于杰克来说则是一个好机会。我们就这样达成了合作。

斯拉格:茜茜饰演女儿时那种断断续续的说话方式——不会招来观众对这个人物的取笑,却会把观众逗笑,因为这个人物无论被谁打断都会想方设法把话说完,她似乎喜欢这种感觉。

林奇:把个性与众不同的人物演得真实可信,在表演上是很难拿捏的。与外表的乖张相比,人物的内心更为重要。茜茜演得非常好,给人一种轻而易举的感觉。

斯拉格：有了茜茜和杰克，就更有"像家庭一样共同前进"的感觉了。

林奇：老老小小一起旅行，那感觉很棒，就像这部电影的情节一样。我们用同样的时间走了同样的路线，因此，在摄影机后也有一场旅程。

斯拉格：你的每一部作品中都可以找到杰基尔博士和海德先生①的故事。

林奇：嗯，阿尔文变了——过去的他和现在的他不同。

斯拉格：他用该隐与亚伯②的故事比喻自己和弟弟

---

① 杰基尔博士和海德先生（Dr. Jekyll and Mr. Hyde）出自苏格兰作家罗伯特·路易斯·史蒂文森（Robert Louis Stevenson）的哥特中篇小说《化身博士》（*The Strange Case of Dr. Jekyll and Mr. Hyde*）。故事讲述的是一位伦敦法律人士调查他的两位老朋友杰基尔博士和海德先生之间发生的怪事。小说中杰基尔博士和海德先生的形象十分深入人心，"杰基尔博士和海德先生"这个词组后来在英语中被用来指代有令人意想不到的双重性格的人物。
② 该隐和亚伯均为《圣经》中的人物，两人都是亚当与夏娃的儿子，该隐是兄长，因为憎恨弟弟亚伯而将其杀害。

的痛苦决裂——其实该隐与亚伯和杰基尔博士与海德先生某种意义上也有相似之处。

林奇：他和双胞胎见了面——但他们几乎没有区别。

斯拉格：另外一个在你的作品中反复出现的故事是《绿野仙踪》——我知道《绿野仙踪》与《史崔特先生的故事》完全不是一个类型，但两者似乎还是有联系的。阿尔文建议离家出走的青年回家的场景，很像假斯瓦米①[弗兰克·摩根（Frank Morgan）饰]劝说多萝西[朱迪·加兰（Judy Garland）饰]回家的情节。

林奇：对！没错！真是这样。但我以前从没这么想过。

斯拉格：影片的主人公从头到尾都与人分享他的人生智慧，就像魔法师在《绿野仙踪》最后所做的一样。

林奇：天啊！我从没这么想过。我相信玛丽和约翰也没想到。不过也许每一部电影中都有《绿野仙踪》的影子——它就是那种无处不在的故事。

---

① 印度教宗教教师。

斯拉格：确实有传播心灵鸡汤的嫌疑。

林奇：与其说是心灵鸡汤，不如说是人生导师给学生的建议。这也是相辅相成的，学生如果不愿接受，老师就无法指导。老师必须能够凭直觉找到适合学生做出反应的时机。这就需要学生正好有问题，老师正好有答案，双方一拍即合——每个人都可能有这样的经历。

斯拉格：而且影片并没有宣扬说阿尔文的方式适合每一个人——它真正表达的是要按照自己的主张去做事，在七十三岁时达到成熟和自知的状态。

林奇：没错。阿尔文旅行的方式非常重要——阿尔文用自己的方式与人分享了这场旅程的重要意义，真是太好了。

斯拉格：有些台词能够引起人们的共鸣，比如阿尔文说："我还没死呢。"有些则比较复杂，可以有双重解读，比如他对两个骑自行车的年轻人史蒂夫和拉特（Rat）说，人老之后最痛苦的是"想起年轻时的事"。

林奇：没错。拉特好像灵魂出窍，第一次审视自己。这一刻之前，阿尔文的话对于他来说没有什么价值；另一个年轻人史蒂夫反倒收获更多一些。人年轻时是无法体会衰老的感觉的，但这句话可以给人一点提示。这是一方面。另一方面，就阿尔文来说，他或许拥有很多年轻时的美好回忆，因时过境迁而伤感；也可能正在或即将为自己年轻时的所作所为付出代价。

斯拉格：阿尔文和赖尔登一家的老朋友韦林（Verlyn）相互分享恐怖的"二战"故事——或者说相互倾诉不可告人的经历——这也有治愈的效果。

林奇：那一段的剧情也很丰富。韦林先讲了自己的经历，他的故事非常可怕。因此，阿尔文分享的故事对于韦林来说就像一份礼物。韦林回家之后不会难过，他不会想：天啊，我跟阿尔文说了这么可怕的事情，而他只是毫无反应地坐在那里。事实上，阿尔文非但没这么做，反而不惜触碰痛苦脆弱的回忆，主动分享了自己的故事。从某种意义上说，这是很美好的。

斯拉格：我们都听说过无数老套的"二战"老兵的英勇事迹。但影片没有对此进行刻意的渲染，而是突出表现了战争造成的情感上和心理上的伤害。

林奇：他们曾长时间与死亡和恐惧朝夕相处，很了不起，我们可能永远都无法理解那种经历，但还是可以从他们的描述中多少了解一些。和其他人相比，阿尔文与韦林则是最能理解彼此的。

斯拉格：代沟在这部影片中是不存在的。很棒，很真实，阿尔文的遭遇韦林一下就全懂了。"一路走过来不容易。"他对阿尔文说。赖尔登一家人也很好，他们正处于美好的人生中间阶段。每一代人及生命的每一阶段都得到了尊重。

林奇：生命的不同阶段会赋予人不同的东西。人年龄越大越关注自己的内心，专注于自己的世界；不再启动大型新项目，不做年轻时会做的那些事情；会常常反思过去，进入全新的状态，以前看似特别重要的事情可能就不那么重要了。

斯拉格：我妻子和我最近在争论城市与乡村哪一个比较安全。我总是说我害怕乡村，因为外面如果有连环杀手，说不定就会去你家。但这部影片中的乡村是平静祥和的。这是你的中西部幻想吗？

林奇：不是幻想——这才是神奇之处。我和玛丽一起去过威斯康星州。她是麦迪逊人。到那里之后，我见到了玛丽的家人和朋友，还有商店里的陌生人，他们的友好超乎我的想象，让我怀疑是不是有人在作弄我，和我开玩笑。后来我意识到，不，他们就是这样的。我想这可能与土地和农场有关，可能是因为人口相对较少，大家必须相互依靠。这种依赖与生存息息相关——他们不介意帮助别人，因为他们知道自己明天可能就会需要他人的帮助。阿尔文一路旅行没有遭遇任何意外，人们关心他，支持他。你说这是一部很美国的电影，我却相信到处都有这样善良的人。这当然是一种美国精神，但任何地方都能找到拥有这样气概的人。

"I Want a Dream When I Go to a Film" by Michael Sragow from Salon.com（28 October 1999）.

林奇:一百八十度大转型

迈克尔·亨利/1999 年

迈克尔·亨利(以下简称亨利):《史崔特先生的故事》是你首次拍摄他人创作的剧本。① 这个项目最初吸引你的是什么?

大卫·林奇(以下简称林奇):剧本!我和玛丽(斯威尼)住在一起。我知道她早在 1994 年就被这个故事所吸引。她常向我提起这个故事。一个人开着割草机,去州界的另一边见自己的兄弟——我喜欢这个故事,但从没想过未来它会成为我的作品。1998 年拿到改编权之后,

---

① 原文如此,但林奇以前也拍过别人的剧本,比如《沙丘》。

玛丽开始搜集资料。她与搭档约翰·罗奇重走了阿尔文·史崔特走过的路线,和他的亲朋好友见面。我一直关注着他们的进展。结果剧本突然就完成了,玛丽把它交给我看。一开始我对自己说:"这剧本多半不会魅力大到让我想要上阵执导……"我甚至还问自己要怎么跟他们交代……结果一读剧本,我的顾虑就全都消失了。我的想象开始自由驰骋,我感受到了剧本中流露出的情感。

亨利:剧本中对画面的描述多吗?

林奇:足够让我在阅读时想象出画面了。这个故事的简单和纯粹触动了我:主人公是一个孤身一人的男人,我们逐渐了解他,最后他教给我们不少人生道理。这一点很打动我。我认为,一部电影不需要太多技巧或分散观众注意力的元素就可以表现这些品质。我很喜欢(偶尔也会这么做,尤其是在《象人》中)用画面和声音传达纯粹的情感。玛丽和约翰创作的剧本让我有机会表现这样的情感。

亨利:影片的开头和结尾都是——类似《象人》结尾

时出现的那种——群星闪烁的夜空。

林奇:两位主人公童年时曾一起在夏夜凝望天空,因此星星是很重要的意象。除此之外还有更深刻的寓意。我认为一定要有所体现。

亨利:那是从天空到大地、从星空到麦田的很精彩的叠化——这个想法是哪个拍摄阶段产生的?剧本中有吗?

林奇:这不重要。可以这么说,剧本就像一个骨架。你必须赋予其血肉。导演是一位解读者,用画面将自己对剧本的解读表现出来。影片并不是导演独创的。画面、声音,以及故事的氛围都是从剧本中获取的。导演要将其转化成影片,有时发挥的空间很大,有时则不然。其他的变量对此也会产生影响:拍摄地点、选用的演员等。如果努力忠实于第一印象,最终的影片就不会有问题。

亨利:你在乡村腹地拍摄了这部电影,观众往往认为这样的作品是带有反讽意味的。但这部影片正是因为没有任何反讽而美好。

林奇:我的工作方式总是比人们想象的要简单。不过,我并不抵触反讽,但这个故事不适合加入喜剧元素,否则就违背了事物的本性。你选择的表达方式是故事决定的。适合《史崔特先生的故事》的表达方式是简单、直接、坦诚的。但这并不妨碍导演进行一些微妙的处理。我并没有因为选择这种方式而受到限制。我关心的问题是:我要如何将这些元素编织成一张美丽的挂毯——诗的挂毯?

亨利:揭示主人公过去的不是闪回,而是他与不同人物的相遇。我们通过聆听他与人交谈时的话语勾勒出他的过去。他获得解脱的同时,也启发了那些与他对话的人。

林奇:他们的关系是互惠的,就像在生活中一样。见到某人时,你会对他形成某种印象,但和他交谈之后,他的形象会发生改变,你会对他有新的认识,会想象他的过去,他曾经历的苦难。阿尔文·史崔特不是圣人,但他有值得分享的经历。他总是敞开心扉。这便是阿尔文能赋予他人的东西。他是一个简单、纯真但非常坚强的人。

林奇:一百八十度大转型

亨利:他那一代人已经很少在电影中出现了:经历了大萧条和"二战"的"被遗忘的一代"。影片最后家人团聚的场景像沃克·埃文斯①或保罗·斯特兰德②的照片。

林奇:我们的祖父或父亲都亲历过那个年代。有时他们会分享自己的人生经历,而人们则会以为自己能够理解,但那其实只是一种印象,一种模糊的概念,毕竟与另一代人分享自己难以释怀的经历是很难的。他们分享的不是经历,而是那些经历对人的影响——在他们身上留下的痕迹。

亨利:你重走了阿尔文·史崔特的旅程。

林奇:两次。第一次是考察外景地,第二次则是为了加深理解。摄制组为了确认各种细节的设置还走了第三回。问题是坐车无法体会阿尔文的感觉——哪怕车开得

---

① 沃克·埃文斯(Walker Evans,1903—1975),美国摄影师,以记录大萧条所产生的影响的作品而著名。
② 保罗·斯特兰德(Paul Strand,1890—1976),美国摄影师,20世纪美国摄影对焦清晰、客观的风格受到了他的影响。

很慢。要不断刹车才能以每小时五英里的速度行驶。这一点我是开拍后意识到的,当时我和理查德(法恩斯沃斯)站在路肩上,看十八个轮子的大卡车全速超过我们。阿尔文每天都开着割草机在这样的道路上行驶,没有警察护送!我们严格地重走了他的路线。拍摄也是按时间顺序进行的。在劳伦斯(艾奥瓦州),我们甚至在他家进行了拍摄,当时他的房子是空置的。阿尔文的邻居们和劳伦斯的其他居民给了我们很大帮助。

亨利:影片是对阿尔文旅行的真实再现吗?

林奇:应该说是在真人真事的基础上改编的。我们进行了一些自由发挥。比如,阿尔文并没有遇见过撞死鹿的女人,但她确实存在。当地人都记得她,知道很多她的故事。

亨利:你是在蒙大拿州、华盛顿州和爱达荷州的乡村长大的。你对乡村生活的兴趣是源自你的童年吗?

林奇:我对那个世界其实不是非常感兴趣。但童年对人的影响是很深的,有意无意地,一些画面会浮上心头,渗透进作品之中。不过,我并不认为要感受和理解某个世界就必须住在其中。我去英国拍摄《象人》时还很幼稚。我以为自己可以通过看书和照片补课。但到达英国后我感觉到了一些抵触情绪:我这个美国人对他们的历史能有什么样的理解?后来我去医治穷人的东伦敦医院周围散步。走在路上时,我突然被一种感觉所笼罩和入侵,一下就回到了影片故事的那个时代。我的全身都被那种感觉所侵袭,那之后,我是维多利亚时代的英国人还是来自蒙大拿州的美国人就不再重要了!

亨利:你在影片中几次表现理查德·法恩斯沃斯凝思自然之美。他是影片中的人物,但也和我们一样是一位观众。

林奇:在那些地方,自然是不容忽视的力量。季节也很重要。突如其来的暴风雨可能让农民失去一切,因此他们对天气预报特别关注。每一个季节都有美丽的风景,每一个小时亦是如此。但是,慢慢横穿美国时,你会对事物产生新的认识,察觉到美的存在。影片中的故事是秋天发生的。

亨利：和你的另外一部公路电影《我心狂野》相比，《史崔特先生的故事》似乎节奏比较缓慢。

林奇：慢节奏适合这个故事。人们可以接受慢节奏的音乐。我指的是一些打动世界的恢宏交响曲。不同类型的音乐，或快或慢，都有其存在的空间。现在，快节奏似乎很受追捧，但现实是由对比构成的。

亨利：同一个场景中，你常常在微观和宏观之间转换。

林奇：越过某一个点之后，空间大小的突变能够生成全新的视角。这种情况在阿尔文的旅途中发生了好多次，感觉可以看到自己深入乡村。类似星星。从地面仰望星空，有时会感觉自己仿佛和星星一同飘浮在空中，也可以就这样飘过乡村。我看重的是乡村的辽阔和在自然中飘浮的感觉。

亨利：在影片中，阿尔文的一个镜头切换到了一个很长的、拍摄云朵的摇镜头①,画面回到阿尔文时,他和镜头开始时相比似乎完全没有移动。这是对人类在自然界中的地位的暗示吗?

林奇:会有那种感觉。但这并不意味着人是渺小的。人与自然共存。在城市中亦是如此,而我们常常忘记这一点。

亨利:此前,自然在你的影片中存在感不强,反倒是城市和工业在你过去的作品中出现得较多。

林奇:《双峰》一定程度上是这样的,尽管人物并不喜欢那种气氛。又有多少人喜欢自己生活的这个世界呢?如果你是在贴近自然的乡村小镇长大的,去纽约就会像我小时候去布鲁克林看望爷爷奶奶时一样,受到很大的惊吓,经历一百八十度的变化,简直是天差地别。令人永生难忘。所见所闻之外,还有空气中弥漫的感觉。就像有些人一走进房间,一句话也不用说,你就知道他们会引

---

① 摇镜头(pan shot)指摄影机机位不做位移运动,利用三脚架或云台,机身上下、左右摇摆。

起争执。很神奇,不是吗?这一切并未写在人的脸上,而是飘浮在空气中,让空气变得沉重。这种感觉如果在房间中存在,在城市那种拥挤、人口密集的空间就更普遍。有人用老鼠做过实验。如果让它们挤在一起,它们的行为就会改变,变得有点奇怪。我们大约也是这样。

亨利:这部影片之于你也是一百八十度的大转型,影片中邻里关系和睦,各地的人都很善良,人性最美好的一面得到了凸显。

林奇:玛丽来自威斯康星州麦迪逊,我们在那里有一幢房子。我第一次和她去那里时,以为商店里的本地人都在作弄我,和我开玩笑,他们太有礼貌了!哪怕是现在,我也觉得他们比其他人更有礼貌、更体贴。他们总是乐于帮助遇到困难的人。这可能是因为他们是农民。那些地区人烟稀少,人们必须相互依赖。遇到困难时,总有人立刻施以援手。阿尔文旅行时也得到了很多帮助。

亨利:你没有刻意渲染失落的草原、被机器毁坏的花园。在影片中,机器是仁善的,且能够给人强有力的帮助。

林奇：它们是仁善的——这个词很恰当。环境没有被污染。我觉得像日本庭院。植物能够自然生长，但园丁可以根据美学原则，通过添置岩石或控制水流改变它们的长势。他们通过引导自然获得更好的结果。在那些地方，机器、收割机、拖拉机……有存在的意义（raison d'être），配合得很好，是人与自然协作的理想例证。

亨利：以约翰·福特①和亨利·金为代表的传统好莱坞美国精神对你的童年有影响吗？

林奇：并没有。我人生中看过的第一部影片是（亨利·金的）《新潮试情》。最近电视上放过，但我发现得太迟了，只看到了最后的字幕。它算不上一部好电影，但我记得其中部分画面，而且想再看一遍。至于福特，我不会将他与某种题材挂钩。他讲故事，故事决定手法。

---

① 约翰·福特（John Ford, 1894—1973），美国导演，曾四次获奥斯卡最佳导演奖，作品反映勇敢开拓的美国精神。

亨利：你作品中的家庭往往是机能失调的。在这部影片中，你满怀柔情地歌颂家庭，令人意想不到。

林奇：这是这个故事的本质。阿尔文的故事传达了一根筷子容易折、一把筷子难折断的道理。这是他的家庭教给我们的东西。

亨利：这些人物与他们所处的环境联系紧密。他们的道德观念亦是如此。对于他们来说，是非很分明。

林奇：无论他人怎么说，我们都知道怎么做是正确的。我们清楚地知道自己的所作所为是对还是错。即便是个人事务。即便你的观念很可能和他人的观念不一致。我们无法评判他人的道德观念，但我们知道自己看重什么。不过，我们多半要等到垂垂老矣、死之将至时才会回头看，思考这些事情。

亨利：理查德·法恩斯沃斯是男主角的第一人选吗？

林奇：我们考虑了很多人，但他成为人选之一后就没什么好犹豫的了。他的面孔和眼睛令我印象深刻。我每次在电影中看到他，都会喜欢他。他散发着一种气质。

一种诚实和纯真的感觉。一股强大的力量。他是美国牛仔传说的化身。他的人生也很有牛仔精神。理查德签约之后,觉得自己也许不能很好地完成这个角色。因为胯骨的毛病,他担心自己无法一直坚持坐在割草机上。但他不仅完成了表演,还非常出色。没有人能比他演得更好。

亨利:在你的作品中,声音被用来营造威胁感,暗示表面、外表之下隐藏的邪恶。在这部作品中,音乐则彰显了生命的力量。就连谷仓塔的轰鸣都是欢快的。

林奇:剪辑期间,我设计了声音,但与音效相比,音乐更能引导观众。我和安哲罗·巴达拉曼提合作时一般是根据画面搭配声音。但有时也会反向操作,或者两种方法同时使用。制作这部影片时,因为有些地方需要更多的画面才能保证音乐的律动,我们有时会调整画面的次序。每个场景都有相应的气氛。声音可以提升或破坏那种气氛。一旦有了合适的声音,就要找到合适的音量。就《史崔特先生的故事》而言,找到合适的组合并非易事。影片中没有惊天动地的大事件。这是一个简单纯粹的故事，添加新元素可能会分散观众的注意力，显得格格不入。在一个空旷的房间里，任何家具都会很显眼。如果有人走进来，他的存在感就会更强。换句话说，如果声音太抢戏，就有可能破坏整部电影。如果太轻描淡写，观众又可能注意不到。

亨利：音乐上，你给了你的长期合作伙伴安哲罗·巴达拉曼提什么样的大体方向？

林奇：还是常规操作。我在他的工作室里，坐在他身边。他一边听我描述，一边弹奏。我根据他的反应再做进一步的解释。有时，只要一个词他就能像变魔术一样写出好音乐，以一两个音符为基础创作出优秀的乐曲。我们就这样写出了第一曲，随后以此为基础完成了所有的配乐。不过是几句微不足道的话语，我甚至都不记得自己说了什么。重要的是空气中的气氛。交流互动在电影制作的每一个阶段和人生中都很重要。

亨利：你选择弗雷迪·弗朗西斯担任摄影指导是因为《象人》吗？

林奇：可以这么说。我们那时成了亲密的朋友，希望再次合作。这部影片是理想的机会——不是因为作品的性质，而是我们的年纪。他八十岁，比阿尔文稍大一点，是最优秀的摄影师之一。弗雷迪坚持全天工作，这对理查德来说是一种鼓励，反之亦然。对其他年长的工作人员来说亦是如此。弗雷迪的参与对整部影片和每个参与的人都有好处，跟年轻的摄影指导不一样。

亨利：《象人》的最后一句台词是："万物永生。"这句话不也适用于《史崔特先生的故事》吗？

林奇：没错。

亨利：自行车手那一段也会让人联想到《象人》。看到阿尔文和他的割草机之后，自行车手的速度让人感觉很不协调，就像那些嘲讽约翰·梅里克是怪胎的所谓"普通人"丑态毕露一样。这里有视角的一百八十度大逆转。

林奇：没错。我不知道那个场景是怎么拍出来的！我第一次走那条路是坐在汽车里，走完我就意识到很多东西都没看到。拍摄的感觉不一样，我们拍摄所花的时间和阿尔文旅行的时间几乎一样长。长时间在室外拍摄,时间会变得重要。你会变得像农民,目光更加敏锐,能注意到细节,找到某种节奏。所以看到骑自行车的人从身边高速经过时,我吓了一大跳。这件事让我拍摄这个镜头时做了一些调整。路过的卡车也是如此。还有影片的最后,拖拉机在割草机旁看起来特别大。

亨利:事物间的相互关系是影片的重要主题,比如人类和宇宙的关系。

林奇:相对性!对,但这难道不是所有电影的主题吗?!

亨利:但这一次它不会引起焦虑。

林奇:对,相对性是一个美好的概念。人类所处的位置很理想,可以说是万物的核心。头顶脚下、外部内部都是同样的条件。人类所处的位置是美好的。

亨利:电视剧《穆赫兰道》的试播集制作得如何了?

林奇:剪辑《史崔特先生的故事》期间,我完成了拍摄。两者是同时制作的。但是《穆赫兰道》目前的混音是暂时的，还不是很理想，剪辑也远未达到让我满意的程度。ABC不喜欢试播集，拒绝续订这部电视剧。试播集ABC有权播出两次。在海外，迪士尼会将其作为电视电影销售。因为是为电视设计的开放结局，我不确定它能在影院放映。令我难过的是，这本应是一个不断发展变化的系列。在我看来，这是电视的独特魅力：能够连续数晚讲述一个连续的故事。但公司高管表示，他们分析了观众的观看习惯，发现观众多半做不到一集不落地看完。他们坚持每一集都应该是完整独立的。在他们眼里，观众无法从后面的剧情推断出之前发生了什么。这些人迷信市场调查，忘记了一个连续故事的魔力。事实上，他们不喜欢试播集——那就没什么好说的了！

亨利：比《双峰》的遭遇还要糟糕吗？

林奇：我对电视行业所知甚少，因此难以理解高管们的看法。但我还是认为电视联播网①很快就会过时。有

---

① 电视联播网（network television）指多个地区性频道共同播出一组节目的电视台运作形式，美国的ABC、CBS、NBC等都是电视联播网。

线电视(cable)的限制相对较少,可以创作有成人内容的作品。很快因特网就会让每个人都拥有自己的电视频道——一切皆有可能。

亨利:你手上还有其他项目吗?

林奇:没有,但我希望有。

"David Lynch: A 180-Degree Turnaround" by Michael Henry from *Positif* (November 1999), translated from French.

迷失的美好

约翰·鲍尔斯/2001 年

大卫·林奇和我高高地坐在他鹰巢般的工作室里,探讨他最喜欢的话题之一。

"我喜欢混凝土,"他说,"混凝土是一种优秀的材料。表面很光滑,可以做出简洁优美的形状。"

他刚刚开始赞美他的混凝土抹刀雷纳尔多(Renaldo)的精妙(可以抛光墙面,同时在上面留下各式各样好看的形状和阴影),电话突然响了,是他九岁的儿子赖利。

"你想干什么?"林奇厉声问道。"滑着滑板冲进泳池?当然不可以。"他摇了摇头,"你觉得我会同意吗?"

他们对话时,我在思考做大卫·林奇的儿子是多么诡异的体验。

认真探讨林奇要从他的兴趣说起。

"看这个。"他在8月一个炎热的早晨对我说。他给我看了一张破败的工业建筑的照片。"这是我去年12月在波兰罗兹(Lodz)拍的。我去参加影像电影节(Camerimage),很有意思。我们白天拍工厂,晚上拍裸体。"

工厂和裸体,裸体和工厂——林奇的世界中充斥着这样奇怪的组合。他的作品在光明与黑暗之间挣扎,有金发女郎也有黑发美女,很傻很原始,前卫又复古,卓越无双又令人不快。这种两面性也存在于他的个人生活之中:林奇严守自己的隐私,同时又将自己内心深处的怪癖投射在银幕上,展示在全世界的观众眼前。他常常哭穷("大卫可小气了",他已经去世的朋友约翰·南斯曾笑着对我说),但他在好莱坞山拥有三幢房屋。他扭曲的风格颠覆了美国传统价值,但他的政治观点似乎特别保守。我取笑南希·里根时,他曾颇为严厉地说:"她是一位了不起的女性。"很多人因这种矛盾而痛苦,林奇却甘之如饴。它就像兴奋剂一样驱动着林奇,令他激动到战栗。

20世纪80年代中期我们第一次见面时,林奇的脸大而柔软,胡子刮得非常干净,他头发梳得整整齐齐,穿着挺括的白衬衫,连最上面的扣子都扣得好好的。当时的林奇散发着一种青少年特有的质朴的热情——那时还有谁会像他一样说"神啊(jeepers)"这个词?见面之后,我就明白为何总有人说他像詹姆斯·斯图尔特了。如今五十五岁的他和以前一样爱用落伍的语言,但时光在他身上留下了痕迹。他双眼布满血丝,衬衫略有一点不平整,脸上还残留着一点灰色的胡茬。他还是会让我想起詹姆斯·斯图尔特,但不是到华盛顿的史密斯先生①,而是《迷魂记》中头发灰白的偏执狂。他的笑容失去了曾经的纯真。

不过,坐在他地堡一般的住宅(三幢房子都是混凝土的)楼顶的时候,他心情不错。在艺术荒原流浪数年之后,林奇携新作凯旋。他即将开设一个付费网站(davidlynch.com),他的新电影《穆赫兰道》出人意料地取得了成功。这部影片最初是一部电视剧的试播集,续订失败

---

① 詹姆斯·斯图尔特曾在 1939 年的美国电影《史密斯先生到华盛顿》中饰演一位年轻的参议员。

之后，林奇对其进行了重新拍摄、重新剪辑、重新构思。《穆赫兰道》不仅是林奇十年来最出色的作品，可能还是《日落大道》之后以好莱坞为背景的最优秀的电影。

在《妖夜慌踪》的年代，大卫·福斯特·华莱士（David Foster Wallace）在一篇论文中巧妙地解释了林奇的作品为何会让人感到不适：和一般电影不同，林奇的电影没有明确的企图，会让观众抓耳挠腮地难受。它们像梦一样侵入人的内心。

《穆赫兰道》正是如此，它是一则优美而恐怖的童话，像车灯照射范围之外的漆黑空间一般神秘莫测。影片以两位截然不同的女性——一个黑发、一个金发——之间的纠葛为核心。一位是名叫丽塔［Rita，劳拉·埃琳娜·哈林（Laura Elena Harring）饰］的不苟言笑的黑发性感美女，她失去了记忆。另一位女主人公是内奥米·瓦茨（Naomi Watts）饰演的、纯真的金发美女贝蒂·埃尔姆斯（Betty Elms）。瓦茨用精彩的表演展现了这个纯真的人物从对世界充满好奇到痛苦地意识到人类之空虚的转变。影片在格局上野心很大，又任性地依赖直觉，它是一个感人的爱情故事，是对洛杉矶电影梦的描绘，是后现代主义的黑色电影,是对电影行业扭曲的讽刺,是对人类内心激进的解读——更是林奇又一次致敬《绿野仙踪》,连小人都出现了。可以说这是误入梦幻工厂的裸女的故事。

和林奇绝大部分作品一样,影片的开头不是情节线索,而是一种气氛、一个画面、一个标题和一个地方——在这部影片中是穆赫兰道。

"我想象夜晚的穆赫兰道,"林奇点燃了一根美国精神牌香烟说道,"所有在那条路上开过车的人都知道,那里交通很拥挤,有很多郊狼、猫头鹰和不明生物。人们经常听说在穆赫兰道上发生的故事。那是一条神秘而危险的道路,而且很高,可以俯瞰山谷和洛杉矶。景色非常壮观,神秘之外也很梦幻。"

作为一位极度依赖本能的艺术家,林奇一直不喜欢探讨他的作品,一被问到有关作品含义的问题就会变得戒心重重。我问他金发美女和黑发美女(这是他极度热衷、反复表现的经典对比)有什么区别,他故意含糊其词,说完我们俩都笑了——我们都知道我最终无法把那个答案写进文章里。作为一个典型的美国中部人(他出生于蒙大拿州),林奇极度不信任任何方式的分析。他曾去看过心理医生。第一次见面时他问医生,心理咨询会不会影响他的创造力。医生说会,林奇就再也不去了。

我 1986 年第一次采访林奇,当时花好几个小时问了他很多问题,全被他和和气气、泰然自若地搪塞了过去。我感觉自己像和活泼处女在一起的高中生,一把手伸到她大腿上就会被她拒绝。如今,我们都已经过了那个相互试探的年纪,因此像新鲜感尽失的离婚夫妇一样速战速决。

"你觉得自己现在比以前更谨慎吗?"

"嗯。"

"脾气没那么好了?"

"嗯。"

他坐在 Aeron 椅①上,向后靠了靠。我环顾他的工作室,看到了不少极具林奇风格的物品。一个咖啡杯、一

---

① Aeron 椅是唐・查德威克(Don Chadwick)和比尔・桑普夫(Bill Sumpf)于 1992 年设计的办公椅,被称为"美国最畅销的椅子",被现代艺术博物馆永久收藏。

大箱博克斯通①的工具、一幅尚未完成但是很漂亮的画作，上面写着"鲍勃的反重力工厂（Bob's Anti-Gravity Factory）"的字样。他的小型便携音箱上装饰着一只死苍蝇的外壳，既像辟邪摆设又像艺术装置。

林奇又点了一根烟，我问他抽烟的情况。他说在1992年，已经戒烟二十二年的他又开始抽烟。

"1992年发生了什么？"

他苦笑着说："鲍尔斯，别明知故问。"

我原本怀疑他著名的执念可能只是某种狡猾的表演，喂给媒体一个怪癖，让他们大做文章，转移他们的注意力。这种说法无疑有一定道理。不过1989年，我为一部法国纪录片采访了林奇一周，目睹了执念是如何左右他的生活的。当时他不允许家里有任何食物（他不喜欢食物的气味），每天都吃完全一样的东西（我印象中，他的午餐是一个金枪鱼三明治）。那之后，他的食谱改变了，他的执念却还是老样子。

---

① 博克斯通（Brookstone）是一家美国连锁零售商，销售种类繁多、设计较为新奇的产品。

"同样的食物我一般吃六个月,或者更久,"他说,"某一天突然就再也不想吃了。

"现在我早晨喝一杯卡布奇诺,一天喝很多杯咖啡,用美膳雅(Cuisinart)搅拌机把沙拉打碎,这样每一口的味道都是一样的。不放肉。里面有坚果、鸡蛋、一点生菜和几种不同的绿叶菜。所以就是一小碗用美膳雅搅拌机打碎的沙拉,上面撒一些帕尔玛干酪。晚上,我吃一块边长两英寸的正方体帕尔玛干酪,喝点红酒。玛丽(斯威尼,与他住在一起)帮我切成小块,然后放在餐巾里给我。"

我问他为什么在饮食上这么讲究,他告诉我这么做"让人感到安心……不会有意外"。林奇的内心世界富饶而动荡(好像疯狂的亚马孙丛林,种种冲动在其中横冲直撞),因此日常饮食反倒成了他的避难所。和包围他的混凝土墙壁一样,林奇的饮食习惯帮助他将自己与外部世界隔离开来,将所有时间用在工作上。

工作是世界上林奇最喜欢的事情。他像春蚕一般不知疲倦,不停地创作:画画、拍电影、制作电视剧、拍照,还担任一支名为蓝色鲍勃(Blue Bob)的重金属乐队的吉他手。创作是他永远不会厌倦的话题。他会说,有些灵感来自你的内心深处,有些藏得很深以至于好像来自外界。他还会说,有的灵感像水一样深入你的心中,然后沉积在那里,最终你会注意到它们的存在,并爱上它们带来的可能性。只要别问他有关含义的问题就可以了。

"爱上那些灵感之后,"他兴高采烈地说,"心情就会很激动。你会心无旁骛地探索那个世界,尽量忠实于那些灵感。你会在其中迷失。但迷失也是美好的。"

当然,有时迷失方向不是什么好事,过去十年的大部分时间,林奇似乎从文化地图上消失了。

这令人不可思议。自从1976年拍摄了经典午夜电影《橡皮头》,林奇就是一颗冉冉升起的新星。没错,《沙丘》是一次昂贵的失败,但那时林奇已经凭借《象人》获得了奥斯卡最佳导演奖的提名,他的下一部作品《蓝丝绒》成了20世纪最后二十五年电影行业的标杆。1990年夏,融合反讽、怪诞和感性的标志性风格让他成为圈内炙手可热的人物。当时,《我心狂野》刚刚在戛纳电影节上获得了金棕榈奖,《双峰》在全球掀起了热潮,林奇登上了《时代周刊》的封面,被该杂志称为"怪诞之王(Czar of Bizarre)"。他将一个爱尔兰姓氏变成了响亮的形容词——"林奇式的(Lynchian)"这个词和"卡夫卡式的"一样内涵丰富——他古怪的审美对 90 年代产生了深远的影响,影响了《北国风云》①及丹尼尔·克洛斯(Daniel Clowes)等漫画家,塔伦蒂诺(Tarantino)、伊戈扬②和科恩兄弟(brothers Coen)的作品[《冰血暴》(*Fargo*)不就是温和版的《双峰》吗?]中都有他的艺术 DNA。

然而就在这功成名就的时刻,这位以怪诞著称的伊卡洛斯③飞得太高,被大众文化的强光灼伤了。尽管高潮感人至深,但《双峰》逐渐式微并最终死亡,而且观众一直不太喜欢《我心狂野》(我依然认为这是他最糟糕的作品)。《双峰:与火同行》1992 年上映时(对,他就是那时又开始抽烟的),他已经不那么风光了。这部讲述劳拉·

---

① 《北国风云》(*Northern Exposure*)是一部 1990 年至 1995 年播出的美国电视剧,讲述了一位刚毕业的年轻医生来到一个古怪的阿拉斯加小镇行医的故事。
② 阿托姆·伊戈扬(Atom Egoyan,1960—),加拿大电影及戏剧导演,作品常探讨疏离和孤立。
③ 伊卡洛斯是希腊神话中代达罗斯的儿子,与代达罗斯一同使用蜡和羽毛造的翼逃离克里特岛时,他飞得太高,双翼上的蜡被太阳融化,最终跌落水中丧生。

帕尔默人生最后一周的影片是十年来最勇敢、最恐怖的电影,最终却被如潮的不解和恶评(《华盛顿邮报》称之为"一场精神验尸,关于天堂、地狱和华盛顿州的交集的怪异原教旨主义思考")所淹没。

被问及受挫的经历时,他耸耸肩,不出所料地用听天由命的语言回答道:"有人警告我:如果上了《时代周刊》的封面就要经历两年的厄运。我确实被乌云所笼罩,这种事一旦发生就无可挽回。你什么也做不了。你看着窗外反问:'为什么会发生这种事?为什么人们会这样说?'就是这样的。这是不可避免的。你还会问:'这乌云要多久才能离开?'"

此后五年,林奇没有拍摄电影,有些圈内人士悄悄地说他已经"完了"。但他对自己的信心并没有动摇。"如果你对自己的作品没有信心,差评会让你痛苦至极。如果有信心,那差评最多令人困惑——你能撑过去的。《沙丘》是第一个例子,《双峰:与火同行》是第二个。"

因为作品不遵循任何公式,林奇可以出错的空间比大多数其他电影人小:如果有一两个场景出问题,他就会彻底失去观众。零碎的《妖夜慌踪》(1997)就是如此,影片莫比乌斯带一般的结构与好莱坞传统的三幕式相去甚远——比尔·普尔曼变成了巴尔萨扎·格蒂,影片对此不做任何解释。观众完全无法理解。林奇在《史崔特先生的故事》中选择了线性的结构,或许就是吸取了这个教训。这部1999年的作品是主人公驾驶割草机旅行的公路电影,规矩得就像老奶奶的正方形蛋糕垫纸。尽管这部影片美化了小镇生活(林奇镜头下的艾奥瓦州没有沃尔玛),但也是一次真诚的新尝试,体现了前所未有的情感成熟。林奇真诚地相信他在影片中所表达的关于家庭与和解的观点。影片有《象人》之后他作品中少有的一种温柔。

这种柔情延续到了《穆赫兰道》之中,这一次,林奇又像往常一样把光明和黑暗丢进了搅拌机中。这是他创作的最曲折的故事,但是在幻觉、错位的身份、戏中戏、三层梦境等元素中,林奇从未忽略过女主人公们的脆弱。影片的视觉风格是凄凉惨淡的,林奇似乎已经不再相信健康稳定的内心的存在。在他看来,自我是穿过一层层活板门不断坠落的,又像一枚洋葱——一层层剥开后才发现内里空无一物,只有静默。在一个关键场景中,丽塔和贝蒂去市中心的剧院,看一位拉丁美洲裔女歌手声情并茂地演唱了一首令人心碎的歌曲。她的表演精彩绝伦——但后来我们发现她只是在对口型而已。《穆赫兰道》暗示每个人的生活都是一场表演,我们永远不会知道自己听到的是谁的声音,以及歌词是谁写的。

关于世界的面貌,林奇并非没有自己的理想。他的想象世界黑暗而扭曲,但他的社会价值根植于美国西部明快的信条:别招惹我(Don't tread on me)。对于他来说,没什么比做自己想做的事情的自由更重要。我第一次发现他的这一面是1989年的一个下午,当时他对市政府非常不满:政府不让他在房子周围建造防止行人横穿他的土地的刀片刺网。他一边摇头一边说:"约翰,人渣可以随便穿越你家的草坪,如果用枪打死他们还要坐牢,能让这种事情发生的国家真是够差劲的。"

林奇不像是崇尚暴力的人,但他被罗纳德·里根的"牛仔人设"所吸引,还哀叹洛杉矶这个个人自由的天堂已经被各种规则和条例所破坏。他对建筑法规很有意见。"人,"他说,"应该能够在他希望的时间,用他选择的方式,建造他想造的建筑。"

林奇声称自己对政治一窍不通，但是在去年的选举中他支持了自然法则党（Natural Law Party），这个政党所崇尚的理念是，理想的治理应该类似于自然秩序。这听起来有点疯狂，但这个政党的纲领并不离奇——是有人情味的自由意志主义（libertarianism）。在竞选活动中，林奇为这个政党的总统候选人、著名量子物理学家约翰·哈格林（John Hagelin）拍摄了竞选宣传片。视频非常奇怪，因为拍摄正常影像超出了林奇的理解范围。他让候选人在怪异的金色窗帘前接受采访，在问题中间插入节奏感很强、让人有不祥之感的音乐。最终，非常睿智的哈格林看起来像B级电影里不太正常的政治家——《双峰》世界中的总统候选人。

林奇的世界观是50年代形成的，他喜欢盛行点唱机和《后窗》那样有鬼鬼祟祟的偷窥狂的电影的那个时代，那传说中的华丽十年。

"空气中弥漫着一种一切皆有可能的气氛。人们满怀激情发明令他们精神振奋的东西。空气中充满幸福快乐。看不见的地方有很多事情在发生，但因为同时还有很多新鲜事，所以那不是一个黑暗的时代。50年代的人似乎喜欢疯狂而大胆的设计。那时的车真是太棒了,一看到就会有坠入爱河的感觉。这种设计风格在六七十年代改变了。后来的车只能用可怜来形容。真的很可怜。让你觉得抬不起头,想低着头去面壁。令人难过。"

我们的采访是在"9·11"恐怖袭击事件发生前几天进行的,但林奇对世界的状况已经感到了悲观。

"感觉自己很无力,无法改变大局。不仅仅是'得到我应得的',而且要钻进去,集中精神享受。不是像鸵鸟一样把头埋进沙子里,而是自我保护,尽量不让自己被外界的消极气氛所影响。"

他又点燃一根美国精神牌香烟。

与我们第一次见面时相比,林奇似乎在将自己和外界隔绝开来,不仅仅是用混凝土墙壁把自己包围起来。他曾经对开车在洛杉矶兜风津津乐道,现在却说他已经很少开车了。人们太疯狂,汽车太丑陋。"如果车更漂亮一些,"提到开车时他说,"我想人们可能会更小心,更享受开车。"

现在,他过着安稳的家庭生活,这在90年代初简直无法想象。当时,从前女友伊莎贝拉·罗西里尼到《双峰》中的美女谢里琳·芬恩(Sherilyn Fenn),他常和女演员约会。(在现实生活中,他似乎更喜欢黑发美女而不是金发女郎。)现在他和伴侣玛丽·斯威尼在一起已经十年了,斯威尼一头黑发,多才多艺,担任了林奇此前三部电影的制作人,承担了《双峰:与火同行》之后林奇所有作品的剪辑工作,还是《史崔特先生的故事》的编剧之一。她也是九岁的赖利的母亲。

我问林奇:"你喜欢做父亲的感觉吗?"

他的笑容暗淡了一下:"这有什么关系吗?"

飞机撞塌世贸中心之后,作曲家卡尔海因茨·施托克豪森(Karlheinz Stockhausen)因称这一事件为伟大的艺术而臭名昭著。林奇不会说如此不近人情的话,但他是我所认识的人中最倾向于透过美学的棱镜看待世界的。他天生对设计极为敏感,有时让人难以判断他到底是不是在开玩笑。

我听说林奇喜欢逛现代主义古董家具店斯康克世界。一天早晨,我问他喜不喜欢家具。他立刻坐直了。

"喜欢,"他把这个词念出了不同的味道,"每个词都有不同的强度。可以有点喜欢,也可以非常喜欢。但是哪怕把喜欢这个词用到极限,也无法表达我对家具的热爱。"

"我最近状态不对,找不到令我灵魂激越的家具。我环顾四周,大量浏览,好东西不少,但似乎都差一点火候。一件家具可以毁掉整个房间。"他停下喝了口咖啡,"如果不营造良好的环境,你就是在亏待自己。"

林奇自己也设计家具,尽管在他看来自己的作品全都算不上"激动人心"——这是他的词库中对事物的最高评价——我问能不能看看他的作品。我们小心地沿着狭窄的楼梯下楼,最终来到了三号房屋,这里与其说是住宅,不如说是巨大的成人游乐场。

我们穿过了一个堆满画作的房间(那些画作美丽而不祥,表现的是鲍勃后来的不幸遭遇),然后穿过一条昏暗的走廊来到一扇门前。门内是一个装备完善的电影混音工作室,有一面大银幕,两台35毫米放映机、巨大的马歇尔(Marshall)扩音器,几名技术员边喝咖啡边工作。他们在制作即将上市的《象人》DVD的声音,林奇向我保证重录版会"很悦耳"。离开那里之后,林奇又带我来到了存储工作室设备的房间,里面有一台爱普生(Epson)

9500照片打印机,可以在四十四英寸宽的纸卷上打印。林奇满怀爱意地称其为"坏家伙"。

这些东西一定非常昂贵,我说。他点了点头。

"挺肉痛的。"

我们终于来到了他的办公室,林奇向我展示了他设计的一组桌子——一张不对称的意式浓缩咖啡桌、有专门的香烟槽的俱乐部桌,以及一张桌面下好像飘浮着一根很粗的木梁的"浮梁桌"。这些家具都是一家名叫卡萨诺斯特拉(Casanostra)的瑞士公司制作的,这家公司后来倒闭了。林奇坚称把公司搞垮的不是他设计的桌子,尽管我很难想象有人会买这样的桌子回家用——它们是马格里特①式的珍品,而不是实用的家用家具。

林奇一边尽职尽责地向我介绍他设计的一张床[他说床头板是"软垫装饰之星劳尔(Raoul)做的"],一边热切地把我往他最近很感兴趣的电脑旁边引。林奇对汽车和灯具的品位可能是复古的,但他不是那种认为Flash动

---

① 勒内·马格里特(René Magritte,1898—1967),比利时超现实主义画家,作品常常描绘不寻常背景下的普通物体,挑战观看者对现实的感知。

画像梵文一样难懂、讨厌数字视频的守旧分子（他考虑过拍摄一部名为《奶牛之梦》的愚蠢的数码喜剧影片）。林奇愉快地欢迎被他称为"美丽世界"的因特网，他认为网络是无限自由的新阵地。"世界是由比特构成的，"他说，"现在我们都能操作一小部分比特，拥有无限可能。"

不难想象，林奇对我们大多数人使用电脑的方式没有明显的兴趣。他很少上网，不玩电脑游戏。过去两年，他花了很多时间设计网站（davidlynch.com），网站发布日期被乐观地定在 10 月 12 日（最终没有按时发布），现在应该随时可以上线了。网站将会展示各式各样的林奇作品，从摄影作品到音乐再到数字视频系列。电脑启动之后，他开始点击鼠标。弹出的窗口上是一口超现实主义的牙齿在一张一合，非常恐怖。

再点击鼠标！屏幕上出现了一个肮脏的公寓，里面有三个人物，都是人身兔头，长着大耳朵。

再点！一群蜜蜂的大特写。

再点！一个在罐子里的裸女。

再点！一只被肢解又拼合起来的猪，现在用后腿直立着（"我会让这只猪走路"）。

再点！屏幕上的画面令我震惊：那是一张林奇背对镜头、弯着身子用手指着自己的臀部（还好他穿了裤子）的照片。

他笑着说："这是我为一个说我没有付他钱的家伙拍的。"

我们花了很长时间仔细观察一张《橡皮头》中电梯厅的照片。林奇用 photoshop 做了电梯门滑开、露出里面东西的效果——电梯梯厢中射出的光照亮了前景中的地毯。

他专注地盯着照片。"以前我会一连几周迷失在这个世界里。"

预定的采访时间已经到了，我不断准备告辞。但林奇翻阅着这些素材，心情越发激动。他不停地提出再给我看更多的东西。他向我展示了两幅裸照和另一座波兰工厂。他还给我看了他网站聊天室的漂亮的效果图——那聊天室看起来就像是蒸汽引擎和电影放映机被坏坏地融合在了一起。

随着图片不断出现（他还有更多蜜蜂的照片！），我发现自己被他孩子般的热情所感染。他的作品真的很酷！

迷失的美好

今天所发生的事情印证了我之前对林奇的印象:尽管很多人认为他黑暗或污秽,我却一直觉得他能给周围的人带来灵感和启发。他是真正的浪漫主义者,相信想象的超验力量,相信创造美好新世界的可能。

我说,电脑对于他这样的偏执狂来说一定很有用。

他告诉我为了即将上市的《橡皮头》DVD版,一位名叫阿拉什(Arash)的工作人员花四个月时间用数码技术对所有画面进行了调整。

"你知道在电视上看电影时,画面上会出现很多小圆斑吧? 那是胶片上的污迹。《橡皮头》的污迹是胶片自带的,无法清除。所有胶片都有同样的污迹。电脑上有放大镜按钮,可以不断放大。画面放大到一定程度之后就可以看到无数白点。阿拉什把那些都清除掉了。"

"清除?"

"一帧一帧地清除。"他骄傲地露出了微笑,"这将会是影史上最干净的电影。"

"Getting Lost Is Beautiful" by John Powers from *LA Weekly* (October 19 - 25, 2001).

《穆赫兰道》、梦境和摆脱好莱坞的束缚

理查德·A. 巴尼/2001年

我在一个阳光灿烂的日子和大卫·林奇在他的办公大楼见面,和我想的一样,他心情愉快,很有精神。经历了两年的困难之后,他的长片《穆赫兰道》终于上映了——5月,《穆赫兰道》在戛纳电影节公映,其间林奇获得了最佳导演奖,10月初,也就是这次采访的两周前,影片在美国公映。美国评论界和观众的反应都很热烈。J. 霍伯曼(J. Hoberman)在《村声》(*Village Voice*)杂志上发表文章,称这部影片为"妖冶的幻象"和"林奇自《蓝丝绒》甚至《橡皮头》以来最强有力的作品"。《纽约时报》影评人斯蒂芬·霍尔登(Stephen Holden)在纽约电影节上观

《穆赫兰道》、梦境和摆脱好莱坞的束缚

看这部影片之后,赞美其"疯狂刺激如一场意象派头脑风暴",并"完美展示了一部优秀作品是如何克服逆境的"。

对于一部命途多舛的影片来说,这无疑是理想的结局——甚至可以说是如释重负:林奇一开始将其作为类似于《双峰》电视剧的试播集推荐给了 ABC,他提交了一个自己并不完全满意的早期剪辑版,结果 ABC 彻底放弃了这个故事。后来,林奇耐心地、坚持不懈地重塑故事元素,寻找新投资(这一次伸出援手的频道+电视台又来自法国),拍摄新镜头,勤奋工作,将所有元素在后期制作时整合在一起。

六个月前,我和林奇就《穆赫兰道》进行过一次初步沟通,但由于他还在进行最后阶段的剪辑——林奇不愿在影片完成之前谈论自己的作品——我们将正式的采访推迟到了影片在美国上映之后。在之前的交流中,林奇也提到了 20 世纪八九十年代他的一些作品,比如《沙丘》。他提及,这部影片失败的原因之一是他没有最终剪辑权而受到了"束缚"——这是他永生难忘的教训,这个话题后来在不同的情境中又再次被提起。

此刻我坐在他的艺术工作室中(工作室位于林奇的

主要办公区域的上方,林奇需要的时候,这里就是他的避世静思之地)环顾四周,映入眼帘的是处于不同创作阶段的未完成画作,四处散落的画笔和颜料罐,一个瘫在地上、身长三英尺、四肢少一肢的塑料娃娃,以及林奇此前各类创作的遗留物——了解林奇的人都知道,这些物品未来说不定会成为某个新项目的一部分。外界对影片的反响显然让他很开心,但林奇一贯的豁达自若没有改变。

理查德·A. 巴尼(以下简称巴尼):想必你很清楚,外界对《穆赫兰道》的评价大多都很积极。鉴于拍这部电影很不容易,你现在感觉怎样——有没有一点复仇的快感?

大卫·林奇(以下简称林奇):没有。完成一部作品时你不知道会发生什么。好评差评我都经历过,所以我一直说,相信并喜欢自己的作品才是最重要的。无论评价如何你都能接受。

巴尼:去年春天我们交流时,你在进行最后剪辑。当时你说剪辑和声音方面还有一些地方需要调试;除此之外，你说剩余的工作应该几天就可以完成。

林奇：3月和你见面之后，我们就开始准备参加戛纳电影节。玛丽（斯威尼）带着底片飞往法国，准备在那里进行放映，这样我们才能参加戛纳电影节。频道＋电视台的人就是当时看到了这部影片。他们很喜欢，一切从那时开始有了起色。

巴尼：后来，影片在今年秋天的纽约电影节上也进行了展映，你觉得在重点和兴趣方面，纽约观众和法国观众的反响有区别吗？

林奇：没有。这些活动都是电影的节日，非常美好。但电影节期间有很多电影连续展映，我不知道电影记者们会不会看糊涂，因为有时不同电影的镜头混在一起也不违和。我觉得所有电影节都很紧张，没什么可以随意消磨的空闲。

巴尼：很多出演这部影片的人都是你其他领域的长期合作伙伴，比如饰演路易吉·卡斯蒂利亚恩（Luigi Castigliane）的安哲罗·巴达拉曼提，还有蒙蒂·蒙哥马利,他是《我心狂野》的制作人,此外和你也有其他的合作,在《穆赫兰道》中饰演牛仔。他们饰演的这些人物从何而来?

林奇:我1986年就认识安哲罗了,路易吉·卡斯蒂利亚恩这个角色生发自我与他的交情和我听说的故事,这是安哲罗命中注定要演的角色。我一直觉得丹·赫达亚(Dan Hedaya)和安哲罗看起来像兄弟,想让他们一起演戏,我的愿望实现了,很棒。他们很合得来,都来自布鲁克林的某个区域。这是一段美妙的经历,特别好。现在安哲罗一发而不可收,已经在问我要下一个角色了。他说不定已经有专门的表演经纪人了。安哲罗的变化挺诡异的。(笑。)

至于蒙蒂饰演的牛仔,我是某天对盖伊·波普(Gay Pope,一位助理)发号施令的时候突然想到的:牛仔突然出现在我的眼前,开始说话,我则开始向盖伊转述牛仔在说什么,很快牛仔的形象就和蒙蒂重合了,两人融合在了一起。之前我们制作短片《牛仔和法国人》时,蒙蒂是制作公司政令宣达电影公司(Propaganda Films)的员工。我第一次见到他是在片场。之前我可能也见过他,具体顺序不太记得清了，但我一直觉得蒙蒂很害羞，可能根本不愿来到镜头前表演。为《牛仔和法国人》进行后期制作时，我们为一个名为豪迪（Howdy）的角色进行混音——那是豪迪抓住牛的双角与牛摔跤的一个场景，然而由于现场噪音过多，我们完全听不清任何对白。饰演豪迪的演员[里克·吉洛里（Rick Guillory）]是一位真正的公牛摔跤手，但是当时他已经回家乡了，好像是科罗拉多州。所以蒙蒂说："大卫，我来帮你配。"我惊叹："我的上帝！"当然，我是在开玩笑。后来我对他说："好的，蒙蒂，你试试吧！"蒙蒂走进录音棚，一次就搞定了——完美。我对那件事印象很深。因此牛仔这个角色成形之后，我知道蒙蒂是合适的人选，问题在于他愿不愿意出演。后来他答应了。

巴尼：他是一个令人不安又令人惊诧的角色。

林奇：嗯。

巴尼：强制执行的同时还进行道德说教。

林奇：（爽朗地笑。）没错。

巴尼：我觉得他有点像《妖夜慌踪》中的神秘人，随心所欲地出现与消失，能与另一个世界交流，能够对人类的日常存在产生巨大的影响。

林奇：如果他想的话……

巴尼：是的，如果他想。不过他看起来可能没有神秘人那么可怕，但两人有很多类似的技能。你觉得我说得对吗？

林奇：对，没什么问题，对。

巴尼：我感觉到了两个人物的相似。片中还有一位你很喜欢的演员——安·米勒（Ann Miller），她最后……

林奇：没错，我很喜欢她，但我从没说过"一定要和安·米勒合作"之类的话。盖伊在学院或者其他什么地方参加某人的纪念活动时，安·米勒和几个朋友就坐在她前面一排。她观察安·米勒，听她说话，回来之后说："这个安·米勒真是不得了，她太好看了，充满活力。"那时我们正好在为《穆赫兰道》选角，我说："好，那我一定要见见她，这是个不错的想法。"后来安来我家拜访，合作就这么敲定了。我们一拍即合，她是个很棒的人。

巴尼：和选其他演员一样，你没有让她读台词。
林奇：没有。

巴尼：完全基于见面的感觉判断……
林奇：对，和她见面，观察她，依赖大概的感觉。

巴尼：饰演侦探哈里·麦克奈特（Harry McKnight）的罗伯特·福斯特（Robert Forster）出现的时长很短，几乎就是客串。这是从试播集变成电影的调整造成的吗？
林奇：是的。

巴尼：本来警方的调查有一条完整的情节线？
林奇：事实上，当时这些都还不确定。我一直很喜欢罗伯特·福斯特，觉得他的存在感很强。尽管他只在一个场景中出现，但我认为整部电影都可以感觉到他的存在。每次提到警探，他的形象就会出现。

巴尼：因为种种调整，他从故事中被撤出，对此你会不会有点遗憾？

林奇：他后面还有一段精彩的表演，但是最终没有出现在影片中，不过他和搭档[布伦特·布里斯科（Brent Briscoe），饰演侦探多姆格德（Domgaard）]非常默契。

巴尼：从试播集到最后的电影长片，最大的改变是什么？

林奇：哇，两者截然不同。长片中保留了不少同样的情节，但讲述的角度不同。将作品改编为长片时，我产生了不少在我看来绝妙的灵感。它们就像上天赐予的礼物。我不知道自己能想到这些办法，不知道到底会发生什么，在改编时曾经一筹莫展——大脑一片空白。后来某天晚上，我六点半坐下，七点就全部想好了。

巴尼：你说一开始很惶恐。

林奇：很慌张，一种平静的慌张。不是那种疯狂的惊慌，而是一种深深的惶恐，为了让我把作品改编成长片，投资人拿出了很大一笔钱……

巴尼:因为当时已经达成了新的协议。

林奇:对。协议确定两周后,我才有这些灵感……不对,不是那样的。我记得协议最终敲定之前我就想好了。当时一切都还不确定,我深深地怀疑自己应该放弃这个项目。

巴尼:这很像你以前提到过的一个钓鱼的比喻——经历这样的过程之后找到灵感。

林奇:对,我知道渴望得到某物不代表能够得到,但如果根本不渴望就一定得不到。如果没有渴望的话,你甚至都不知道自己想要什么。所以必须知道自己想要什么,心中有所渴望,我想,那种渴望会把灵感从思想的海洋中打捞出来。

巴尼:我对这一点很感兴趣,因为欲望是《穆赫兰道》中的重要元素,尤其是戴安·塞尔温(Diane Selwyn)的欲望。你为影片设计的口号"梦想之城的爱情故事"也与此相关。所以欲望和梦想似乎是很关键的元素。

林奇：不过，每个演员都有强烈的欲望——当然也是相对的，有些人的欲望比其他人更强烈，但他们都有欲望，他们所从事的职业（表演）就是他们的欲望，可能达成的成就（在自己热爱的领域取得成功）也是欲望的一部分。因此这是一场满载梦想和渴望的美丽赌博，但在他们的人生中能看到命运的力量，如果命中注定籍籍无名，事业就不会有起色。有些人才华横溢、外貌出众，但就是无法成名。这种现象无法解释。

巴尼：戴安·塞尔温的故事，她的结局，是曲折痛苦的，她最终自杀了，所以她的梦想带来了厄运。而在其他场合，你把梦想形容为能给人带来积极影响的必要存在，之前就这部电影接受《村声》的采访时你说："结局是糟糕的东西。留有想象空间的结局才是美的。"

林奇：没错。

巴尼：所以，梦想有捕捉灵感的积极作用，但它们也可能……

林奇：带来糟糕的后果。带来恶果的不是梦想。我想是挫败感，以及各种负面情绪（嫉妒，以及引发痛苦和消极情绪的种种因素），它们会让人做坏事，然后你就必须为自己的行为付出代价，有些后果会像噩梦一样愈演愈烈。

巴尼：比如在电影结尾把艾琳（Irene）和她的伙伴从蓝盒子里放出来。小事可能会不断发酵，变成大事。

林奇：对。

巴尼：《穆赫兰道》讲述了两部电影的拍摄过程，展示了电影制作过程的疯狂。一部是沃利·布朗（Wally Brown）的给人感觉举步维艰的情节剧，贝蒂参加了这部影片的试镜；还有一部是亚当·凯瑟（Adam Kesher）想要拍摄的电影，他跌跌撞撞地试图控制影片的制作，有些行为令人困惑，但也不得不做出妥协。鉴于你制作这部影片的过程也很艰辛，影片中的这些片段会让你产生某种满足感吗？

林奇：不，我不会将两者混为一谈。如果确实感到满足的话,我不会否认,但事实并非如此。我能够理解为什么人们这么认为,片中的情节及亚当经受的考验能够引起我的共鸣,可我遇到的困难是没有找到合适的合作伙伴引起的。因此,最终能找到这种解决方式是非常美妙的。

巴尼:看到凯瑟和牛仔相遇的场景时,我不由自主地想到了我们上一次交谈时你说的一句话。谈及《沙丘》上映后的痛苦感受时,你说感觉受到了"束缚"。这个场景似乎将你的话演绎了出来,因为凯瑟真的被"束缚"在了比奇伍德峡谷(Beachwood Canyon),之前卡斯蒂利亚恩还对他冷酷地说:"这已经不是你的电影了。"我想这一段一定能够让你感同身受。

林奇:是的,就像我之前提到的一样,他的经历能让我产生共鸣。我用畜栏比喻受到束缚,有面积比较大的畜栏,限制相对较少,也有面积小的畜栏,限制更多,行动的空间更小。畜栏,包括小的畜栏——这好像有点偏题了——都意味着限制,大多数时候就是一种束缚,但有时限制中可以生发出好的东西。

《穆赫兰道》、梦境和摆脱好莱坞的束缚

巴尼:一开始这部影片是要在电视上播出的,你最初构思时受到了很多限制。后来你对影片进行了整体调整,之前受到的限制有没有产生积极的效果?

林奇:一切都是有意义的。我不知道具体如何作用,但这部影片一开始是有开放结局的试播集(这一点我已经说了很多次,不好意思),因此你会从这个角度思考。尽管是用胶片拍摄,但至少会有两方面的考虑:胶片之外,还要考虑电视屏幕,以及——因为我们是在用16∶9的长宽比拍摄——宽屏。你知道自己拍摄的是一个即将在电视上播放的连续故事的试播集,结局是开放的,结果项目突然差点夭折。有点像发现一具尸体,你相当确定人已经死亡了,然后再仔细观察,发现一息尚存。这多么美好,作品以另一种方式起死回生,变成了一部长片。因此,我们要想办法把原本具有开放结局的作品改造成单一结局的长片,需要能够将最初开放式结局的故事和最终的单一结局联系在一起的桥梁。要找到万全的办法。如果一开始就是拍摄长片,就不用操这份心了。因此要费点脑筋,而我认为动动脑筋不是坏事。我之前谈到过

超现实主义者会做试验:他们随便选出一些词,任其自由组合排布,观察随机行为能带来什么,是否会引出新的方向或事物。这是很好的练习,制作这部电影并不是练习,但过程十分相似——需要灵活的头脑。

巴尼:你提到了死而复生的尸体,这里有一处有趣的联系。戴安·塞尔温床上的尸体正是梦境、欲望,以及此后种种的缘起,所以说它其实不是真正的尸体。

林奇:嗯,它……(长时间停顿。)你……如果……(再次停顿,时间更长。)你要……

巴尼:我问了个很难回答的问题。

林奇:不是,我不想透露太多。(停顿。)如果注意……注意看它的位置,接下来发生的事情会显得更加合理一些。

巴尼:关于这一点我是这么想的。你常说《日落大道》是你最喜欢的电影之一,拍摄《橡皮头》时,你要求每个工作人员都看这部电影。我注意到一个相似点,尽管

《穆赫兰道》、梦境和摆脱好莱坞的束缚

《穆赫兰道》不像《日落大道》那样是从死者的角度叙事的,但片中的尸体也开启了一系列梦境般的事件和回忆——我觉得这很像比利·怀尔德(Billy Wilder)的设定。

林奇:我从未这么想过。《穆赫兰道》中有日落大道的路牌,有《日落大道》中派拉蒙停车场上的那辆车,那辆车在怀尔德影片中出现的日期差不多是五十年前。有没有人注意到并不重要,电影世界中的种种联系非常神奇,影片中的世界和真实世界一样是有生命的。

巴尼:我对这个场景印象很深,还特地重看了《日落大道》,《穆赫兰道》中有同样的铸铁大门和拱门,只缺"派拉蒙影业"的字样。

林奇:对,因为不能拍——他们不会允许的。这是生活的荒诞之处之一。我常说我喜欢荒诞,这是一个例外。

巴尼:这种关联是否暗示着诺玛·戴斯蒙德(Norma Desmond)和贝蒂的某种相似?

林奇:嗯,她们都是演员,都是……她们其实截然不同,但都在经历表演带来的一些负面影响。

巴尼:对,诺玛·戴斯蒙德想要回到过去,重拾创作的能力,但她……

林奇:她相信自己还能创作。但那其实是自我欺骗,我们一定程度上都会这么做——见到某人、与他对话之后,你会想:"这个人肯定疯了,活在幻想的世界里。现实与他的想象完全不同。"之后再照镜子,你会不由自主地问自己是不是在做同样的事情。其实我们都会自我欺骗,因为必须这样才能生存。必须有某种信念,否则便会崩溃。

巴尼:需要某种秩序,所以从这个角度看,贝蒂可能代表的戴安·塞尔温的第二人格是很重要的,诺玛亦是如此。

林奇:对。

巴尼:我看得很仔细,印象深刻的还有一处:你可能也记得,诺玛·戴斯蒙德在她破落的别墅里放了很多自己的照片。

林奇：那是一座很漂亮的别墅——并不破落。

巴尼：在影片中确实让人感觉就快……

林奇：嗯，外部确实有些破破烂烂，但在我看来内部还是很不错的。

巴尼：同样，《穆赫兰道》中也明显有贝蒂和戴安的各类化身不断出现：温基餐厅（Winkie's）的服务员，平克热狗店（Pink's）的金发妓女也有些相似，然后丽塔戴上了金色的假发，突然打扮得很像贝蒂。两位女演员，以及她们千变万化的形象，给我留下了很深的印象……

林奇：对于演员来说，这就是他们的人生，不断扮演各种人物。在他们的世界中，无论是真实的还是想象的，无论是在电影中还是其他地方，这样的事情是很自然的。他们都是不同的人。

巴尼：贝蒂重新打扮丽塔的情节像一个希区柯克时刻，在《迷魂记》中，主人公一厢情愿地让一个人成为另一个人的替代品，因为后者已经出于某种原因不在了。看到贝蒂把丽塔打扮得和自己很像，我感到十分震惊，不过这和斯科蒂（Scottie）的心理很相似：他想把朱迪·巴顿（Judy Barton）当成马德琳·埃尔斯特（Madeleine Elster），以此找回已经失去的东西。① 这么说你觉得有道理吗？

林奇：当然。

巴尼：这么安排有什么寓意吗？
林奇：没有。

巴尼：（笑。）影片开头的舞蹈蒙太奇很有活力。然后是一系列值得寻味的画面：镜头从戴安·塞尔温卧室的地板开始，接着移动到她的枕头，再向前推，陷进枕头里——这一切都暗示着影片整体是一个首尾相接的环形，在故事的最后我们回到这里，看到她在床上饮弹自尽。这样一个圆环是不是能帮你将影片中的元素串联

---

① 此处巴尼提到的是希区柯克作品《迷魂记》中的人物和情节。

起来？

林奇：不是将元素串联起来，而是讲述故事，舞蹈中的一些元素对于理解整个故事十分关键。因此，在片名出现之前就有不少观众需要注意并记住的重要线索，它们对理解影片是有帮助的。

巴尼：其中有很多人物朝各个方向不断复制，复制品有大有小，像舞者一样。这是线索之一吗？

林奇：不，我指的不是这个。

巴尼：能举几个例子吗？

林奇：不能。（轻笑。）仔细看片名出现前的画面，寻找里面的线索。

巴尼：好的。我提到环形结构是因为《妖夜慌踪》似乎也是首尾相接的类似结构：对讲机中传来了"迪克·洛朗(Dick Laurent)已经死了"的讯息（接收方是比尔·普尔曼饰演的弗雷德·麦迪逊），暗示一切又可以重新开始。如果戴安因自己的欲望而绝望，而这一切又可以重新激活,那么这部影片似乎也可以像梦境一样无尽循环。

林奇:所有电影都可以像爵士乐一样,将一个主题演绎为多个不同的版本。从一段旋律衍生出无限可能。但长片是有固定结构的,尽管可以做一些试验,可能性毕竟还是有限的。

巴尼:我想和你探讨一些视觉风格方面的问题。先说颜色:和往常一样,影片的颜色很丰富,但给我留下深刻印象的是露丝姨妈(Aunt Ruth)的破旧好莱坞公寓中的暖棕色、绿色和黄色,这种颜色组合让公寓与影片其他环境的色调截然不同。它很自然,和露丝姨妈本人一样给人一种安全感。你用这些暖色想营造什么样的效果?

林奇:就像你提到的,那公寓让人感到安全,正因为如此,那儿可能发生很多事情,包括某些事情。它在一个院子中,所以又多了一重保护,贝蒂和丽塔这样的人物会有这种感觉。

巴尼:影片各处还有其他强烈的色彩——粉红色、红色和蓝色等——拿粉色来说,贝蒂穿粉色的毛衣,凯瑟泼到他妻子的珠宝上的油漆也是粉色的。你是如何设计这些配色的?

林奇:影片中的一切都是建立在灵感和设想上的。如果一下就能把这部电影都设想好,就可以在心里从头到尾先看一遍。然而不幸的是,灵感是以碎片的形式出现的。但每一个碎片都是完整的,它们到来时便在你脑中播放。它们像火花一样一闪而过,火光熄灭后逐渐显露真正的样子——一个想法就这样形成了。你对它很了解:画面瞬间出现又消失,但对你来说速度正好。你应该有感觉,知道自己已经有想法了。一微秒之前还是一片空白,直到灵感突然出现,给你提示。接下来要做的就是忠于自己的想法。将灵感忠实地转化成电影似乎是一个难点。就这么简单。

巴尼:用粉色的想法最早是怎样随灵感一起到来的?

林奇:粉色——用粉色不算一个有意识的决定。但影片中有一个名叫平克热狗店的餐厅,那个场景中是有粉色元素的,贝蒂的上衣可能是一个美好的巧合。我不记得了。我不记得当时是怎么决定的了。我们考虑了很多衣服,但(停顿)在这个方面——如果出差错立刻就能看出来。不过在人物服装方面,我是欢迎意外的。人物的外貌能给人带来很多灵感。大多数时候,我都和帕特里夏·诺里斯等人合作,他们一开始就能找对感觉,呈现理想的效果。

巴尼:拍摄《穆赫兰道》时遇到过什么意外吗?

林奇:嗯,让我想想。你说的是坏的意外还是好的意外?在我看来都是好的意外。比如,安·米勒在现实生活中喜欢盛装打扮,因此可可(Coco)这个角色特别适合她。她出场的样子总是很惊艳,在可可的世界中显得特别合适。服装必须与演员融为一体,不能显得扎眼,一切都要符合对影片的设想。因此只要服装适合人物就可以向前推进了。

巴尼:和你以前的作品相比,这部影片似乎多了很多运动镜头。

林奇:是的,可能确实如此。我们逐渐喜欢上了一种让摄影机"飘浮"的手法。拍摄温基餐厅的镜头[丹(Dan)

和赫伯(Herb)谈论一个梦]时,这种手法相当重要,帮助我们营造了设想中的恐怖气氛。

巴尼:常给人一种摄影机有自己的意志的感觉。

林奇:对,像一个第三者。

巴尼:我还注意到,有时摄影机会与第三者的视角重合然后再脱离。

林奇:你举一个例子。

巴尼:贝蒂在公寓客厅里给露丝姨妈打电话时,一开始是躺在沙发上的。她说话时,镜头开始移动,离开她,顺着走廊上楼,来到卧室门口。但奇怪的是,镜头到达门口时,贝蒂也在那里,再次和镜头重合……

林奇:没错。

巴尼:因此镜头以奇妙的方式和人物分开再重合,影片中其他地方也有类似的片段。

林奇:电影制作是一个互动的过程。出现某种情况,然后做出反应,并从中有所收获。拍电影就是不断试验的过程,在忠于原始设想的前提下进行试验。这样才能不错过任何一种可能性。因此每一次彩排都是一次试验,剪辑时也有很大的试验空间。为了找到对的感觉,每一个阶段和元素都可以试验。电影制作就是这样的。

巴尼:我认为,你选中这种摄影手法是因为它和西伦西奥俱乐部(Club Silencio)中的表演很相似,歌手和乐手唱歌演奏,然后突然停止,但演出还在继续。技术或乐器和它们的操作者似乎是脱节的,但世界不会因此停滞。这种手法表现的主题在魔术师的镜头中得到了突出。这么说对吗?

林奇:对,但是……如果不分青红皂白地说"我们就要拍出某种特定的效果",可能会扼杀或者伤害某些东西。所以不能随心所欲地说:"出于某个原因或者因为是这样的主题,所以我们要这样做。"这就跑偏了,是很随意的做法,不合适。所以要一个镜头一个镜头、一点一点去探索,不停地与原始设想比对。我以前也提到过,如果将设想比喻成种子,其中就蕴藏着整棵大树,但如果总是折腾种子，它就会长成奇怪的树，不是种子真正想要成为的那棵树。如果忠实于种子，你就有可能得到一棵好树。种出好树之后，人们才能把它当作一棵树来欣赏，从中有所收获，不被误导。但如果干涉过多，他们就会感觉到树是假的，直接拒绝欣赏。

巴尼：所以有设想和设定主题不是一回事……

林奇：可以在一系列的设想中提取出主题——妙极了——但如果设定一个主题，说"我要把影片拍成这个主题"，那在我看来就是一种倒退了。

巴尼：我想和你探讨一下音乐。拉丁歌手丽贝卡·德尔里约（Rebekah del Rio）本色出演，在片中用西班牙语演唱了罗伊·奥比森（Roy Orbison）的《哭泣》（"Crying"），非常迷人。她是如何加入这部影片的？

林奇：她的加入是一个美好的意外。布莱恩·卢克斯（Brian Loucks）是我的朋友，也是我的音乐经纪人。我有一个录音棚，我热爱音乐。我常说是安哲罗（巴达拉曼提）——上帝保佑他——把我领进了音乐的世界。所以音乐方面我也算半个圈内人士,布莱恩有时会给我打电话,介绍一些人给我认识,我们也合作一些项目。一天他给我打电话,说要介绍一个很厉害的人给我认识,然后他们就来我家了。他们来了之后,我说:"丽贝卡,你去录音棚对着麦克风唱首歌吧?"她说:"好的。"然后她就进棚唱了我们用在影片中的那首歌。一开始,在她开口之前,我从没想过将她或者这首歌加入影片——但它实在太美了。后来我开始考虑这种可能性,最终这首歌成了西伦西奥俱乐部片段的一部分。有时事情就是机缘巧合下发生的。这是一个美好的意外。

巴尼:所以西班牙语并不是提前设计好的重要元素……

林奇:这是另一个美好的意外:劳拉·哈林有一半西班牙血统,洛杉矶说西班牙语的人也很多,因此西班牙语逐渐成为影片中的一个元素。就这么发生了。词语会给人一种感觉,很多时候你即便不懂某个词语,也能大概感觉到,从某些奇怪的角度看,有时不懂反而更好。这是一种感觉,神秘感,或者就是——某种存在。

《穆赫兰道》、梦境和摆脱好莱坞的束缚

巴尼：绝大多数影评人都对影片赞赏有加，但就连很多喜欢它的人都说影片有很多情节未交代清楚，他们还认为这些谜题永远不会解开。我个人的体验——这部影片我看了三遍——不是这样的。第一次看完我很震撼，有些恍惚，不确定自己具体看了什么。我知道影片在情感上和视觉上对我触动很大，但不知道这一切具体是如何发生的。第二遍我理顺了很多东西，心情十分激越。之后我再看第三遍，对影片的感触就更深了。你现在期待观众反复看你的电影吗？

林奇：如果观众喜欢电影中的世界，愿意反复体验，那很好。《日落大道》对于我来说就是这样。我们都有自己喜欢的电影。我愿意一遍又一遍走进那个世界。影片的世界很真实，而我乐在其中。很多时候我们期待影片把一切都交代清楚，而那样观众其实会——说睡着不准确，但至少不够警醒。我们没有意识到影片中可能有重要的线索。这是一种懒惰，这么说可能有点奇怪，毕竟看电影不是工作。但体验和理解是有不同深度的。因此，第一次看因为不知道应该注意什么，会漏掉很多东西，这

在我看来,很有意思。我认为看电影时直觉是很重要的。我们会在影片中注意到很多线索,一边看一边有所发现,可能还是会错过,但我认为直觉是非常重要的。

巴尼:关于下一部长片作品,你现在有什么想法吗?
林奇:毫无头绪。我正在做网络上的工作。

巴尼:11月16日是davidlynch.com上线运行的截止日期。
林奇:(点头。)应该可以上线运行。希望如此。

巴尼:其他的工作都要等到这之后了。
林奇:对。要有灵感才行,但我没有时间坐下来尝试……我想要这么做,也有一些想法,总是这样的。但我不知道能否转换成作品。

"*Mulholland Drive*, Dreams, and Wrangling with the Hollywood Corral" by Richard A. Barney. Interview conducted on 26 October 2001. Previously unpublished.

大卫·林奇和劳拉·邓恩:《内陆帝国》

约翰·埃斯特/2006 年

《内陆帝国》是编剧兼导演大卫·林奇自《蓝丝绒》以来最优秀的作品,很可能是 2006 年最激进的影片。影片时长一百七十九分钟,重节奏而轻逻辑——从实证主义①的角度看——颠覆了好莱坞的一切惯例。

影片的主要情节围绕妮基·格雷斯(劳拉·邓恩饰)展开。妮基是一位演员,被人包养,很有钱,她刚刚得到机会,在一部新片中饰演一个名叫苏珊·布鲁(Susan

---

① 实证主义(positivism)相信知识来自可以通过感官体验或逻辑证明的事物。

Blue)的人物。她的搭档德文·伯克[Devon Berk,贾斯汀·塞鲁(Justin Theroux)饰,塞鲁在林奇的《穆赫兰道》中饰演年轻导演]出了名地喜欢引诱和他搭戏的女明星,这可能造成问题。随着妮基变得越来越像苏珊,这个多元的戏中戏故事愈发复杂,让观众抓不到清晰的情节线。

杰里米·艾恩斯(Jeremy Irons)饰演电影导演金斯利·斯图尔特(Kingsley Stewart),内奥米·瓦茨饰演一位超现实主义情景喜剧人物,戴安·拉德饰演一名脱口秀主持人,威廉·梅西(William Macy)饰演一名播音员,朱莉娅·奥蒙德(Julia Ormond)饰演一位杀气腾腾的妻子。这是一部对观众要求很高,但也能给人很多收获的影片,很多入门影迷看完可能会感到困惑,甚至是愤怒。

一向话不多的林奇与一向擅长交际的劳拉·邓恩和记者们围坐一桌,就着一片香蕉奶油馅饼探讨这部电影。

采访者:你是什么时候开始创作剧本的?

大卫·林奇(以下简称林奇):我写了一个场景,里面没有劳拉。我不知道它后来会变成一个有劳拉的重要场景。然后我把这个场景单独拍摄了出来。我不知道接下来会发生什么。我反复看那个场景:"等等。还可以扩充。还可以挖掘。"之后再有其他灵感时,我会写下来并拍出来。后来我又想到一个没有劳拉的场面,随后拍了出来。我不知道这一切要如何联系在一起——能不能形成一个合理的整体。又完成了几个场景之后,转机出现了,我找到了一个可以把这些场景联系在一起的故事。随后项目发展的节奏加快了。我完成的剧本越来越多,拍摄流程也逐渐变得传统。但一开始花了很多时间:等待,拍一个场景;再等待,再拍一个场景。

采访者:(最先拍的)是哪个场景?

林奇:那不重要。因为看这部电影时,如果那个场景一出现就有人喊(轻推邓恩)"就是这个镜头",那就影响观影了。

采访者:与第一个问题相呼应,你如何判断剧本已经完成了呢?

林奇:在绘画、音乐和其他东西的创作过程中,在某个时刻,你会感觉作品对了,彻底完成了。拍摄电影涉及很多阶段,直到最后,影片才会成为一个整体。最终你自己觉得已经完成了,然后进行试映,请他人来观看,接着你就会说:"等等。"影片还有很严重的问题。随后你继续工作,审视作品,再办一次(试映),再仔细检查,然后那个时刻就到来了。作品完成。整体合格。

采访者:大卫,在我看来,这部影片横向、纵向——在不同方向上信息量都很大,而且是不对称的。其中也有日常生活的自然。我认为这就是影片的结构。你是这么想的吗?

林奇:不是。是灵感。灵感出现。灵感来找你时会带来所有的必要信息。我对灵感的理解足够透彻,因此能够将其以电影的方式呈现出来,并且尝试帮助所有人去摸索那条贯穿始终的绳索。有时,如果你忠于自己的灵感,它就会产生和声,有人可能会像你一样发现某一和声——某个角度——如果你忠于自己的灵感,这些和声就是真实的。你明白我的意思了吗?回看自己很久以前拍摄的作品——如果我当时忠于自己的想法——我的感受可能会和之前截然不同。我忠于自己的想法,这个想法因此真实。明白了吗？忠于灵感。忠于自己的想法。

采访者：难做到吗？

林奇：不是特别难。就是不能松懈，因为每个元素都很重要。必须根据自己的设想将每个元素都调整到理想状态，然后才能放手。不修改到最佳状态，就不停止工作。然后当天的工作就完成了。第二天开工时又会发现很多不完善之处，再一点点修改。将所有元素调整到百分之百符合你的想法。这就是你的工作。

采访者：劳拉，你以前显然也和大卫合作过——《蓝丝绒》《我心狂野》。此次以这样的方式拍摄，有什么不同的感受吗？

劳拉·邓恩（以下简称邓恩）：是的，和大卫合作有一些独特的体验。有趣的是，这并非来自没有剧本、一个场景一个场景拍这种拍摄方式，而是更多来自数字技术的运用：拍摄变得非常轻松；大卫可以一个人进行拍摄，四处移动摄影机，得到想要的画面；工作一天可以拍摄十到十二个小时——这对于传统的 35 毫米摄影机来说是不可想象的。我们到达片场就可以开始拍摄。我们可以奢侈地连贯地拍摄一个场景,因为摄影机可以拍摄四十分钟。这赋予了演员极大的自由,让我们得以全身心地投入某个场景的表演,而不是进入状态,努力保持,然后(笑)努力回到某个时刻,复制之前的感觉。

还有就是,我饰演了多个角色。真是太梦幻了。我一生敬仰的人能够信任我,对我说:"我们这样做——你尝试表现不同的人物,或者说一个人的不同侧面,就这么说定了。"如果说在和演员合作方面大卫有什么可以与其他导演分享的话,我认为很有帮助的一点是相信演员可以呈现你想要的效果,他们有勇气和胆量,能够达到你的要求。相信他们。这种信任是假装不出来的。因为作品非常抽象,人们以为大卫对演员的要求也是模糊或迷离的,事实并非如此。

采访者:劳拉,你还是影片的制作人之一。你看中了什么,剧本还是编剧?

邓恩:这个问题应该问大卫。我不是很确定这个问题是什么意思,无法回答。

林奇:这个问题我也不明白。

邓恩:作为演员,我首先看的是作者,是导演,也就是与我合作的人。只要"这个大卫"给我打电话,我就会赴约。不需要看剧本。作为制作人,大卫愿意与我们一起踏上这趟时长三年的旅程,这说明了他对我们的重视。

采访者:杰里米·艾恩斯的角色是你的某种替身吗?

林奇:不是。金斯利·斯图尔特这个人物的根本属性在于他是英国人。这个角色特别适合杰里米·艾恩斯。能请到杰里米是我的幸运,他是我心目中的理想人选。

采访者:著名日本演员裕木奈江(Nae Yuuki)出演了你的这部作品。

林奇:我对奈江的表现非常赞赏。

采访者:尽管她说英语时你打了字幕?

林奇:是的,她的很多台词非常关键,但她有口音,很多人可能无法完全听懂。因此还是配上字幕比较好。

采访者:音乐在你的创作过程中扮演什么样的角色?

林奇:音乐很重要。因为有时音乐能激发灵感。有时整个场景都来自音乐或某种气氛。音乐能激发灵感,与有些场景联系紧密,是一种神奇的创作原料。

采访者:是某段特定的音乐吗?

林奇:片中出现的所有音乐在我看来与相应的画面都是不可分离的。我们尝试了很多种搭配。如果不合适,我们不会视而不见。遇到那种情况,我们就重新开始。

采访者:你通过这部影片表达了什么样的政治意图?

林奇:政治意图。没有。有些人非常热衷于政治(邓恩举手表示她就是这样的人),在他们眼中政治无处不在。这是一个独立的世界,你可以走进去。人们对抽象的事物会有不同的解读和想法。但所有影片都是如此。灯光熄灭,大幕拉开,我们都会走进不同的世界,这很美。

邓恩:这部影片的存在就有政治意义。人们很少用自己的声音发声,做自己想做的事情。大卫并不想重新定义电影;他在定义自己的声音。我们需要更多的人发出自己的声音。因此我认为这是一部具有重大政治意义的作品。

采访者:嗯,你是一位勇敢的演员。

邓恩:哦,不,我只是很幸运。

采访者:能透露一点关于你的奥斯卡公关的消息吗?

林奇:劳拉至少应该被提名。但我们没有钱,和大制片厂也没有联系。因为学院成员们喜欢表演,所以我想到了一个主意,我会拿着劳拉的宣传牌上街,再带一只奶牛和一个钢琴家。这很棒,会让人们知道一部电影即将上映,而劳拉在其中有精彩的表演。

采访者:是什么让你们两人合作如此顺利?

林奇:完全靠爱。

邓恩:爱。

林奇:真的,是爱,以及信任。劳拉是一位很有才华

的演员。如果你喜爱的演员正好适合某个角色,你会很开心,因为你能和这个人共事很久。看着她有今天这样的成就,我感到无比欣慰。

采访者:能聊聊片中的波兰元素吗?

林奇:我爱上了波兰城市罗兹,那是一座古老而美丽的城市,有很多工厂、巨大的发电厂、低垂的灰云,以及波兰式的雨天、寒冷和心情,这一切给了我很多灵感。

约翰·埃斯特:和你一样曾获得奥斯卡提名的电影人罗伯特·奥特曼(Robert Altman)最近去世了。你能谈谈他和他的作品对你来说意味着什么吗?

林奇:(脸上露出了悲伤的神色。)他对我的尊重让我十分欣慰。我们很亲近。我尊敬他的作品、他的才华,还有他多年来一直不屈服于大制片厂、用行动坚持自己的声音的精神。我认为没有人比罗伯特更忠实于自己的想法。我爱罗伯特·奥特曼,非常尊敬他,他去世了我很难过。

邓恩:我想补充一下,我体验过的最纯粹的电影时光就是与大卫和罗伯特·奥特曼一起度过的。因为他们都坚持营造一家人在一起度过快乐时光的氛围。从头到尾都百分百像派对,因为他们相信电影制作应该是有趣的。可惜这种经历很难得。

"David Lynch and Laura Dern: *Inland Empire*" by John Esther from Greencine.com (15 December 2006).

《内陆帝国》、超觉静坐和"游泳的"灵感

理查德·A. 巴尼/2008年

自我2001年对大卫·林奇进行采访以来,他的人生十分丰富:《穆赫兰道》收获的好评让人们对他的作品产生了新的兴趣,他发布了自己的网站(davidlynch.com),创立了大卫·林奇基于意识的教育与和平基金会,年满六十岁,出版了《大卫·林奇谈创意》一书,推出了《内陆帝国》,并宣布在可预见的未来以数字图像为主要电影创作媒介。他进一步扩充了原本已经十分多样、令他分身乏术的创作渠道、媒介和项目,就像他在本次采访的最后提到的,他开始尝试唱歌和录音。尽管声称只是"随便玩玩",但他其实已经发行了为《内陆帝国》的开头演唱的

《爱的幽灵》("Ghost of Love")单曲CD，正在认真制作一张完整的专辑。

采访开始之后，我们的话题像响尾蛇一样朝不同的方向延伸——从他和杰克·菲斯克及后者的哥哥一同开车横穿美国，帮助杰克从费城搬到洛杉矶，到美国西南部的地貌，再到我在得克萨斯州的狭长地带看到的一个路牌，路牌上的标语几乎是林奇式的："响尾蛇出没：立即离开。"然后我们又聊回他的电影，他和采访的关系，以及《内陆帝国》在世界各地上映之后的一年半时间里发生的事情。我逐渐发现了一个明显的变化：林奇最近成了超觉静坐的代言人，还在美国进行了这个主题的巡讲，这一切让他回答问题时一反常态，十分健谈。从林奇的答复中，我们还可以看到他对冥想的喜爱、拍摄电影时以过程为导向的工作方式和《内陆帝国》的部分主题之间神秘而有趣的种种联系。

理查德·A. 巴尼（以下简称巴尼）：我找到了刊登在《东村之眼》上你最早接受的一个采访。

大卫·林奇（以下简称林奇）：对，采访我的是……（停顿。）

巴尼：加里·印第安纳。你还有印象吗？

林奇：对，当时，以及此后很长时间，我不知道怎么谈论一件事情。所以我说得很少。而且此后很长时间一直如此。不过那应该是我最早接受的采访之一。他处理得很好——如实描述发生了什么。我有印象，当然有，那是我接受的第一个关于《橡皮头》的采访。可能是我人生中接受的第一个采访。当时《橡皮头》刚刚公映。晚上有一场……应该算媒体试映。来的人不少。然后影片于周五和周六晚上在（格林威治村的）电影村公开放映。我记得是午夜场。第一天晚上——这事我经常说给别人听——来了二十六个人，然后到了周六夜里，就只有二十四个了。（笑。）

巴尼：你当时想：看来情况是越来越糟，不是越来越好。

林奇：是的，然后本·巴伦霍尔兹①——上帝保佑他——说："大卫，不要担心。一切都在于口碑，两个月之

---

① 本·巴伦霍尔兹（Ben Barenholtz，1935—2019），出生于波兰的美国电影放映商、发行商和制片人，开创了午夜场的放映模式。

后,附近一定会有很多人讨论这部影片。"后来他的预言真的应验了。真的令人难以置信。

巴尼:印第安纳喜欢那部电影。

林奇:是的。不过,我跟你说,不是喜欢就是讨厌。影片最早是在洛杉矶的 Filmex 电影节上放映的。当时《综艺》(Variety)杂志有一篇影评,这篇文章我现在可能还有,那篇文章真的……(停顿。)那篇文章的作者不适合评论这部影片。

巴尼:《内陆帝国》也收到了一些这样的评论……

林奇:(笑。)是的,可能有吧……

巴尼:有人给出了"我没看明白"这样的评论。你没看到?没有注意?

林奇:没有。

巴尼:让我来追溯一下,因为有些人这样评论你最近的作品:一年半之前公映的《内陆帝国》,在他们看来,与你在《橡皮头》中呈现的那种实验主义最为接近。

林奇:但问题是这并非实验主义。有邪典电影、实验电影这样的名词,但在我看来,实验电影指的是你不确定自己在做什么,只是随意拍摄,没有明确的想法,只是一股脑儿地拍摄。你们可以说《内陆帝国》是实验主义,但它其实不是。我们拍摄时有具体的设想,有剧本,并努力将这些设想转换为影像,忠实于我们的灵感。就是这样的。人们真正想说的是影片偏抽象、不是线性叙事之类——但它不是实验作品。

巴尼:拍摄《内陆帝国》,或者说现在回忆起这部影片,有其他类似《橡皮头》的地方吗?

林奇:并没有。每部电影都有相似之处,因为都是一样的制作过程。两者比较类似的地方在于都是小剧组,而且花了很长时间。

巴尼:《橡皮头》拍了五年之久……

林奇:五年,但我显然不是每天都在工作。有一年我是天天工作的,然后我们没有钱了。停工了近一年。我不知道该怎么办。我不知道时间都去哪儿了,一整年一下就这么过去了,我们什么也没有拍。然后我好像找到了一份工作,记不太清了,然后存钱,一个场景一个场景地慢慢拍摄。影片就是这样制作的,不过我的第二任妻子玛丽·菲斯克说服了她的朋友投资这部影片,我最终使用这笔钱完成了这部影片。

巴尼:《内陆帝国》的总制作周期是两年半,对吗?

林奇:嗯,两年半到三年吧,不过取决于……什么时候算开始。我不知道具体是怎么开始的,反正用了很长时间。

巴尼:你常说,灵感对于推进或者进一步开发电影项目非常重要。在你印象中,最早对《内陆帝国》这个项目起到重要推进作用的灵感是什么?

林奇:嗯(长时间停顿),其实我从来没有……这个问题很难回答。现在电影已经上映了,但是……(停顿)这么说吧,有一个场景……(再次停顿)就像我之前提到的一样——这话我已经说了无数遍了——一开始没有《内陆帝国》，我没有想到要拍一部长片。只有一个场景的灵感，仅此而已。所以我常说我把那个场景写了下来，然后拍了出来。只能透露这么多了。

巴尼：是劳拉·邓恩饰演的苏珊·布鲁在一个灯火通明的房间里和K先生交谈的场景……

林奇：可能，对，也许。我们假设就是这个场景。我看着它想："等等，还可以扩充，还可以挖掘。"然后继续思考。与此同时，我又有了另外一个灵感，同样写下来，然后拍摄出来。其实是两个不同的场景。这些场景和我们说到的场景没有关系……然后又有灵感，还是先写再拍摄，与之前完成的内容还是毫无关系。从某个角度看有一点联系，因为里面有同一个人物，但其实是相互独立的。我逐渐积累了一些东西——同时还在思考前面的那些场景，但它们之间毫无关系。

巴尼：你想过写一个剧本，把这些场景串联起来吗？

林奇：你的问题其实是：你想过写长片的剧本吗？但是要有灵感才能写出剧本。不能坐下来不管三七二十一就开始写——超现实主义者可能会这么做,他们想到什么就写什么:"窑是银色的,上面有红色。"看到什么就写什么,想到什么就写什么。可能会写得很顺,但这只是意识的流动,可能是彻头彻尾的胡言乱语。所以,是,可以一下写出好几页的胡言乱语,但你需要灵感,所以要等待,我总是这么说,一旦找到一点灵感,它就会像鱼饵一样吸引其他的灵感。我就是这么做的,一整天时不时地思考——然后突然更多的灵感就出现了。新的灵感与之前的灵感是有关的,但它们是建立在(之前的)灵感的基础上。它们引出了很多东西,最终长片雏形初显。就是这样的过程。

巴尼:三年前,频道制片厂是何时正式加入的?

林奇:我只和弗雷德里克·西什莱(Frederic Sichler)接触过,他之前来拜访过两次,每次来我们都没有什么可聊的。但我喜欢他的面容。因此,影片显露长片的潜力之后,我给他打了电话。他说:"哦,我正要去洛杉矶。"我说:"好,那你来喝杯咖啡。"他来喝咖啡之后,我说:"弗雷德里克,我不知道我在做什么,现在是用低分辨率的数字影像在拍摄。你要加入吗?"他说:"好。"这是一部低成本影片,不过,我拿到了继续拍摄的投资。而且我几乎可以看着他的眼睛向他保证,这最终会是一部长片。

巴尼:可能得稍微挤眉弄眼一下……

林奇:对,即便那时我也不能完全确定,但我觉得应该能完成。

巴尼:他们没有要求看剧本,所以你也不用考虑这方面的问题。

林奇:没有……

巴尼:我读到你评论说这样工作很愉快。能聊聊这方面吗?还是说有时这样工作也很恐怖?

林奇:不恐怖。恐怖的是灵感枯竭。但需要很多时间。你要等待。我常说,这一切就像钓鱼一样。有些天一条鱼都钓不到。第二天情况可能就完全不同了——鱼一条又一条地上钩。这是一个很棒的过程。一旦找到一条道路,有了最初的灵感——你需要像罗塞塔石碑那样的灵感——然后集中精神思考,就能慢慢地、慢慢地,得到更多的灵感。

巴尼:有没有觉得三年还不够的时候?

林奇:没有。你不会说:"哦,我想要拍十五年。"(笑。)那也太奇怪了。如果灵感纷纷游过来,拍摄顺利进行,那就再好不过了。拍摄速度还牵涉另一个问题。我常说如果是传统拍摄,就必须赶进度:一旦演员、剧本和日程表就位,就要抓紧时间持续拍摄,直到完成所有场景。因为成本问题,制定日程表时会尽量压缩拍摄时间,拍摄也必须按照日程表推进。只要你参与了日程表的制定,预想过自己的工作节奏,这样的规划和压力基本就是可以接受的。不过我是乐观主义者,会说:"嗯,我肯定能完成。"但实际上从来做不到。然后会有人提醒:"大卫,我们现实一点,你需要更长的时间。"这样就得到了一个在我看来可行的拍摄计划。但以那样的速度拍摄不如慢慢拍摄愉快,慢慢拍才能有闲暇,才能在拍摄现场或外景地做梦、想象,捕捉藏匿在内心深处的灵感,这样影片的"真实感"才会更上一层楼。总之,慢慢拍是很开心的。

拍摄《橡皮头》时,我常常什么都不做,就在拍摄现场想象电影中那个世界。那种体验特别愉悦。我想,这让影片更加真实,那些时光能给影片带来一些小的改善。这很好。

巴尼:你时常提到影片创造的世界,但是在《内陆帝国》中,一切似乎升级了,似乎有很多世界在相互碰撞、交互、融合,比过去你作品中的世界要复杂得多。这么描述准确吗?

林奇:嗯,准确。不过这就是存在于这个世界的人所面对的现实。你明白我的意思吗?(笑。)

巴尼:我在某处读到,妓女在史密希(Smithy)家随着《动起来》①的旋律起舞的灵感是你冥想时产生的……

林奇:史密希家……

---

① 《动起来》("The Locomotion")是美国流行歌手小伊娃(Little Eva)演唱的一首歌曲。

巴尼:苏珊·布鲁住的房子。

林奇:哦,对,嗯。

巴尼:是这样吗?你冥想时产生了做这个尝试的灵感?

林奇:我不知道。我不记得是怎么想到的了。

巴尼:你进行超觉静坐时,有突然"冒出"灵感的时刻吗?

林奇:嗯,我常说,超觉静坐是打开超验世界[生活的最深层,统一场(the unified field)]的大门的一种心理技巧。因此,冥想时你会不断超越,到达最深层次之后,你会为其注入活力,并真正地实现对意识范围的扩大。冥想过后,你会充满活力,更加清醒,头脑清明,自我意识增强,拥有更强的理解力和鉴赏力,更多的快乐和能量,你将更擅长捕捉和理解灵感。

大多数时候我不是一边冥想一边捕捉灵感,尽管有时冥想过程中灵感确实会出现——思考是冥想的一部分——但你会超越思想,体验思想之源、宇宙之源、万物之源。这就是统一场——它不露真容,一片虚空,却是一切的源头。很酷。吠陀科学(Vedic science)①常提到万物都源自统一场,如今现代科学也证实了这种说法。据说万物源自一个名为"自发连续对称性破坏"的过程。它是一个包罗万象的场,完全对称,是无限静默与无限动态之间的绝对平衡。事物怎么可能来自虚空,完全来自意识呢?简直难以置信!吠陀科学会解释这一切是如何发生的。不可思议!统一场是无所不知的。这一切其实是对自我的认知。我们经历着不可思议的过程。

是的,有时冥想会产生灵感,有想法浮现,但冥想的目的不是获取灵感,而是超越思考——接近源头,得到那样的体验。一旦到达这种境界,统一场会给予你一切必要的帮助。一旦到达,你会沉浸其中,在其中成长。在吠陀科学中,这个场被称为"阿特玛(atma)",意为自我。认识自我。就是这样——到达这样的境界并获得成长之后,很多事情都会得到改善。这不是宗教,不是邪教,而

---

① 吠陀指最古老的印度教经文,用梵语写成,包含赞歌、哲学和吠陀宗教神父的礼仪指南。

是一种人类活动。人类——我们是不可思议的存在。我们有领悟的潜力,能够领悟真理。这一切不是一夜之间发生的,有一个慢慢发展的过程,但你必须努力去领悟。

巴尼:冥想有没有给你带来意想不到的副产品?

林奇:是这样的:不是通过冥想去获取灵感,而是通过冥想去拓展意识,意识的方方面面,这一切都能带来积极的改变,因为那个空间包含无尽的智慧,所以拓展意识就是拓展智慧。那个空间是一切智慧的集合,是满盈的、无尽的——聚合了无尽的活力、快乐和爱。是这样一个空间。我常说,你是有意识的,每个人都有意识。如果你想知道意识是什么,就将它抛弃,然后你就会意识到没有意识你就不存在,即便存在,你自己也不知道。我在巡讲中一直强调这一点。没有意识我们就不存在。我们有意识才能认知自我。尽管每个人都有意识,但每个人意识的范围是不同的。玛哈礼师[①]认为,很多人拥有比冥想者更广阔的意识……意识是真实存在的,是现实,可以扩

---

① 玛哈礼师(Maharishi)是印度教精神领袖。

展,但只能通过体验意识海洋的方式。所以赶紧去体验吧。

还有,就像我常说的,在进行大脑研究之前,我们就已经了解不同类型的冥想了。比如六个人聚到一起,每个人进行一种不同的冥想。然后他们都说:"啊,天啊,多么美好的冥想,如此深刻,如此神奇,如此令人充满力量,(我)冥想过后精神振作。"但他们说的是一回事吗?有多少是想象,又有多少是——什么别的东西呢?我们很早以前就曾发问——提到"红色"时,我们想到的是同样的颜色吗?很奇怪。如今大脑研究显示——结果挺出人意料的——人达到真正的超越境界,体验到生活的最深层次时,一下——在研究人员面前——全脑都会活跃起来,这是唯一能够激活整个大脑的体验。我们常听说人类日常只会用到大脑的百分之五或百分之十。而这种体验能够让整个大脑都活跃起来。整个大脑。所以你会觉得:"等等,这很有意思。"

巴尼:我问这个问题还因为,我在去年秋天发布的一部名为《林奇》的纪录片中看到了这样一个场景:你告诉

《内陆帝国》、超觉静坐和"游泳的"灵感

两名助手,你需要一位年轻的、二十多岁的前卫男演员饰演《内陆帝国》的某个角色,你让他们去冥想,然后给你建议。

林奇:我的意思是:你们去冥想,然后再来和我讨论,因为完成冥想之后,你们的头脑会非常清醒,容易有灵感出现……我对他们的要求是:去冥想,像平常一样好好冥想,完成冥想之后集中精力思考,也许那时你们可以为我推荐理想的人选。

巴尼:所以你的作品不仅包含你冥想得来的灵感,有时还有团队冥想的成果。

林奇:说到团体,除了超觉静坐,还有(洛杉矶的)超觉静坐城市项目,其中一项活动是漂浮瑜伽(yogic flying)。据说一组人一起做漂浮瑜伽的话,比同样多的人独自做效果要好很多倍。漂浮瑜伽看起来就像在泡沫橡胶垫上跳。所以人们会问:"这到底是在干什么?这怎么会让人感到平静?怎么可能?"我常说,如果你拿着一个变焦镜头,不断拉近做漂浮瑜伽的人,进入他们的内心,感受他们的体验,你就不会再问这样的问题了。他们将那种感觉称为"冒泡的幸福",找到那种感觉之后,驱动你跳跃的是一种强烈的幸福感,巨大的、令人激越的幸福感。非常强大。大家一起做的时候,这种感觉会形成巨大的浪潮。大家用巨大的浪潮为统一场注入活力,那种感觉会再辐射出来,影响集体的意识。

过去二十年间,有人测试了这些跳跃的团体,并表示他们能够影响集体意识,减少测试区域的犯罪和暴力事件。他们甚至做了实验,测试影响范围有多大。瑜伽团体表示:"我们知道这看起来很奇怪,所以我们不能自己进行这些测试。测试必须由第三方独立验证。"我想,第一次测试是耶鲁大学进行的,他们浏览了瑜伽团体所在地的各方面情况,然后分析了结果。他们比较团体碰头之前、之中与之后的犯罪数据——结果是——犯罪和暴力事件减少了。所有的警方数据、联邦调查局数据都证实了这种趋势,人们用来衡量犯罪率的其他指标,如去医院的人数、交通事故数量等,都下降了。他们独立证实了这一点。但人们说:"不,只是运气好,是巧合。不可能是真的。"即便如此,也有人反驳:"这一切确实发生了。"但怀疑主义者坚称:"必须再测试一次。不可能是真的。"最

《内陆帝国》、超觉静坐和"游泳的"灵感

终,长话短说,一共进行了五十二次实验,这些实验得出的结论是:一定数量——当地人口的百分之一的平方根——的人一起做漂浮瑜伽,就可以创造大范围——很大范围——的和平、和谐、理性,对集体意识造成影响。这是亘古至今永恒存在、无穷无尽的统一场被激活后产生的效果。被激活的统一场带来了和平——产生了这样的效果。

巴尼:对这方面我一直很好奇,因为我读到你类似的描述时觉得从某些角度看,这听起来——在某种程度上——有点像妮基·格雷斯进入不同的维度……

林奇:我不知道妮基·格雷斯是谁——哦,妮基·格雷斯,当然……

巴尼:《内陆帝国》中劳拉·邓恩饰演的女演员。她不得不进入另一个维度……

林奇:好的,我补充一点。根据量子力学的说法,空间有十个维度,时间则有一个维度——这是量子力学的研究成果,真是不可思议。空间有十个维度——这意味着什么？这是一个相对的领域，有表面也有深度。根据他们的说法，世界之中还有多级世界，相对领域中在发生令人难以置信的事情。这一切都很有趣，但正如玛哈礼师所说，那只是"市场"而已。穿过市场，一切都很有趣，很有可能被打劫、走回头路、迷路或者惹上麻烦。玛哈礼师总是说要攻下堡垒，然后整个区域就都是你的了——占领宫殿，然后你所见的一切都属于你。"占领宫殿"指的是超越，进入最深的层次，妮基·格雷斯并没有到达那里。妮基·格雷斯在其他地方，她确实有很丰富的体验。

巴尼：她的经历很像你描述的：世界之中还有世界，人会在其中迷失并遇到各种麻烦……

林奇：没错。

巴尼：唯一感觉（只是感觉，无法明确解释）像玛哈礼师所描述的状态的是《内陆帝国》的结局……

林奇：是……

巴尼：……她穿着那条蓝色的连衣裙，坐在沙发上……

林奇:对……

巴尼:她没有说话,脸上的表情没有什么变化,有一种停滞感最终到来的感觉,好像……

林奇:很美,对,那场景很美。

巴尼:有一种宁静,她之前的任何一种化身都没有这种感觉……

林奇:对。

巴尼:那么我要问这样一个问题。这部影片及你以前的作品都经常探讨打破界限和突破极限。这部影片的演职人员表给我这种感觉,它所赞颂的似乎是劳拉·邓恩,而非她饰演的人物妮基·格雷斯的成功。你在影片中影射了自己的其他作品,因此影片所关注的是剧组本身和电影给人带来的快乐:有伐木工人和原木……

林奇:只有这一处……

巴尼：……暗指《蓝丝绒》和《双峰》，有《穆赫兰道》的劳拉·埃琳娜·哈林。似乎是一种聚合……

林奇：这个词用得很好……

巴尼：是人物、演员、影片的工作人员，以及你过往不同类型作品的聚合。这是我提炼出的主题，但我想知道你是怎么想的。

林奇：嗯，这是个不错的思路。

巴尼：（笑。）你提到了时间，这也是影片中很有趣的一个主题，因为观看影片时你会多次感到，对于某些人物来说，这痛苦似乎永无尽头，尤其是劳拉·邓恩饰演的几个人物，但有时又感觉时间好像完全没有流逝。给我带来这种感觉的时刻是影片快要结束的时候，劳拉·邓恩饰演的妮基·格雷斯的视线扫过她的客厅，格蕾丝·扎布里斯基（Grace Zabriskie）也在那里，她之前在房间另一头看到自己拿到了那个角色，但现在她只看到自己无声无息，一动不动——就好像没有经历过前面的事情一样。

林奇：这很有意思。关于这一点，玛哈礼师会说这是

《内陆帝国》、超觉静坐和"游泳的"灵感

一条"无路之路(pathless path)"。"我们不是从这里到那里,而是从这里出发最终回到这里。"就像人类的一生也是从原点出发再回到原点。这很不合理,但其中有合理之处。很多事情都是这样。还有,世界的面貌就是你的面貌。所以我们看待世界时,可以这样类比,如果你戴着深绿色的脏眼镜向外看,你看到和体验到的世界就是这样的,但如果你把眼镜擦干净,或者换一副粉色的眼镜,你看到的和体验到的都会有所不同。经历了这些阶段以后,你会不断有不同的见闻,而开悟就是看到事物真实的面貌。这一切值得思考。

巴尼:《内陆帝国》中有好几位类似于导演的人物。有杰里米·艾恩斯饰演的金斯利·斯图尔特。还有你用声音客串的巴基·杰(Bucky Jay),那天遇到麻烦的一位照明人员,根据你在 DVD 上的描述,巴基·杰的日子很不好过。他也是一位有点像导演的人物,但他在其中就是什么事情也做不成。还有一个可以被称为操纵者或操盘手的人物——幽灵(the Phantom),他什么事情都可以插手。你能聊聊这些导演的不同样态吗?

林奇：嗯，我不认为这是……（停顿。）——这是你的想法。巴基·杰不是导演，但我……我喜欢巴基·杰。你提到的其他人物——他们之中只有金斯利是导演。（停顿。）好像没什么其他好说的了……

巴尼：巴基·杰从何而来？

林奇：好吧，我告诉你，来自约翰·丘吉尔（John Churchill）——我叫他"丘吉"——他是一位助理导演[《内陆帝国》中的查克·罗斯（Chuck Ross）]，丘吉是我的老朋友。丘吉——不同的人会带来不同的灵感——最早会在拍摄期间开车送我，他开创了一个游戏。他会问："大卫，那里的人，他们背后有什么样的故事？"然后我就开始信口编故事，巴基·杰应该就是这样来的。我们在拍贾斯汀（塞鲁），我都不记得为什么要拍了。他抽烟，我从低处拍摄，一边拍我们一边聊天。那不是某个场景的一部分——我忘记我们在干什么了，应该是在做什么测试。然后我们就开始自由发挥，丘吉问我类似的问题，然后巴基·杰就诞生了。后来又衍生出了杰里米（艾恩斯）的场景。

巴尼：你显然一直很喜欢他。

林奇：巴基·杰？是的，没错。我想还有别的，我不确定，但我喜欢巴基·杰，喜欢想象前一晚他经历了什么，以及未来要承担什么样的后果。

巴尼：我们换个话题，聊聊DVD。这次的DVD风格似乎有违你一贯的作风，不是"里面只有一部电影"的朴素的形式，而是收录了很多内容，这似乎标志着现在的你愿意甚至享受制作这些内容。DVD收录了故事、你的烹饪秀（林奇笑了），还有被你称为《更多发生的事情》("More Things that Happened")的栏目和一些没有名字的小片段。在你看来这算是一大改变吗？

林奇：我明白你的意思。影片总是最重要的，只要不影响影片，可以有一些其他内容。算上这些被称为"额外内容"的东西，我在《内陆帝国》上花了三年时间，一分钱也没赚到。真是诡异的经历。我不会加入任何对影片产生负面影响的东西，从某种角度来看，"更多发生的事情"会赋予你更宽广的空间去想象和思考某些问题。我喜欢这种形式。做饭是个玩笑,但是故事完成后形成了一种氛围,所以我也挺喜欢这种模式的。我不会做饭(笑),所以拍那个还挺有意思的……

巴尼:关于《更多发生的事情》,我有一个有趣的想法。我感觉它与你的关系类似于《双峰:与火同行》和你的关系,你不愿离开片中的世界,希望展示更多。我的感觉是(这是我提前写下来的):"林奇似乎在说'这些事情在电影的宇宙中真的发生了',而非'这是我没有放进正片里的内容'。"

林奇:嗯。

巴尼:这似乎是对那个世界的扩充,尽管没有成为影片的一部分……

林奇:你说得很对。很好,因为它们确实发生了,所以收录在 DVD 中。

巴尼:将影片缩减到现在的时长困难吗?

林奇:每一部电影都会经历同样的过程。我常说,在电影制作的最后阶段,你会将影片看作一个整体,重点是让这部电影达到理想的效果。这就是为何时长限制——没有根据的时长限制——对于每一部电影来说都是荒唐的。一切以最适合素材的理想效果为先——达到理想效果的时长就是合适的时长。就这么简单。时长就是这么确定的。因此,从某种角度来看,理想的时长是三小时就有点不幸。可以说,如果理想的时长是两小时七分钟,我就幸运一些。

巴尼:频道制片厂担心这个问题吗?

林奇:当然。这简直就是死神之吻。(笑。)但最终他们赚钱了,而我没有,有时就是这样。

巴尼:额外内容中还有一段令我很意外。有一小段名为《林奇2》的影像,你在其中冲着几个人怒吼:"这是无法接受的!"你表现出很恼怒的样子。我想问(林奇笑了):第一,你为何收录这一段?第二,漫长的制作过程是否比你想象的要艰难?

林奇:不是——看的时候是觉得搞笑的……(停顿。)

拍摄《林奇1》和《林奇2》的朋友(这位朋友也是纪录片《林奇》的导演,他不愿透露自己的姓名)对我进行了将近一年的跟踪拍摄,大约有九或十个月,我逐渐习惯了他在身边的感觉。但与此同时,你又总是能感觉到有人在那里,所以是一种奇怪的感觉。不过真的适应之后,才能展示真实的创作过程、捕捉到灵感的场景,以及事物发展的过程。就是这样的想法。常有人提出"我们想来拍摄你一天"或者类似的要求,这么做什么也拍不到,看起来很假。不真实,是虚假的。只要摄影机出现,无论多么放松,你总是能感觉到它的存在,但逐渐习惯之后,就会更真实一些。我们就做了这样一个试验。当时我在怒吼,但如果仔细看的话,就会发现我并没有真的生气(笑),只是一个桥段而已。我想他们知道我没有真生他们的气。这个桥段是故事的一部分。

巴尼:纪录片《林奇》完成之后,你看过这部影片吗?

林奇:当然。

巴尼:你觉得怎么样?

林奇：我挺喜欢的。我必须给他人我渴望的那种自由。这是他的电影，我挺喜欢的。我喜欢《林奇2》，它更紧凑，节奏更快，捕捉到了工作的感觉，所以我很喜欢。

巴尼：他坚持要用假名"黑与白"。你知道他为什么要这样做吗？

林奇：你得找机会问问他了。

巴尼：我已经很久没有遇到过这种事情了。他就像一个不愿透露身份的19世纪小说家。

（林奇笑了。）

巴尼：现在《内陆帝国》上映已经一年半了，影评也有了，电影节你也参加了，所有事务基本告一段落。你感觉有新灵感正在萌发吗？

林奇：我在制作一部关于过去两个月的巡讲的纪录片。和我一同巡讲的两个人都不是专业摄影师，但我们每到一处都会有电影专业的学生带着其他摄影机来——所以我们有很多素材。我们将它们整合成一部纪录片。

再往后就要看缘分了。必须先完成这部纪录片。不过前几天我开车看到一个场景，觉得很有启发。之后那画面一直在我脑中挥之不去，它或许能衍生出一部电影。

巴尼：你是在洛杉矶开车？
林奇：对……我爱洛杉矶，每个地方都有无数故事在发生，但我喜欢洛杉矶潜藏的丰富可能性……

巴尼：你正在制作的纪录片是关于冥想巡讲的？
林奇：是的，冥想与和平。

巴尼：你现在已经是官方代言人了，我想这么说应该不为过。
林奇：嗯，我也不知道这一切是怎么发生的，但我很久以前就听说，玛哈礼师有一种通过集体活动创造和平的技术。我总是说："我们能够立刻实现和平。"但没有人相信，所以这一切也没有发生。我想："下一次出去，我一定要向人们宣传这些。"一切由此而起。

《内陆帝国》、超觉静坐和"游泳的"灵感

巴尼：做这些将你更加频繁地暴露在聚光灯下。你喜欢那种感觉吗？

林奇：不，我不喜欢在人前被关注。

巴尼：但你觉得这是你的天职？

林奇：嗯（笑），你说什么？嗯，我想你说得对。我知道有很多人对某些东西深信不疑，但在其他人看来他们就是疯子，我也觉得其中很多人不太正常。确实，信仰任何事物都有风险，会将自己置于危险的境地。但我总会回想玛哈礼师常说的一句话："滋润根部，享受果实。"激活统一场就是滋润根部。对于个人来说，激活的果实是开悟。对于世界来说，和平创造团体共同激活的果实是世界和平。和平。我创立了大卫·林奇基金会，向学生推广冥想，他们的状况糟糕到令人难以置信。超觉静坐能给学生带来巨大的改变。每一所学校都有很多学生表示人生灰暗、肩负重压、想要自杀，而教会他们冥想就是帮他们打开一扇门，帮他们走向无尽的幸福、智慧、自我认知，立竿见影，他们开始做饭，成绩提高，和同学的关系变好，开始认可老师——改变自然到来。这都是真事……

巴尼：回到《内陆帝国》，你的荒诞公司（Absurda）是为了发行这部电影创立的吗？还是以前就存在了？

林奇：以前就存在，最开始我们发行了《橡皮头》《大卫·林奇短片集》和《哑巴乐园》。《内陆帝国》完成之后，我们自己发行其实是有风险的，但这个风险似乎值得冒。我想如果有更多人想看《内陆帝国》，我们自己发行其实也是可以的。不过好消息是，有些电影来得快去得也快，或许一度十分受欢迎，但很快就销声匿迹了。但这些电影永远不会消失，因为现在都是数字影像，只要人们想方设法就几乎能看到所有电影。而有些电影尽管不是很受欢迎，却能持久散发出魅力，我希望《内陆帝国》是这样的影片——经得住时间的考验，我想那样我就满足了。这一切其实并不重要，只是做很多事情都不幸需要资金，需要钱。我总是觉得不需要，但事实并非如此。（爽朗地笑。）

巴尼：《内陆帝国》上映之后的表现令你感到失望吗？

林奇:没有!不失望——有一百二十家电影院放映了这部电影。对于一部时长三小时、没人能看懂的影片来说,这已经很不错了——真的很好了。另外,尽管院线发行没收益,但现在影片会重映。他们在预订影院。DVD说不定能赚一点钱,不过DVD的销量在下降。我想今年是近年来DVD销量第一次上升。因此还是有希望的。有希望。

巴尼:你提到了一部电影的生命得到延续——《双峰:与火同行》就是如此。

林奇:《双峰:与火同行》——占星学中有命运的概念,可以预测我们生命的高潮和低潮,能看出那是一段艰难的时光。1992年那段时间就是我的低潮:《双峰:与火同行》被口诛笔伐,然而随着时间的推移,影片逐渐得到了更多的理解和认可。因此,这都是好消息。我开始唱歌了,可能未来会往这方面发展。

巴尼:你开始唱歌了?

林奇:(笑。)算跟你开个玩笑,但我真的开始唱歌了,可以说打开了新的世界。

巴尼:你在公开的场馆表演过吗?

林奇:不,没有。只是在录音棚里录制……我不是音乐人,所以重复演唱一首歌对我来说是有困难的。因此,我认为我无法巡演,目前音乐行业的情况很奇怪。有人说巡演是音乐人唯一的机会,就连巡演都很不容易。

巴尼:歌都是你自己写的吗?

林奇:是的。

巴尼:你在和他人合作吗?

林奇:嗯,迪恩·赫利(Dean Hurley),他是这里录音棚的一名工程师,也是一位非常厉害的贝斯手,迪恩给了我很多帮助。所以我在和他合作。我喜欢——我常说,是安哲罗·巴达拉曼提把我领进了音乐的世界,我喜欢和安哲罗合作,但他住在新泽西。我在一点一点深入音乐的世界。

"*Inland Empire*, Transcendental Meditation, and the 'Swim' of Ideas" by Richard A. Barney. Interview conducted on 16 January 2008. Previously unpublished.